Ganzheitlich Heilen

Buch

Terah Kathryn Collins bringt die Weisheit des Feng Shui in den westlichen Haushalt. Ausführlich wendet sie sich jedem einzelnen Raum zu und erläutert, wie durch das Stellen der Möbel, das Anbringen von Vorhängen und Spiegeln sowie die Platzierung von Lampen, Pflanzen und Kunstgegenständen Gesundheit, Kreativität und Wohlbehagen geschaffen werden. Der Leser wird mit den grundlegenden Prinzipien des Feng Shui vertraut gemacht, lernt eine Bagua-Karte zu erstellen und die Funktion der Räume den einzelnen Bagua-Zonen anzupassen. Das Buch ist vollgepackt mit Tipps, Tricks und Ideen, die jedermann leicht anwenden kann. Überzeugende Vorher-Nachher-Beispiele illustrieren die Ausführungen.

Autorin

Terah Kathryn Collins lebt in San Diego, Kalifornien. Ihre Ausbildung erhielt sie bei dem Akupunkteur und Feng-Shui-Experten Dr. Richard Tan, dem Geomantiker und Feng-Shui-Spezialisten Louis Audet sowie bei Meister Yun-Lin, dem Leiter und Gründer des Yun-Lin-Tempels in Berkeley, Kalifornien. Sie ist als Feng-Shui-Lehrerin und Beraterin tätig. Über ihre »Western School of Feng Shui« informiert die Internet-Website www.wsfs.com.

Bei Goldmann ist von Terah Kathryn Collins außerdem erschienen:

Feng Shui im Westen (14152)

TERAH KATHRYN COLLINS

FENG SHUI RAUM FÜR RAUM

Aus dem Amerikanischen von Peter Kobbe

GANZHEITLICH HEILEN
GOLDMANN

Die amerikanische Originalausgabe erschien 1999
unter dem Titel »The Western Guide to Feng Shui – Room by Room«
bei Hay House, Inc., Carlsbad, California, USA.

Umwelthinweis:
Alle bedruckten Materialien dieses Taschenbuches
sind chlorfrei und umweltschonend.

Deutsche Erstausgabe September 2001

Umschlaggestaltung: Design Team München,
unter Verwendung des Fotos 11S aus dem Buch
Satz: Barbara Rabus, Sonthofen
Druck: GGP Media, Pößneck
Verlagsnummer: 14212
Redaktion: Ulrike Schöber
WL · Herstellung: WM
Made in Germany
ISBN 3-442-14212-1
www.goldmann-verlag.de

3. Auflage

Inhalt

Vorwort

Mit diesem Buch geht ein Traum für mich in Erfüllung, denn ich fand es immer faszinierend, wie unendlich viel sich mit einem Bild sagen lässt. Mein erstes Buch, *Feng Shui im Westen,* enthält zwar Karten und einfache grafische Darstellungen, und mein zweites, *Home Design with Feng Shui A–Z* (eine gekürzte Fassung des vorher genannten Buches), ist farbig illustriert, aber die Gelegenheit, das Feng Shui mit einer Kamera einzufangen, war ein Ziel, das ich schon lange anvisiert hatte. Glücklicherweise hatte ich keine Ahnung, auf was für ein zeitaufwendiges Abenteuer dies hinauslaufen würde. Wäre ich mir darüber im Klaren gewesen, dann hätte ich vielleicht eine wirklich einzigartige Lebenserfahrung ausgeschlagen. Trotz all der Arbeit, Zeit und Mühe, die es mich kostete, hat es sich mehr als gelohnt – ein Traum wurde dadurch wahr.

Außerdem hat es großen Spaß gemacht. Auf manchen Fotos sind auch Menschen abgebildet, weil ich hervorheben wollte, dass die betreffenden Wohnungen und Häuser ganz real sind. Dank der Begeisterung und Bereitwilligkeit der Bewohner, voll »einzusteigen«, waren viele unserer Fototermine eher eine Art Party als reine Arbeit. Auf dem Esszimmerfoto, Abbildung 7A auf S. 186, beispielsweise amüsierten sich unsere Modelle so großartig, dass sie das Fotografieren kaum mitbekamen. Deutlich zu sehen ist vielmehr, wie sie ganz spontan den Augenblick genießen. Ich hätte sie nicht besser dirigieren können.

Obwohl der Text überwiegend mit Schwarzweißfotos illustriert wird, war es doch sehr wichtig, einige davon im Mittelteil des Buchs zusätzlich auch in Farbe und mit denselben Bildunterschriften abzubilden. Schließlich leben wir in einer farbigen Welt, und Farbe ist eines der zentralen Hilfsmittel, die im Feng Shui zur Verbesserung eines Zuhauses eingesetzt werden. Und in der Tat: Der Vergleich der Schwarzweißfotos mit ihren farbigen Duplikaten führt einem schlagend vor Augen, wie viel Farbe uns unserem Leben hinzufügt.

Sämtliche Fotos wurden im Raum von San Diego aufgenommen und dokumentieren konkrete Bedingungen, wie man sie in typischen westlichen Häusern und Wohnungen findet. Lösungen für Feng-Shui-Probleme wurden vom Klienten je nach Geldbeutel und persönlichem Geschmack gewählt. Von wenigen Ausnahmen abgesehen, waren sie schon längst an Ort und Stelle umgesetzt, ehe wir sie fotografierten. Schauen Sie sich die Fotos an, und entscheiden Sie selbst, was Sie in einer ähnlichen Situation wohl getan hätten. Die persönliche Eigenart der Lösung ist immer ein wesentlicher Bestandteil ihrer Kraft. Feng-Shui-Richtlinien zur Erlangung von Harmonie sind flexibel genug, um Ihren persönlichen Bedürfnissen, Voraussetzungen und Vorlieben zu entsprechen. Selbst die Feng-Shui-Grundlagen wie etwa die Bagua-Karte, die fünf Elemente und die Chi-Verbesserungsmittel sind von persönlicher Auslegung abhängig. Immer ist es das jeweilige Resultat, das zählt. Verlassen Sie sich auf sich selbst und freuen Sie sich daran, wie Sie sich in einem immer währenden Prozess ein himmlisches Leben schaffen – von Gedanke zu Gedanke, Augenblick für Augenblick, Raum für Raum.

Danksagung

Es gibt eine Schar von Engeln in meinem Leben, die es mir ermöglichten, dieses Buch zu schreiben. Sie sind die Lebensretter, die Wundertäter, die strahlenden Lichter, die mich beim Schreiben mit ihrer Unterstützung und Ermutigung gesegnet haben. Ich bin glücklich und dankbar, euch zu kennen.

Ich danke dir, Jonathan Hulsh, mein geistiger Bruder, dem Mitbegründer der Western School of Feng Shui und begabten Fotografen, für deine zahllosen Arbeitsstunden. Dein verständiges Auge hat Bilder eingefangen, die mehr erklären, als Worte je ausdrücken können. Danke, dass du dir gemeinsam mit mir das Feng Shui vergegenwärtigt hast.

Ihnen, Linda Carter, Jackie und Richard Ernest, Elaine und Terry Hailwood, Louise Hay, Jeff Kahn, Mary Lou LoPreste, Dan McFarland und Barbara Takashima, Barbara Masters und Alan Richards, Bob Petrello, Bidyut und Uday Sengupta sowie Ron Tillinghast, danke ich, dass Sie Ihr Zuhause unseren Feng-Shui-Kameras frei zugänglich gemacht haben. Das eigentliche Fundament dieses Buches wurde auf Ihrer rückhaltlosen Großzügigkeit und Begeisterung errichtet. Danke.

Mein Dank geht auch an Cheryl Rice, eine wahre Seelenfreundin und außerordentliche Innenarchitektin, deren Talent, klug und flexibel dem Feng Shui entsprechende Wohnwelten zu schaffen, man in mehreren Abbildungen von Häusern und Wohnungen in diesem Buch erkennen kann.

Außerdem gilt meine Dankbarkeit den Künstlerinnen und Künstlern, deren originale Werke auf zahlreichen Fotos dieses Buches mit abgebildet sind. Danke Monte deGraw in Solana Beach, Kalifornien, Jan Gorden bei Ballard's in Atlanta, Georgia, Illinois, Karen Haughey aus Fremont, Kalifornien, Lynn Hays in Del Mar, Kalifornien, Louise Hoffman in Las Vegas, Nevada, Richard Haeger aus Encinitas, Kalifornien, Brett Hesser aus San Diego, Kalifornien, Jeff Kahn aus Encinitas, Kalifornien, Jacki Powell in La Mesa, Kalifornien, Cheryl Rice Interiors in La Jolla, Kalifornien, sowie den von der Trios Gallery in Solana Beach, Kalifornien, vertretenen KünstlerInnen: Dan Diaz, James Hubbell, Alex Long, Sally Pearce, Geri Scalone, Karin Swildens und Charles Thomas. Jeder von Ihnen inspiriert den schöpferischen Geist in uns allen.

Danke an Becky Iott, Linda Kay, Jennifer Moy, Jayne Ozuna und Duana Wanket, dass Sie Ihre meisterlichen Energien in die Western School of Feng Shui einbringen! Auf Sie ist es zurückzuführen, dass die Schule wächst, gedeiht und unserer Weltgemeinschaft Ausbildung in Feng Shui anbieten kann.

Gleichfalls dankbar bin ich meinen Schülern und Klienten, die meine Feng-Shui-Augen weit offen halten und das in jedem Moment gern und begeistert tun. Danke, dass Sie meine Passion anheizen, indem Sie sie mit mir teilen.

Ein Dankeschön geht auch an Shelley Anderson, David und Amita Bardwick, Adam Barton, Alice, Carol und Klint Beatson, Martina Chapkis, Cathy Coleman, Kurt Congdon, Ray Egan, Kovida und Tony Fisher, Diane Grover, Ebba Hansen, Brooke, Robert und Logan Harvey, die ganze Crew von Hay House Publishing, Alice Hetzel, Apara Kohls, Shivam Kohls, Randal McEndree, Evana Maggiore, Alan Miller, Mimi Miller, Marti, Ron und

Paul Luc Montbleau, Bill Ozuna, Karen und Gary Pooler, Candy Rojas, Ellen Schneider, Dale, Blanca und Julia Schusterman, Margot Shia, Bridget Skinner, Rosemary und Charley Stokes, Evelyn »ET« Thomas, Greg Verhey und an Heather Williams. Eure Liebe und Freundschaft war für mich während des ganzen, vielschichtig-großartigen Schreibprozesses eine ständige Quelle der Unterstützung und Anregung.

Meine Dankbarkeit und Bewunderung gelten außerdem Christopher Alexander, Don Aslett, Louis Audet, Thomas Bender, Sarah Ban Breathnach, Carol Bridges, Deepak Chopra, Ilse Crawford, Wayne Dyer, Dennis Fairchild, Louise Hay, Karen Kingston, Anthony Lawlor, Jami Lin, Denise Linn, Victoria Moran, James Allyn Moser, Christiane Northrup, Arnold Patent, James und Sallie Redfield, Sarah Rossbach, Mona Lisa Schulz, William Spear, Dr. Richard Tan, Carol Venolia, Rich Welt und Professor Lin Yun – für Ihr Talent und Ihre Inspiration als Schriftsteller, Lehrer und zur Umweltharmonie Beitragende.

Und ich danke besonders meinem Ehemann, Brian Collins. Danke für die brillante inhaltliche Redaktionsarbeit an diesem Buch und ebenso für deine zärtliche, liebevolle Fürsorge – du hast dich darum gekümmert, dass ich bei meiner Arbeit daran doch noch zum Essen und Schlafen sowie zu regelmäßigen Portionen Spaß kam. Du bist mein bester Freund, mein Herzenswunsch und, im Wesentlichen, die liebevolle Kraft hinter jedem meiner Worte.

Einführung

Verbindung der sichtbaren und unsichtbaren Kräfte der Natur

Wir sind, was wir denken. Alles, was wir sind, entsteht mit unseren Gedanken. Mit unseren Gedanken schaffen wir die Welt. Buddha

Wenn man mich bittet, Feng Shui zu definieren, sage ich häufig, es bestehe darin, »zu lernen, wie man seine unmittelbare Umwelt so arrangiert, dass dadurch die eigene Lebensqualität verbessert wird«. Aber die genaueste Definition des Feng Shui ist nicht geradlinig, besteht nicht in einer begrenzten Zeile. Sie entfaltet sich in einem Kreis, der sich beständig dreht, wobei jede Umdrehung auf der jeweils vorherigen aufbaut, um so vollendete Harmonie zu erlangen. Daher könnte die Definition des Feng Shui etwa so aussehen wie die Kreisspirale aus Wörtern auf der nächsten Seite.

Feng Shui, übersetzt mit »Wind und Wasser«, studiert das Verhältnis zwischen den unsichtbaren und sichtbaren Kräften der Natur. Wie Wind und Wasser sind Sie und Ihre Umgebung zwei Kräfte der Natur. Ihre Wünsche, Ziele, Talente, Einstellungen und Gefühle – wie die unsichtbare Kraft des Windes – und die häusliche Umgebung, in der Sie leben – wie die sichtbare Kraft des Wassers – beeinflussen einander unablässig und stehen in dauernder Wechselwirkung. Wie beim Zusammenspiel von Wind

Feng Shui besteht im Erlernen, wie Sie Ihre Außenwelt so arrangieren, dass sich dadurch Ihre Innenwelt verbessert und sich dadurch Ihre Außenwelt verbessert und sich dadurch Ihre Innenwelt verbessert und sich dadurch Ihre Außenwelt verbessert und sich dadurch Ihre Innenwelt verbessert und sich dadurch Ihre Außenwelt verbessert …

und Wasser gilt: Wenn Sie und Ihr Zuhause miteinander harmonieren, hat dies eine freundliche, wohltuende und positive Auswirkung. Das Leben ist voll von Schönwetter-Bedingungen wie etwa reichlich vorhandenen Ressourcen, guten Beziehungen und einem stetigen Strom günstiger Gelegenheiten. Unter solchen harmonischen Umständen blühen Ihre Gesundheit, Ihr Wohlstand und Ihr Glück.

Aber wenn Sie und Ihr Zuhause in irgendeiner Hinsicht nicht zusammenpassen, herrschen extreme Bedingungen vor. Das Witterungsmuster Ihres Lebens umfasst dann möglicherweise einen »stagnierenden« Beruf, eine »stürmische« Ehe, eine Ressourcen-»Dürre« oder eine »Flut« gesundheitlicher Probleme.

Das Hauptziel des Feng Shui besteht darin, Sie und Ihr Zuhause in Einklang zu bringen, damit Sie nicht bloß ein Unwetter nach dem anderen *überstehen,* sondern in einem von Ihnen selbst gestalteten Paradies *gedeihen.*

Während des letzten Jahrzehnts hat das Zusammenschließen meiner Kräfte mit denen meines Zuhauses mein Leben umgewandelt. Wenn der Wind meiner klaren Absicht über das Wasser meiner Umgebung fegt, vollzieht sich eine Veränderung. Das Feng Shui kann Ihnen beibringen, wie Sie Ihre Kräfte mit denen Ihres Zuhauses so vereinigen, dass sich der gesamte Himmel in Ihrem Leben entfalten kann. Das heißt, indem Sie dies tun, schaffen Sie eine innige Eintracht zwischen Ihnen und Ihrem Zuhause. Es ist eine Vermählung, die auf ihr Zustandekommen wartet.

Form und Kompass – die beiden elementaren Feng-Shui-Schulen

Die philosophische Grundlage des Feng Shui ist heute in unserer westlichen Kultur genauso bedeutsam wie sie es vor Tausenden von Jahren in China war. Die zwei Hauptrichtungen des Feng Shui, die Formschule und die Kompassschule, sind zwar aus dem gleichen philosophischen Holz geschnitzt, aber dem Erscheinungsbild nach völlig unterschiedlich. Das Feng Shui der Formschule konzentriert sich auf das Arrangement von »Formen« oder Gegenständen in einem Haushalt und seinem unmittelbaren Umkreis, um einen optimalen Chi-Fluss – einen optimalen Fluss der Lebensenergie – zu erreichen. Diese Feng-Shui-Schule ist eher eine schöne Kunst als eine strenge Wissenschaft und erweist sich als sehr flexibel, indem sie beim Verbessern des

Chi-Flusses den Bedürfnissen der Klienten entgegenkommt und deren persönlichen Geschmack berücksichtigt.

Die Kompassschule des Feng Shui verlässt sich zur Beurteilung von Räumlichkeiten bzw. Umgebungen auf den Gebrauch eines *Luo Pan* oder chinesischen Kompasses und die Geburtsdaten der Haus- oder Wohnungsbesitzer. Basierend auf numerischen Befunden und Erkenntnissen, ist die Kompassschule besonders nützlich, wenn man sein eigenes Haus baut und wählen kann, wo man die Zimmer, Türen und Fenster platzieren will. Aus der Formschule wie auch aus der Kompassschule gingen weitere Untergruppen hervor, die ihre eigenen Auslegungen und Praktiken hinzugefügt haben, so dass sich die Feng-Shui-Praktiken im Einzelnen sehr unterscheiden.

Im Lauf der Jahre habe ich bemerkt, dass die Verfahren der Formschule ausgezeichnete Ergebnisse erzielen und sich generell leichter in den westlichen Lebensstil integrieren lassen. Aus meinen Beobachtungen und Erfahrungen heraus habe ich das *Essential Feng Shui*™ entwickelt, das einen sehr pragmatischen und personenbezogenen Ansatz verfolgt, wie man den vielfältigen Nutzen des Feng Shui in unsere westlichen Umgebungen bringt.

Wie innen, so außen – eine neue Sichtweise

Ich arbeite mit Menschen aus allen sozialen Schichten, die in den unterschiedlichsten Umgebungen leben – von riesigen Villen bis zu Vorstadt-Reihenhäusern und kleinen Etagenwohnungen. Bis auf wenige Ausnahmen lassen mich die Betreffenden zu sich kommen, weil sie unglücklich sind – etwas in ihrem Leben klappt nicht. Eventuell stehen sie gerade vor einer Scheidung, haben chronische gesundheitliche Probleme oder hassen ihren Beruf. Möglicherweise werden sie von der Vergangenheit gequält, von der Gegenwart verwirrt oder von der Zukunft geängstigt. Worin auch immer das zu lösende Problem besteht – ich bringe ihnen behutsam bei, an ihren jeweiligen Kummer mit einer neuen Sichtweise heranzugehen. Bis zu ihrem Feng-Shui-Termin meinen die meisten meiner Klienten, ihr seelisches und geistiges Leben sei von ihrer häuslichen Umgebung völlig getrennt. Die Feng-Shui-Prämisse, dass Glücklichsein und Umgebung zwei »individuelle« Naturkräfte sind, die eng miteinander verbunden sind, ist für sie ein absolut neuer Gedanke. Die Erkenntnis, dass ihr Zuhause ihre Gesundheit, ihr Vermögen und ihr Glück buchstäblich stärken oder schwächen kann, bringt einen bezeichnenden Wahrnehmungswandel mit sich.

Wenn die Betreffenden ihre Feng-Shui-Augen öffnen, können sie ihr Zuhause nicht mehr als bloße »Sache« oder ihre Habe als unbeseeltes »Zeug« betrachten. Ihre Wohnung und sämtliche Besitztümer darin werden plötzlich lebendig und sind eng mit ihrer Lebensqualität verbunden. Die Menschen erkennen, dass ihre Schwierigkeiten nicht von ihrem Zuhause getrennt sind, sondern tatsächlich *von ihm an ihrem Platz gehalten* werden. So beginnt die lebenswichtige Verbindung zwischen den Menschen und dem »Wesen«, das sie als Zuhause bezeichnen. Während sie ihre Verbindung mit ihrem Zuhause erfassen, verwandeln sich Gefühle des Isoliertseins und der Abgetrenntheit in persönliche Kraft und Kreativität. Der »Wind« ihrer Absichten wird zielstrebig, während er über das »Wasser« ihres Zuhauses gelenkt wird. Das bringt die sichtbaren und unsichtbaren Kräfte in Einklang, und infolgedessen wendet sich das Leben zum Besseren.

Als ganzheitliche Kunst und Wissenschaft ist Feng Shui dazu da, Ihre inneren und äußeren Sphären auszubalancieren und zu harmonisieren. In unserer Kultur wird Feng Shui immer beliebter, mit der gleichzeitigen Tendenz, rigoros zu einer äußerlichen »Schnellreparatur«-Praxis gemacht zu werden. Ich sehe in Häusern oder Wohnungen so mancher Leute Feng-Shui-Verschönerungen auftauchen, die unverzüglich Bargeld, Jobs oder Liebe herschaffen sollen. Die Betreffenden treten einen Schritt zurück, mit verschränkten Armen vor der Brust, klopfen mit dem Fuß auf den Boden und warten ungeduldig darauf, dass der Feng-Shui-Nikolaus zauberkräftig in Erscheinung tritt. Sie erkennen nicht, dass *sie selbst* den Veränderungen, die sie im Leben wollen, »den Zauber« einhauchen müssen. Ihre Verschönerungen bleiben wie ein regloser Teich, bis sie vom lebendigen Atem der Absicht und Konzentration berührt werden. Erst dann, wenn die Entschlossenheit und Klarheit der Betreffenden sich kräftemäßig mit deren häuslichen Verbesserungen verbindet, werden positive und dauerhafte Veränderungen eintreten.

Von Popcorn zu Wohlstand

In einer meiner Lieblingsgeschichten geht es um eine Schale voll Popcorn, die ich auf dem hinteren Teil der Toilette meiner Klientin Pam vorfand. Pam hatte einen Artikel über Feng Shui gelesen, in dem behauptet wurde, Reichtum lasse sich dadurch vervielfachen, dass man Popcorn ins Badezimmer stellt. So sonderbar ihr das auch vorkam, sie beschloss, es auszuprobieren. Ihre Familie brauchte einen finanziellen Auftrieb, und etwas schien sie immer daran zu hindern, sich vorwärts zu bewegen und ihre

Arbeit wieder aufzunehmen. Vielleicht würde das Popcorn ihr aus dem Dilemma heraushelfen. Nach mehreren Wochen ohne wahrnehmbare Ergebnisse entschied sie sich schließlich für eine Feng-Shui-Beratung, um der ganzen Sache auf den Grund zu gehen. Als ich eintraf, gingen wir schnurstracks ins Badezimmer, und dort bat sie mich, genau zu erläutern, wie feuchtes, altes Popcorn denn ihren Reichtum vervielfachen werde.

Ich erklärte Pam, ihre Feng-Shui-»Kur« gehe auf das Studium der fünf Elemente zurück. Das Popcorn, das das Holz-Element repräsentiere, sei dafür bestimmt, das in einem Bad überreichlich vorhandene Wasser-Element auszugleichen, was dann wiederum den Fluss von Geld und Ressourcen im Leben ausgleiche. Wenn sie jedoch tatsächlich ihren Reichtum vergrößern wolle, sei mehr erforderlich, als bloß eine Schale Popcorn auf die Toilette zu stellen. Um den vollen Nutzen zu bekommen, müsse Pam ihre Kräfte mit denen ihres gesamten Zuhauses vereinigen und zu diesem Kräfteschema ihre klare Absicht und Ausrichtung hinzufügen. Dabei könne sie Veränderungen wählen und das Haus entsprechend arrangieren, um so den Reichtum in all seinen Formen dazu zu verlocken, in ihr Leben einzufließen. Zugleich gebe es viele Möglichkeiten, das Holz-Element ins Badezimmer zu bringen. Dazu zählten Pflanzen, ebenso Schnittblumen, Blumen- und Streifenmuster auf Handtüchern, Vorhängen oder der Tapete und die Farben Blau und Grün. Es müsse nicht Popcorn sein – und das hörte sie mit großer Erleichterung.

Wie es häufig der Fall ist, brauchte Pams Zuhause viel mehr Außenarbeit als nur die eine Verbesserung im Bad. Der Mangel an Wohlstand, den sie durchmachte, zeigte sich augenfällig in jedem Zimmer. Wir machten eine lange Liste von umweltbezogenen und entsprechenden inneren Veränderungen, die sie realisieren könnte, um das Feng Shui ihres Zuhauses und ihres Lebens zu verbessern. Während der nächsten paar Wochen betrachtete sie die Räume in ihrem Haus mit neuen Augen und fing an, sie so zu verändern, dass sie präzise ihre, Pams, ausdrücklich erklärte Absicht widerspiegelten: »das Armutsdenken loszulassen, sich vorwärts zu bewegen und sich ein Wohlstandsdenken zu Eigen zu machen.«

Pam begann an ihrem Haupteingang, wo sie einen Springbrunnen aufstellte, der einen ins Haus strömenden üppigen Fluss von Ressourcen und Gelegenheiten symbolisieren sollte. Sie entfernte einen Tisch, der den Haupteingang teilweise blockierte, und räumte das Wohnzimmer um; sie bekräftigte damit ihre Bereitschaft, loszulegen und wohlhabend zu werden. Ein Tagebuch neben ihrem Bett erinnerte sie daran, darüber nachzudenken, für wen oder was sie dankbar war, und damit ihr »Bankkonto« an positiven Gedanken aufzustocken.

Sie räumte auch nutzloses Gerümpel aus der Garage heraus, das hier »geparkt« war, und ordnete Fahrräder und Werkzeuge so an, dass für die Wagen reichlich Platz frei wurde. Zum ersten Mal seit Jahren hatten die Fahrzeuge eine Behausung *in* der Garage und nicht bloß *auf* der Einfahrt, und Pam hatte das Gefühl, als habe sie eine wirkliche Kontrolle über ihr Leben. Das Ausmisten der Garage symbolisierte, dass sie sich von Wertlosem löste, um für das Unbezahlbare Platz zu schaffen; die Prioritäten kamen ins Lot. Sie packte die funkelnden Bleikristall-Kerzenleuchter aus, die immer für den normalen Gebrauch »zu gut« gewesen waren, und stellte sie auf den Kaminsims im Wohnzimmer, um mit kristallener Klarheit ihren wachsenden Sinn für Wohlstand zu symbolisieren.

Raum für Raum löste sich Pam von Besitztümern, die ihr das

Gefühl gaben, arm zu sein, insbesondere von altem, kaputtem und als Zusatz oder Reserve gedachtem Zeug, das sie »bloß für alle Fälle« in greifbarer Nähe behalten hatte. Sie stellte Lieblingssachen aus ihrem Besitz zur Schau, die sie daran erinnerten, dass Reichtum in tausenderlei Form erscheint. Aus dem Haus wurde allmählich ein hellerer, freudvollerer Aufenthaltsort. Nur für einen Raum galt das noch nicht – ihr häusliches Büro. Die schwierigste Aufgabe hatte sie sich für den Schluss aufgespart. Pam wusste, dass sie, um ihre Feng-Shui-Arbeit erfolgreich zu Ende zu bringen, sich diesem Raum stellen und den Teil ihres Lebens wiedergewinnen musste, den er repräsentierte.

Im Familienjargon hieß das Arbeitszimmer »die Rumpelkammer« – heimatlose Besitztümer lagerten in jeder Ecke und auf jeder Oberfläche. Plötzlich war es ihr nicht mehr schleierhaft, warum sie da drinnen nie irgendeine Arbeit hingekriegt hatte. Kiste um Kiste räumte Pam heraus, was nicht hierher gehörte – Hamsterkäfige, Halloweenkostüme, Hunderte Kataloge, Koffer, alte Schularbeiten und längst zu klein gewordene Kleidungsstücke der Kinder –, und den Rest strukturierte sie durch. Jetzt hatte sie Platz zum Umräumen und stellte ihren Schreibtisch so hin, dass sie vom Schreibtischsessel aus die Tür sehen konnte. Als sie den Raum von ihrem neuen Aussichtspunkt aus begutachtete, fühlte sich Pam in absoluter Hochstimmung und von Power durchdrungen. Der Raum summte, tönte, und zum ersten Mal, soweit sie sich erinnern konnte, fühlte sie sich zutiefst von Glück und Erfolg begünstigt. Das war die Widerspiegelung von ihr, die sie sehen wollte. Genau so wollte sie sich fühlen. All die anderen Veränderungen im Haus hatten zwar einiges bewirkt, aber diese bedeutete eine Verwandlung. Pam wechselte in Denken und Fühlen von Lumpen zu Reichtümern.

Von diesem Moment an zog es sie zu ihrem Büro. Und im Gegensatz zu vorher strömte nun Arbeit herein und brachte Pam einen stetigen Fluss lukrativer Chancen auf ihrem Gebiet, dem Vertrieb medizinischer Waren. Zugleich machte ihr Gatte ihr jedes Mal, wenn er den Wagen in der Garage abstellte, Komplimente darüber, wie wundervoll sie sei. Ihre Kinder wurden offenbar innerlich ruhiger und schienen besser als jemals zuvor miteinander auszukommen. Und schließlich kam Pam auch noch dazu, das Badezimmer mit geblümten Handtüchern und mehreren Pflanzen zu bestücken.

Das Popcorn auf der Toilette kennzeichnete den Beginn ihres Feng-Shui-Abenteuers. Von diesem Zeitpunkt an vereinigte Pam ihre Kräfte mit denen ihres Zuhauses, und Schritt für Schritt brachte sie Harmonie in ihre sichtbare und ihre unsichtbare Welt. Ihr Lieblingsausspruch lautet jetzt: »Ein weiterer Tag im Paradies.«

Mutige Feng-Shui-Taten

Sie müssen schon wirklichen Mut aufbringen, um Ihre Feng-Shui-Augen zu öffnen und eingehend zu betrachten, was Ihr Zuhause über Sie aussagt. Normalerweise führt das zu außerordentlichen Einsichten, sofortigen Appellen zum Handeln sowie zu inneren und äußeren Veränderungen, die einen tief greifenden Zustrom von Kraft bewirken. Ihre Entdeckungen können auch strapaziös und überwältigend sein. Während Sie die Gestaltung bzw. Einrichtung Ihres Zuhauses mit Ihren Zielen und Wünschen in Wechselbeziehung bringen, erkennen Sie, was Ihr Wohlbefinden stärkt und steigert – oder schwächt und beeinträchtigt.

So sah meine Klientin Pam Widerspiegelungen ihres »Armutsdenkens« direkt inmitten mehrerer Räume ihres Hauses. Sie begriff, dass sie es nicht dabei belassen könnte, ihre Feng-Shui-Augen nur einmal zu öffnen, kurz in den Spiegel zu blicken, als den sich ihr Zuhause darbot, dann ihre Augen wieder zu schließen und danach glücklich weiterzuleben. Um sich zu heilen und zu stärken, musste sie voll und ganz in den Spiegel eintreten und mitmachen. Um zu gedeihen, musste sie die »individuellen« Zonen und Besitztümer in ihrem Hause verändern, die den Wirrwarr, die Anspannung und Armut ihres inneren Lebens räumlich festhielten. Jeder Raum beschenkte sie mit einer Gelegenheit, sich selbst zu sehen. Wenn ihr nicht gefiel, was sie sah, veränderte sie es zum Besseren und machte so ihr Zuhause zu einem Ort, der beständig ihren Wohlstand, ihre Freude und ihre Kraft förderte und steigerte. Das war eine mutige Handlung.

Kapitel 1

Feng-Shui-Lebensprinzipien und -Richtlinien

Wir sind in einem unentrinnbaren Netzwerk von Gegenseitigkeit gefangen, in einem einzigen Schicksalsgewand verknüpft. Was immer sich auf einen direkt auswirkt, wirkt sich indirekt aus auf alle. Martin Luther King

Drei Grundprinzipien bilden das Fundament des Feng Shui und liefern uns Richtlinien für die Lebensführung. Wenn wir diese Richtlinien in unser Leben einbeziehen, sehen wir die Welt auf neue und kraftvolle Weise und interagieren demgemäß mit ihr.

Prinzip I – Alles ist vom Chi belebt

Das erste Prinzip in der Feng-Shui-Philosophie besagt, dass jeder Organismus, jeder Ort und jedes Ding von der Lebensenergie belebt ist, die wir Chi nennen. Diese Auffassung schließt alles mit ein und versetzt daher unsere physische Existenz von einer »objekthaften« Welt, die größtenteils unbelebt ist, in eine »individuelle« Welt, die gänzlich belebt ist.

Wenn wir unsere Welt als aus belebten »Wesen« bestehend ansehen, treffen wir Entscheidungen anders, als wenn wir Gegenstände für unbelebt halten. Blinde Zerstörung unserer natürlichen Welt wie auch die Anhäufung großer Mengen von Besitztümern, die wir nicht lieben oder brauchen, können nur geschehen, wenn wir glauben, die betreffenden Dinge seien bloß »Dreck« oder »Zeug«. Wenn wir die Lebendigkeit alles rings um uns Vorhandenen spüren, einschließlich der Erde unter unseren Füßen und der Habe, die uns umgibt, sind wir gezwungen, *voller Achtsamkeit* zu sein. Wir neigen dann dazu, uns bedächtiger zu verhalten, und gehen mit uns, miteinander, mit der Natur und mit unserer Habe respektvoll um, weil wir wissen, dass jedes »Ding« von Lebensenergie durchdrungen ist.

Wie Sie Ihren Sinn für Lebendigkeit erweitern: Zu Beginn meines Feng-Shui-Studiums wusste ich, dass meine Freunde und Zimmerpflanzen lebendig waren, aber ich begriff noch nicht, dass auch alles andere einschließlich meiner Kunstgegenstände, Möbel, Bettwäsche, Kleider, Schuhe, meines Computers, Wagens und Schmucks gleichfalls lebendig war. Doch meine Einstellung änderte sich – bis ich nicht mehr bloß einen Haufen unbelebtes Zeug hatte, sondern von einem vielfältigen Kreis lebender Wesen umgeben war. Verflochten mit den tanzenden Molekülen in meinen Besitztümern waren meine Gedanken, Gefühle, Erinnerungen und Assoziationen bei jedem einzelnen von ihnen. Ich konnte mich in meinem Haus nicht bewegen, ohne von den mich umgebenden Besitztümern Eindrücke zu empfangen.

Beispielsweise steht in meiner Küche ein Holztisch, der meiner Großmutter gehörte. Zusammen mit dem molekularen Aufbau des Holzes selbst ist der Tisch belebt von herzerwärmenden Erinnerungen an die Küche meiner Großmutter und deren liebevolle Gegenwart während meiner ganzen Kindheit. Ich sehe noch immer vor mir, wie meine Schwester samstagmorgens kerzengerade am Tisch sitzt und Kartoffelbrei und Eiscreme zum Frühstück bestellt, was ihr meine Großmutter auch jedes Mal mit Vergnügen servierte. Wir verbrachten zahllose Teestunden an dem Tisch, samt freier Wahl unserer jeweiligen Teetasse aus Omas Chinaporzellansammlung.

Und der Tisch sammelt weiterhin Erinnerungen – an das Alltagsleben in meiner eigenen Küche. Wenn ich an dem Tisch sitze, kommen mir schlagartig Dutzende von Erinnerungen und Empfindungen in den Sinn: Faulenzerstunden sonntagmorgens, die Zeitung ausgebreitet auf der Tischplatte, wie ich mit Freundinnen Collagen mache, und ruhige Abendessen im warmen Kerzenschein. Diese Reminiszenzen und Gefühle stärken mich und gemahnen mich sacht daran, mich zu entspannen und an dem Strom kostbarer Momente in meinem Leben zu erfreuen.

Alles, was bei Ihnen wohnt, hält bestimmte Erinnerungen, Assoziationen und Gefühle räumlich fest. Eben deshalb ist es beim Feng Shui so entscheidend, einzuschätzen, wovon Ihre materiellen Besitztümer belebt sind. Was »sagen« sie Ihnen? Die Qualität Ihres inneren Lebens wird fortwährend von dem beeinflusst, was Sie in Ihrer Umgebung am Leben halten. Wie etwa bei meinem Tisch können die Empfindungen und Erinnerungen solche von guten Zeiten und köstlichen Momenten sein. Oder sie können eine gemischte Botschaft mit sich führen.

Ich habe ein Lyrikbuch, das ich vor langer Zeit von einem Freund geschenkt bekam. Das Buch bedeutet mir viel, ich liebe die Gedichte, und ich habe zärtliche Erinnerungen an meinen Freund. Aber er und mehrere andere Freunde kamen vor wenigen Jahren bei einem Autounfall ums Leben. Wenn ich also das Buch betrachte, empfinde ich sowohl Liebe als auch Verlust. Es war wichtig für mich, abzuwägen, ob die von dem Buch am Leben gehaltenen Gefühle und Erinnerungen mein derzeitiges Wohlbehagen fördern oder mich entmutigen. In diesem Fall hält das Buch die Erinnerung an meinen Freund am Leben, und das mag ich. Daher behalte ich das Buch, im Bewusstsein, dass meine Energie jedes Mal gestärkt wird, wenn ich es sehe.

Es gibt andere Gelegenheiten, wo dies nicht der Fall ist. Als beispielsweise meine Freundin Susan anfing, sich durch eine komplizierte Scheidung durchzukämpfen, wurde ihr Wohnzimmersofa ein Kriegsgebiet von Assoziationen. Jedes Mal, wenn sie darauf saß, bestürmte sie ein Schwall sich widersprechender Erinnerungen. Sie war zu ein und demselben Zeitpunkt die glückliche Jungvermählte und die von psychischem Krieg beschädigte Geschiedene. Das Sofa war belebt von ihren Gefühlen über ihre Ehe, und die Ehe war durchweg Geschichte – bloß nicht in ihrem Kopf, ihren Emotionen und ihrem Wohnzimmer. Susans innere Arbeit bestand darin, sich von der Vergangenheit zu lösen und ihr angeschlagenes Selbstbild zu heilen. Ihre Außenarbeit bestand in diesem Fall darin, dass sie eine neue Couch kaufte!

Sie wählte ein neues »individuelles« Sofa aus, das vom Chi neuer Anfänge belebt war. Sobald die Couch angeliefert war, hatte Susan das Gefühl, ihr Leben weit mehr unter Kontrolle zu haben. Sie war erstaunt darüber, wie sehr dieses Möbelstück ein neues Kapitel in ihrem Leben bekräftigte. Es fiel ihr viel leichter, sich zu entspannen, den Augenblick zu genießen und die Vergangenheit loszulassen. Das spornte sie an, andere Besitztümer infrage zu stellen, die Erinnerungen und Gefühle am Leben hielten, die sie nicht mehr um sich haben wollte. Sie unterzog alles einem Selbstachtungstest, wie sie das nannte. Wenn der betreffende Gegenstand ein gutes Gefühl in ihr hervorrief, durfte er bleiben.

Wenn nicht, dann hieß das »raus damit«. Nach ihrer Erfahrung mit dem Sofa machte es Susan Freude, Besitztümer abzustoßen, die ihre Selbstachtung schwächten, und sie durch Dinge zu ersetzen, die lebensbekräftigend waren. Sie tauschte einen Sessel aus, der traurige Kindheitserinnerungen enthielt, sowie mehrere Bilder, auf denen einsam aussehende Frauen dargestellt waren.

Die Veränderungen, die sie in ihrer unmittelbaren Umgebung vornahm, verstärkten wiederum ihre innere Arbeit. Sie trat in eine Frauengruppe ein, die sich der Versöhnung mit der Vergangenheit widmete, führte ein Tagebuch und meditierte täglich. Im Lauf der Zeit wurden Selbstvertrauen und Eigenliebe Susans ständige Begleiter, und sie fühlte sich wohler als je zuvor.

Eines Ihrer vordringlichsten Feng-Shui-Ziele sollte darin bestehen, dass Sie sich mit »Bekräftigungen durch die Umwelt« umgeben – den Dingen, die von lebensbekräftigenden Gedanken, Gefühlen, Erinnerungen und Assoziationen belebt sind. Wenn Sie Ihre unmittelbare Umgebung so gestalten, dass sie Ihren idealen Bewusstseinszustand widerspiegelt, öffnen Sie die Bahnen für Glück, Gesundheit und Wohlstand, die dann bei Ihnen ihren Wohnsitz aufschlagen. Mit Entschlossenheit und Zielgerichtetheit bereiten Sie in Ihrer unmittelbaren Umwelt alles für die sichere Behausung Ihres ganz persönlichen Stands der Gnade vor.

Prinzip II – Alles ist durch das Chi miteinander verbunden

Das zweite Prinzip des Feng Shui besagt, dass alle Organismen, Orte und Dinge durch das Chi verknüpft sind. Die Energie, die uns mit unserer persönlichen Umgebung verbindet, umfasst in ihrer Ausdehnung den gesamten Planeten. Energetisch gibt es so etwas wie Isolation nicht. Unsere Verbindungen sind zwar normalerweise am stärksten mit den Organismen, Orten und Dingen, die sich ganz in unserer Nähe befinden, aber tatsächlich stehen wir mit allem und jedem auf Erden in Beziehung.

Unsere Verbindung mit uns selbst und mit anderen: Ein ungelöster Konflikt vermindert die Qualität von Beziehungen. Da unsere Kultur glaubt, dass wir uns von unseren eigenen Gedanken und Gefühlen wie auch voneinander absondern können, erkennen wir nicht immer, wie wichtig es ist, dass wir unsere inneren und äußeren Konflikte lösen. Das Kultivieren guter Beziehungen mit dem eigenen Ich und mit anderen kann einem bedeutungslos vorkommen. Was macht das schon, wenn Sie immer innerlich kochen, sobald Ihr Boss vorbeigeht, oder Sie unangenehme Nachbarn haben, oder Sie sich deprimiert fühlen, wenn Sie in den Spiegel schauen. Zu Ihrer Umwelt mögen ekelhafte Kunden, entfremdete Familienmitglieder oder schwierige Mitarbeiter gehören. Wenn Sie glauben, dass Sie keine wesentliche Verbindung mit diesen »problematischen« Personen oder Situationen haben, sind Sie möglicherweise nicht motiviert, die Gefühle zu verbessern, die sie diesbezüglich verspüren. Das ändert sich drastisch beim Praktizieren des Feng Shui. Negative Reaktionen, Gefühle und Vorkommnisse, die vermeintlich geringfügig sind, sich aber oft wiederholen und ungelöst bleiben, akkumulieren sich, beeinträchtigen Ihre Lebensqualität und ruinieren diese schließlich.

Das Praktizieren von Feng Shui erfordert manchmal eine Korrektur der Grundeinstellung. Da wir eigentlich mit jedem Organismus, jedem Ort und jedem Ding verbunden sind, besteht ein wichtiges Feng-Shui-Ziel darin, heilsame Gedanken, Worte und Taten in jeden Lebensaspekt einzubringen. Sie entdecken möglicherweise, dass Ihre innere Welt auch einige negative Ansichten über Sie selbst und andere enthält. Alle Beziehungen – von Ihrem Ehepartner bis zum Verkäufer im Lebensmittelgeschäft – sind überaus bedeutsam. Zum Besseren oder zum Schlimmeren: Ihre Verbindungen mit Menschen – insbesondere jenen Personen, mit denen Sie regelmäßigen Kontakt haben oder hatten – verbreiten Wellen um sich her und beeinflussen so alle Aspekte Ihres Lebens. Nach der klaren Einsicht in den engen Zusammenhang zwischen Beziehungen und Lebensqualität ist es unbedingt notwendig, dass Sie bei sich selbst und gegenüber anderen tatsächlich Großzügigkeit, Mitgefühl, Aufrichtigkeit und Versöhnlichkeit realisieren.

Als eine ältere Frau in der Nachbarschaft meines Freundes Adam nicht imstande war, ihre Gartenarbeit zu bewältigen, entschloss er sich, für sie das Laub zusammenzurechen. Ein weiterer Nachbar bemerkte das und kam heraus, um das Laub in Säcke zu füllen. Ein dritter Nachbar schloss sich ihnen an, um die Hecken zu schneiden. Als die ältere Frau dieses Trio guter Samariter vor ihrem Fenster bemerkte, machte sie so rasch wie möglich Erfrischungen für jeden. Eine Stunde später war der Garten tipptopp, und alle waren drinnen im Haus beim Tee. Jeder in der ganzen Nachbarschaft wurde durch die Großzügigkeit gestärkt, die in dem einfachen nachbarlichen Akt zum Ausdruck kam, dass man sich um den Garten eines bedürftigen Menschen kümmerte.

Die Gelegenheiten, sich miteinander auf innerlich bereichernde Weise zu verbinden, sind unerschöpflich. Die Kenntnis, inwiefern Sie mit anderen verbunden sind, wird Ihnen den Mut geben, alte Wunden zu heilen, die Wahrheit zu sagen und echte offene Gespräche mit Verwandten und Freunden zu führen. Behandeln Sie gleichfalls sich selbst mit mehr Herzensgüte oder, gegebenenfalls, herzensguter Strenge. Machen Sie es sich zur dringlichen Aufgabe, alles Erforderliche zu tun, um Harmonie und Ausgeglichenheit in all Ihren Beziehungen wiederherzustellen, wohl wissend, dass Ihre Lebensqualität davon abhängt.

Unsere Verbindung mit unserer Habe: Die Qualität unserer Beziehungen ist nicht auf Menschen eingeschränkt. Wir sind ebenso mit jedem einzelnen Gegenstand, der uns umgibt, eng verbunden. Das Ziel besteht darin, uns aller Dinge bewusst zu sein, mit denen wir verbunden sind, das heißt, *jedes Gegenstandes,* den wir besitzen. Wenn jeder von uns nur fünf oder sechs Besitztümer hätte, wäre das kein Problem, aber in unserer Kultur haben die meisten von uns buchstäblich Tausende von Besitztümern! Um unsere Verbindung mit all diesen Dingen gebührend zu berücksichtigen, müssen wir uns von Überflüssigem lösen und den Rest durchstrukturieren. Hierher gehört auch all das Zeug in den Ecken und Winkeln, die wir für »Un-Orte« hielten, wie etwa Garagen, Keller, Dachböden, Wandschränke, Regalschränke und Kommoden. Im Feng Shui zählen sie allesamt.

Warum sollten Sie sich die Zeit nehmen und sich die Mühe machen, Ihre Besitztümer zu durchforsten und durchzustrukturieren? Weil sie Ihre Innenwelt widerspiegeln und die Bedingungen Ihres Lebens räumlich festhalten. Äußere Ordnung und Harmonie spiegeln innere Ordnung und Harmonie wider, wohingegen äußeres Durcheinander und Chaos inneres Durcheinander und Chaos widerspiegeln. Das heißt nicht, dass Sie ein entbehrungsvolles Dasein führen müssen – ganz im Gegenteil. Materielles

Wohlergehen tendiert dazu, sich durch das Vorhandensein von Ordnung zu steigern. Lösen Sie sich von Besitztümern, die unerwünscht und nutzlos sind – dann können Sie beobachten, wie Ihre innere Klarheit und äußeren Möglichkeiten zusehends aufblühen.

Die vielen Facetten unseres Lebens: Wie bei einem Edelstein ist jede Facette Ihres Lebens mit allen übrigen verbunden. Sie können nicht Ihre Gesundheit von Ihren Finanzen, Ihre Finanzen von Ihren Beziehungen oder Ihre Beziehungen von Ihrer Kreativität abtrennen. Daher ist die Qualität jeder einzelnen Facette gleichermaßen bedeutsam für die Gesamtbalance Ihres Lebens. Ein äußerst stressiger Job wirkt sich auf Beziehungen, die physische Vitalität und die allgemeine Lebensauffassung nachteilig aus, auch nach Feierabend und an Wochenenden. Unser Ziel ist es, sämtliche Facetten des Lebens zu gleichem Glanz aufzupolieren, so dass jede einzelne die Schönheit der anderen widerspiegelt.

Prinzip III – Das Chi verändert sich ständig

Immerzu erleben wir den Wandel – Veränderungen in unserem Körper, unseren Beziehungen, unserem Energiepegel, unserer Gemütsverfassung, unseren Emotionen sowie in der Natur. Die einzige Konstante in unserem physischen Universum ist der Wandel. Im Feng Shui nehmen wir den Wandel als ein Geschenk entgegen. Wir schließen Freundschaft mit ihm. Wir verinnerlichen den Wandel und bitten ihn, unser Leben fortwährend zu verbessern. Solange wir leben, wachsen wir und verändern uns.

Wenn unser Zuhause unsere Veränderungen widerspiegelt, bewegen wir uns harmonisch vorwärts.

In unserer Kultur sträubt man sich häufig dagegen, den Wandel anzunehmen. Entsprechend sollten wir eigentlich immer wie Fünfundzwanzigjährige aussehen, nur einmal Möbel kaufen und einen einzigen Beruf wählen, bei dem wir lebenslang bleiben können. Wie wir alle wissen, funktioniert das Leben so nicht. Veränderung tritt ein. Während wir älter und weiser werden, heiraten wir womöglich, haben Kinder, lassen uns scheiden, verheiraten uns neuerlich, gehen wieder zur Schule, wechseln den Beruf, ziehen um, schließen neue Freundschaften – und erleben in all der Zeit gewaltige innere und äußere Veränderungen. Wenn wir voll im Tanz des Wandels aufgehen und ihn einfach geschehen lassen, drängt es uns dazu, unser Zuhause neu zu erfinden, und zwar so, dass es unsere persönliche Entfaltung widerspiegelt.

Magische Momente des Wandels: Von Zeit zu Zeit gibt es magische Momente, wo Ihnen plötzlich klar wird, dass sich etwas in Ihrem Zuhause ändern muss. Sie haben sich geändert, und jetzt spiegelt das Haus »Sie« augenscheinlich nicht mehr wider. In diesen Momenten sind Sie dazu aufgerufen, Ihre Umgebung auf den neuesten Stand zu bringen, damit sie Ihr neues inneres Programm widerspiegelt und verankert. Oft treten diese Momente der Klarheit ein, nachdem Sie eine Zeit lang nicht zu Hause waren. Dann haben Sie eine neue Perspektive, die wie ein Scheinwerfer funktioniert und Licht auf Dinge wirft, die in Ihrer Umgebung nicht mehr nützlich oder kräftigend sind. *Sie haben sich geändert – jetzt muss sich Ihre Umgebung ändern,* damit sie in sich aufnimmt, unterstützt und genau widerspiegelt, wer Sie geworden sind.

Zum Beispiel wechseln Sie vielleicht in einen anderen Beruf und gestalten ein Gästezimmer zu einem Arbeitszimmer um, oder Sie entdecken an sich ein neues Talent, und verwandeln das große gemeinsame Schlafzimmer in ein Tanzstudio. Sie machen einen Trip den Amazonas hinunter oder in den Himalaja, und nach Ihrer Rückkehr sind sie nicht mehr dieselbe Person. Da Erfahrungen Sie auf Schritt und Tritt verändern, ist es unbedingt notwendig, dass Sie Ihre innere und äußere Reise auf einer Linie halten. Wie Sie das tun, liegt allein bei Ihnen. Möglicherweise fühlen Sie sich gedrängt, Ihr Wohnzimmer in einem erdigen Goldton zu streichen, das Geräusch von Wasser in Ihr Schlafzimmer zu bringen, eine Meditationszone zu schaffen oder vorhandene Kunstobjekte zu entfernen, um Ihre tibetischen Schnitzwerke oder kolumbianischen Wandteppiche zur Schau zu stellen. Wenn Sie das Bedürfnis verspüren, etwas an Ihrem Zuhause zu ändern, ist es wichtig, dass Sie es auch so schnell wie möglich in die Tat umsetzen. Dadurch verinnerlichen Sie neue Arten des Denkens, Fühlens und Handelns, und Sie bewegen sich im Leben vorwärts.

Ich erlebe das immer wieder bei Klienten. Viele von ihnen äußern, dass sie, wenn sie eine Woche lang weg waren, bei ihrer Rückkehr nach Hause ganz unwillkürlich und unvermutet ein starkes Verlangen haben, etwas an ihrer Umgebung zu ändern. Die von ihnen anvisierten Veränderungen können alles Mögliche beinhalten – von einem gigantischen Umbauprojekt bis zu einer Verschönerung in nur einem Zimmer. Klienten mit sehr wenig Geld können immer Wege finden, ihr Zuhause durch Gegenstände zu verändern, die ihre innere Reise repräsentieren – von einer frischen Blume in einer Vase bis zu einer neuen Kerze oder einer Collage aus den in einem Magazin gefundenen Bildern. Was es auch sei – diejenigen, die ihrem Bedürfnis nachkommen und ihre Umgebung auf den neuesten Stand bringen, folgen ihrem natürlichen Drang, ihr Zuhause mit ihrem inneren Wachstum und ihrer persönlichen Entwicklung auf eine Linie zu bringen. Diejenigen hingegen, die eine Notwendigkeit zur Veränderung erkennen, aber alles so lassen, wie es ist, stellen häufig fest, dass ihr Zuhause und ihr Leben kraftlos und schal werden. Das Chi wird durch Wandel stimuliert und genährt. Wenn wir unserem natürlichen Drang zur Veränderung nicht folgen, löst sich die Vitalität in unserem Zuhause schließlich in Nichts auf.

Den Wandel verinnerlichen: Das Verändern Ihres Wohnbereichs verankert und unterstützt Ihr neuestes Selbst, während der Mangel an Veränderung eventuell alte Grundmuster räumlich festhält. Mein Mann Brian und ich räumen in unserem Zuhause gelegentlich unsere Büros um, damit wir die Welt aus einer neuen Perspektive sehen können. Mein Büro »schreit« mich an, wenn es Zeit ist für einen Wandel, und keine Veränderung, die ich vornehme, muss ewig halten. Das Feng Shui legt uns allen nahe, hinsichtlich des Wandels leichter, lockerer zu werden, ihn zu verinnerlichen und es zu ermöglichen, dass unsere Umgebung zusammen mit uns wächst und sich bewegt. Lassen Sie den schöpferischen Funken Ihres Geistes ein bisschen drauflosagieren und genießen Sie den Augenblick im Bewusstsein, dass der Wandel Ihr Verbündeter ist.

Unser neues Fundament

Das Feng Shui konstatiert, dass jeder Organismus, jeder Ort und jedes Ding in unserer physischen Welt lebendig ist, mit allem Übrigen vernetzt, und sich ständig verändert. Wir leben in einer dynamischen Welt, wo es auf alle und alles, jeden und jedes ankommt, und wo jeder Moment einmalig ist. Um das Beste in uns ans Licht zu bringen, gestalten wir unser Zuhause so, dass es unsere beständige Quelle der Inspiration und Revitalisierung wird. Dadurch entwickelt sich unser Zuhause nach und nach zu unserem persönlichen Paradies. Ich glaube, dass dies unser Geburtsrecht ist, wenn wir uns entschließen, es zu beanspruchen.

Drei praktische Richtlinien, die aus den drei fundamentalen Prinzipien hervorgehen, helfen uns jeweils, eine Wahl und Entscheidung zu treffen, die die zeitlose Weisheit des Feng Shui in sich schließt.

Praktische Richtlinie I – Leben Sie mit dem, was Sie lieben

Eine der wirkungsvollsten Maßnahmen, die Sie treffen können, besteht darin, mit dem zu leben, was Sie lieben. Je uneingeschränkter Ihnen dies möglich ist, umso besser! Schauen Sie beim Gestalten, Möblieren und Einrichten Ihres Zuhauses durch Ihre Feng-Shui-Augen, und entscheiden Sie, ob Sie das von Ihnen Gewählte auch wirklich lieben. Retten Sie sich vor der Überfülle mangelhafter Formgebungen, indem Sie achtsam, kreativ und ausgesprochen wählerisch sind. Suchen Sie sich aus, was *Sie* lieben, auch wenn es von keinem Designmagazin angepriesen wird.

Wenn Sie sich mit etwas begnügen müssen oder mit etwas leben müssen, das Sie nicht sonderlich mögen, dann heben Sie seine Energie an, indem Sie in seiner Nähe etwas platzieren, bei dem es Ihnen warm ums Herz wird. Zum Beispiel lebte ich eine Zeit lang mit einer Couch in Grau, was nicht meine Lieblingsfarbe war. Um das Möbel für mich tauglich zu machen, drapierte ich seine Lehne durchgängig mit einem schönen Tuch. Die tiefen Rottöne und handgemalten Details auf dem Tuch harmonierten mit dem Sofa, und ich lebte glücklich mit ihm, bis ich es durch genau das ersetzen konnte, welches ich wollte.

Bekräftigung durch die Umwelt: Fragen Sie sich beim Durchsortieren Ihrer Habe jeweils: »Liebe ich das?« Mit dieser großartigen Methode können Sie Ihre Besitztümer sortieren und entscheiden, was davon wirklich mit Ihnen verbunden ist, und was nicht. Stellen Sie sich einen Moment lang vor, Sie seien ausschließlich von Dingen umgeben, die Sie nähren, revitalisieren und inspirieren. Eben dadurch wird alles in Ihrem Zuhause eine Bekräftigung durch die Umwelt.

Das ist für viele Menschen eine ganz neue Sichtweise. Eine meiner Klientinnen fiel fast in Ohnmacht, als ihr klar wurde, dass sie keinen einzigen Gegenstand in Ihrem Hause liebte. Ihr Zuhause war funktionell okay und halbwegs attraktiv, aber liebte sie es? Nein! In diesem speziellen Fall brachte sie zuerst einmal einen einzelnen Gegenstand, den sie *tatsächlich* liebte, in ihren Wohnbereich. Und wie das rote Tuch, das ich über meine graue Couch legte, setzte dieser den Prozess zur allmählichen Optimierung des Chi in Gang. Ob Sie nun mit einer Blütenpflanze oder einem komfortablen Möbelstück beginnen – hören Sie nicht auf, die ungeliebten Dinge zu entfernen und sie durch jene zu ersetzen, die Sie lieben, bis Sie Ihr Ziel erreicht haben. Je mehr Sie ganz konkret realisieren, mit dem zu leben, was Sie lieben, desto erregender und bekräftigender wird Ihr Leben werden.

Ein Privatbereich in der gemeinsamen Wohnung: Was machen Sie, wenn Sie mit anderen zusammenleben, die Ihren Geschmack hinsichtlich der Ausstattung nicht teilen? Beanspruchen Sie einen Raum oder Winkel für sich, der Ihnen ganz allein gehört, und bestücken Sie ihn mit den Dingen, die Sie lieben. Ermuntern Sie die Menschen, mit denen Sie zusammenleben, das Gleiche zu tun. Paaren und Familien mit unterschiedlichem Geschmack fällt es normalerweise viel leichter, bei der Gestaltung gemeinsam genutzter Zimmer Kompromisse zu machen, wenn jeder von ihnen einen exklusiven Bereich oder Raum hat, den er sein Eigen nennen kann.

Praktische Richtlinie II – Sicherheit und Bequemlichkeit an die erste Stelle setzen

Berücksichtigen Sie beim Gestalten, Möblieren und Einrichten Ihres Zuhauses zuerst Sicherheit und Bequemlichkeit. Normalerweise achten wir als Erstes auf Schönheit, und wenn Bequemlichkeit oder Sicherheit zufällig mit zum Gesamtpaket gehört, ist das eine Dreingabe. Wir sehen dies bei der Mode – insbesondere bei der Damenmode: Zwar sehen Frauen in Abendkleidern hinreißend aus – aber ersticken oder erfrieren am Ende beinahe, je nachdem, um was für ein Design es sich handelt. Fügen Sie zu dem Ensemble noch ein Paar tolle hochhackige Pumps hinzu, und die Misere ist komplett. Wunderhübsch anzusehen, ja; sicher und bequem, nein! Die Grundbedürfnisse des Körpers werden häufig von dem Wunsch nach einem schönen Aussehen verdrängt.

Unsere eigentümliche Konzentration auf Schönheit findet man auch in der Möbelindustrie. Viele Menschen sitzen den ganzen Tag in prachtvollen Sesseln, die nicht ihrem jeweiligen Körperumriss angepasst sind. Wenn schöne Möbelstücke scharfe Ecken oder Details aufweisen, bestehen sie nicht den Feng-Shui-Test. Die ausgiebige Verwendung spitzer Winkel in der Architektur kann unser instinktives Bedürfnis nach Bequemlichkeit und Sicherheit zerrütten. Die meisten von uns haben sich so sehr an Unbequemlichkeit gewöhnt, dass sie sie kaum mehr bemerken. Um diese Ansicht zu verdeutlichen, frage ich Zuhörerschaften oft: »Wer hat noch nie in einem unbequemen Sessel gesessen?« Niemand hat je die Hand gehoben. Es ist nicht unzumutbar, Bequemlichkeit und Sicherheit zu verlangen. Faktisch wird im Feng Shui das Insistieren auf der Annehmlichkeit und Sicherheit Ihrer Umgebung entscheidend für die Ausgeglichenheit und Harmonie Ihres gesamten Lebens. Und während Sie Ihr Zuhause so gestalten, dass es behaglich und sicher ist, wird eine neuartige Schönheit geboren. Sie verwandelt Ihr Heim in einen äußerst einladenden, heilsamen und sinnlichen Aufenthaltsort.

Der Sicherheits- und Bequemlichkeitstest: Unterziehen Sie Ihr Zuhause einem Sicherheits- und Bequemlichkeitstest. Suchen Sie nach scharfen Ecken und Details an Ihren Möbeln und Kunstobjekten, durch die man sich verletzen könnte. Ich habe Wohnungen und Häuser besichtigt, wo jeder in der Familie sich an messerscharfen Möbeln oder baulichen Komponenten geschnitten oder Blutergüsse geholt hat. Das Erstaunliche ist, dass es der Familie in den meisten Fällen nie in den Sinn kommt, hinsichtlich dieser Gefährdungen irgendetwas zu unternehmen – es sei denn, die Geburt eines Babys steht ins Haus. Machen Sie zur Gewährleistung von Sicherheit und Bequemlichkeit Ihr Heim für Menschen aller Altersstufen babysicher.

Im Feng Shui bezieht sich Sicherheit auch auf die Platzierung von Gegenständen in einem Raum. Platzieren Sie Mobiliar wie etwa Betten und Sitzgelegenheiten möglichst so, dass Sie von dort die Tür sehen können. Bitte unterschätzen Sie nicht die Kraft, die Ihnen daraus erwächst, dass Sie sich in der beherrschenden Position eines Raumes niederlassen. Selbst unter den sichersten Umständen entspannt sich Ihr Nervensystem intensiver, wenn Sie einen Raum visuell beherrschen. Ein Beleg dafür ist die Anordnung des Mobiliars in vielen Büros leitender Angestellter. Die dächten nicht im Traum daran, mit dem Rücken zur Tür zu sitzen! Die Sitzgelegenheiten ohne diesbezügliche Aussicht sind für Besucher und Untergebene, der leitende Angestellte hingegen hat den Powerplatz inne. Vergessen Sie beim Aufstellen Ihres Mobiliars – insbesondere Ihres Betts, Schreibtischs sowie Ihrer Stühle und Sessel – nicht, dass man in der Sitzposition mit Sicht auf die Tür den sichersten, behaglichsten und stärksten Platz im Raum behauptet.

Feng Shui bezieht sich häufig auf Dinge, die scheinbar belanglos sind und bei flüchtiger Betrachtung leicht unberücksichtigt gelassen oder übersehen werden. Geringfügige Dinge, wie etwa sitzend oder liegend die Tür im Rücken zu haben, gegen scharfe Ecken zu stoßen oder in einem unbequemen Sessel zu sitzen, summieren sich. Wie Wasser, das auf einen Stein tropft, wirken sie sich schließlich prägend und dauerhaft auf Ihren Körper, Ihr Gemüt und Ihren Geist aus.

Praktische Richtlinie III – Vereinfachen und Strukturieren

Eine der größten Herausforderungen in unserer überquellenden Welt besteht im Vereinfachen und Strukturieren unserer Habe. Eine Kollegin von mir schwört, dass sich ihre Besitztümer nachts vermehren, speziell jene, die sie irgendwo gelagert hat. Wo eines war, leben jetzt ein Dutzend. Vollgestopfte Garagen, Keller, Dachböden und Wandschränke sind häufig die Ausstellungsräume des Überflüssigen in unserem Zuhause.

Der Dachboden meiner Familie war immer ein Katastrophengebiet, weil die meisten Dinge von der untersten Treppenstufe aus dort hinaufgeworfen wurden. Folglich war es äußerst nervig, diese Treppe hinaufzusteigen und zu versuchen, etwas zu finden. Ich kann mich noch an die Aussprüche meines Vaters erinnern, wie er da oben auf der Suche nach dem richtigen Koffer herumrumpelte. Unser Keller war im Grunde ein häuslicher Schuttabladeplatz oder Eisenwarenladen, wo ich auf der Suche nach dem Werkzeug, das ich für meinen Vater finden sollte, regelmäßig Blut und Wasser schwitzte. Ich hatte eine perfekte Leistungsbilanz vorzuweisen: Ich fand kein einziges Mal, was er wollte. Unser Keller fraß Scheren und Schlüssel, wohingegen jede Schublade im Haus alles in sich barg – nur nicht das, was ich jeweils brauchte.

Als ich anfing, Feng Shui zu praktizieren, musste ich daher einige neue Fertigkeiten lernen – wie ich meine Besitztümer vereinfache und gründlich durchstrukturiere. Ich fand alle Formen von Wirrwarr in meinem Wohnbereich, unter anderem Stapel Zeitungen und Papiere, Kommoden voller zerlumpter Kleider und Regale mit altem Porzellangeschirr und ebensolchen Betttüchern – Dinge, die ich nicht liebte oder wollte und seit langem nicht benutzt hatte. Ich behielt all dieses Zeug in meiner Nähe, weil ich mir nicht darüber im Klaren war, dass meine riesige Ansammlung von ungewolltem Zeug den Fluss vitaler Energie überall in meinem Leben blockierte.

Während ich das Zeug ausräumte, bemerkte ich, wie etwas fast Magisches geschah: *Je mehr ich das Alte losließ, desto mehr empfing ich das Neue* – in Form wunderbarer neuer Besitztümer und Gelegenheiten, die ich *tatsächlich* wollte und brauchte. Da forstete ich meinen Wandschrank durch und machte Ordnung darin, gab einen Sack Kleider weg, und schneller als vermutet oder erwartet fand ich die perfekten *neuen* Kleider. Dann wurde ich zu einer Veranstaltung eingeladen, trug meine neue Kleidung, lernte Leute kennen, die sich für meine Arbeit interessierten, und schon expandierte mein Geschäft. Ich sortierte meine Wandschränke, wurde Dinge los, für die ich nichts mehr übrig hatte, und etwas, das ich brauchte oder tun wollte, strömte kurz darauf in mein Leben. Das ist absolut vorhersagbar.

Aktives Chaos – Kreativität in Bewegung: Chaos gehört zur Würze des Lebens. Turbulenzen kreativer Betriebsamkeit, mit all ihrer sie begleitenden Unruhe, treten täglich auf. Das ist das natürliche und notwendige Ausbreiten von Materialien auf dem Weg zur Schaffung eines neuen Meisterstücks. Es zeigt sich augenfällig an den Farben und Pinseln, die um den Maler herum verstreut sind, den Nachschlagewerken, die sich um einen Schriftsteller herum auftürmen, und an den Gläsern und Töpfen, die einen Koch umgeben. Sie wissen, wann das Chaos aktiv ist: dann nämlich, wenn Sie davon angezogen werden. Etwas – ein Gemälde, ein Buch, eine Mahlzeit – wird geboren! Sie spüren die dynamische Natur der Kreativität, und sie wollen sie schmecken, riechen, sehen und in ihrer Lebendigkeit schwelgen. Ob es nun ein neues Projekt ist, eine neue Soße oder ein neuer Garten – aktives Chaos erzeugt Erregung. Der Schlüssel dazu, wie man Erregung und Kreativität am Leben erhält, liegt darin, dass man »in der Programmschleife bleibt« und zwischen schöpferischen Ausbrüchen den Raum sowie die Materialien wieder aufräumt.

Passives Chaos – in Wirrwarr verschwundene Kreativität: Chaos, das man lange lässt, wie es ist, wird passiv oder stagnierend, und die Szene ändert sich. Kein Meisterwerk wird in einem Studio voller ausgetrockneter Pinsel und verschütteter Farben geboren, auch nicht in einer Küche voller verkrustetem Geschirr und schmierigen Pfannen. Je länger wir »die Schweinerei« belassen, desto mehr verschlechtert sich das Chi, und der Wirbel kreativen Schaffens kommt zum Erliegen. Die Kreativität erlahmt auf dem überfüllten Schreibtisch, in der chaotischen Küche und auf der mit altem Plunder voll gestellten rückwärtigen Veranda.

Überprüfen Sie Ihre Lagerzonen, auch wenn Ihre Zimmer frei von passivem Chaos sind. Dort könnte das Reich des passiven Chaos Berge von Katalogen, Städte aus rostigen alten Farbbüchsen oder Wälder aus Spielsachen umfassen, denen die Kinder vor einem Dutzend Jahren entwachsen sind. Dickichte aus passivem Chaos wuchern in Garagen, Wandschränken, Kellern und auf Dachböden, unbehelligt hinter geschlossenen Türen. Feng Shui ermutigt Sie, all die Türen aufzureißen und nachzusehen. Passives Chaos ist leicht zu erkennen. In seiner Gegenwart bricht die Kreativität zusammen, und man kann sie erst wiederbeleben, wenn dieser große alte Kuddelmuddel bewältigt ist. Ob hinter einer Tür oder nicht – Wirrwarr und Chaos zehren Ihre Vitalität auf. Eben deshalb ist es oft so schwierig, sich dem Durcheinander zu stellen und es wieder in Ordnung zu verwandeln. Dennoch ist dies unumgänglich. Da ist die Einsicht hilfreich, dass Sie beim tapferen Hinaustreiben des passiven Chaos aus Ihrem Zuhause die Umwandlung in die Wege leiten. Sie stellen so Ihre Kreativität und Fantasie wieder her.

Folgende sieben Fragen sollten Sie sich beim Durchsortieren Ihrer Besitztümer stellen. Sie können Ihnen helfen, das passive Chaos wegzuräumen und eine neue Ordnung zu schaffen.

Sieben Fragen zum Vereinfachen und Strukturieren

1. Liebe ich es?
2. Brauche ich es?
3. Unterstützt es mich in meinem gegenwärtigen persönlichen Entwicklungsstadium?
4. Funktioniert es für mich als Bekräftigung durch die Umwelt?
5. Welche positiven und/oder negativen Gedanken, Erinnerungen oder Emotionen verknüpfe ich innerlich damit?
6. Muss es ausgebessert oder repariert werden, und bin ich bereit, das jetzt zu tun?
7. Falls es Zeit ist, mich von ihm zu lösen: Werde ich es verkaufen, verleihen oder verschenken, und wann?

Beseitigen Sie das passive Chaos und gewinnen Sie Ihre Kreativität zurück: Das Durchstrukturieren Ihrer Besitztümer lässt Ihre Kreativität und Vitalität aufleben. Die Motivation stellt sich ein, wenn Sie begreifen, wie wichtig es ist, dass Sie die chaotischen Stellen in Ihrem Zuhause aufräumen. Behalten Sie während des Durchforstens und Ordnens im Auge, was in Ihrem Leben geschieht. Da alles miteinander verbunden ist, kann die simple Handlung des Ausräumens einer Schublade Wellen um sich her verbreiten und positive Gelegenheiten anlocken.

Wenn Sie das Gefühl haben, die Ausmisterei wachse Ihnen über den Kopf, dann bitten Sie einen Freund oder ein Familienmitglied um Unterstützung. Wenn Sie einfach anderweitig zu viel zu tun haben, dann engagieren sie einen Profi, der Ihnen beim Ordnungschaffen hilft. Wie auch immer Sie die Aufgabe vollbringen – belohnt werden Sie mit einem Billett zum Eintritt (oder Wiedereintritt) in die dynamische Welt der Kreativität und des zu ihr gehörenden aktiven Chaos. Aktives Chaos ist ein integraler Bestandteil des schöpferischen Kreislaufs. Der Trick besteht darin, dass Sie durchgängig dem natürlichen Kreislauf überallhin folgen und Ihre Projekte zum Abschluss bringen. Genießen Sie die Fahrt vom Anfang bis zum Ende, im Bewusstsein, dass Ihre schöpferische Ausdruckskraft den Geist erneuert, das Zuhause nährt und jede Facette Ihres Lebens vorteilhaft zur Geltung bringt.

Praktizieren Sie Feng Shui noch heute

Der beste Zeitpunkt, Feng Shui zu praktizieren, ist der heutige Tag. Die perfekten Bedingungen abzuwarten ist so, wie zu erwarten, man könne ein Training oder das Essen geschickt und souverän beginnen. Die Energie, die sich durch Ihr Zuhause bewegt, ist *jetzt* von entscheidender Bedeutung für Ihre Gesundheit, Ihren Wohlstand und Ihre innere Zufriedenheit. Beginnen Sie daher heute, Ihr perfektes Zuhause – Ihr persönliches Paradies – zu gestalten, wo immer Sie sind. Lassen Sie sich durch Umzugspläne nicht davon abhalten, aus der Umgebung, in der Sie eben jetzt leben, das Bestmögliche zu machen. Das Ausbalancieren und Verbessern Ihres gegenwärtigen Wohnraums zählt zum Wirkungsvollsten, was Sie tun können, um Ihre die Zukunft betreffenden Ziele und Träume zu potenzieren und zu realisieren.

Die Feng-Shui-Prinzipien geben Ihnen eine Fülle von praktischen, zu konkreten Ergebnissen führenden Möglichkeiten, Ihr Leben auszubalancieren und zu verbessern. Beginnen Sie damit, dass Sie Ihre Kräfte mit denen Ihres Zuhauses vereinigen. Fassen Sie Ihre auf positive Veränderung gerichteten Vorsätze mit Klarheit und Zielstrebigkeit. Und handeln Sie dann. Erkunden Sie Ihre Verbindung mit den »individuellen« Dingen, die Sie umgeben. Vereinfachen und strukturieren Sie jeden Winkel, damit Ihr schöpferischer Geist Raum zum Gedeihen hat. Nehmen Sie den Wandel an, leben Sie mit dem, was Sie lieben, und orientieren Sie sich an den Kriterien Bequemlichkeit, Behaglichkeit und Sicherheit. Wenn jeder und jede von uns diese Prinzipien verinnerlicht, werden wir gemeinsam den Himmel auf Erden schaffen.

Kapitel 2

Die Bagua-Karte – alle Glücksgüter herbeirufen

Das Vergnügen der Seele findet man augenscheinlich auf der Entdeckungsreise, in der sich entfaltenden Enthüllung von erweiterter Einsicht und Erfahrung. Anthony Lawlor

Eines der effektivsten Hilfsmittel im Feng Shui ist die Bagua-Karte. Indem sie die bauliche Struktur und Formgebung Ihres Zuhauses mit den Segnungen der Vitalität, der inneren Zufriedenheit und des weltlichen Glücks in wechselseitige Beziehung setzt, zeigt Ihnen die Bagua-Karte, wie Sie positiven Wandel in Ihr Leben rufen können. Wenn Sie die Weisungen der Bagua-Karte ernsthaft beherzigen, bauen sich Hindernisse ab, treten gravierende Veränderungen ein und nehmen Segnungen Gestalt an. Mit der Bagua-Karte zu arbeiten bedeutet, dass man unmittelbar vor seinem Schicksal steht und sagt: »Ich bin bereit.«

Das Wort *Bagua* bedeutet wörtlich »acht Trigramme«. Diese Trigramme bilden die grundlegenden Bausteine des *I Ging* (des chinesischen *Buchs der Wandlungen*) und sind jeweils (unter anderem) mit bestimmten existenziellen Wunschzielen oder Glücksgütern verknüpft wie etwa Gesundheit, Reichtum, Liebe und Kreativität. Die Bagua-Karte oder Karte der acht Trigramme verzeichnet grafisch, an welcher Stelle in Ihrem Zuhause sich

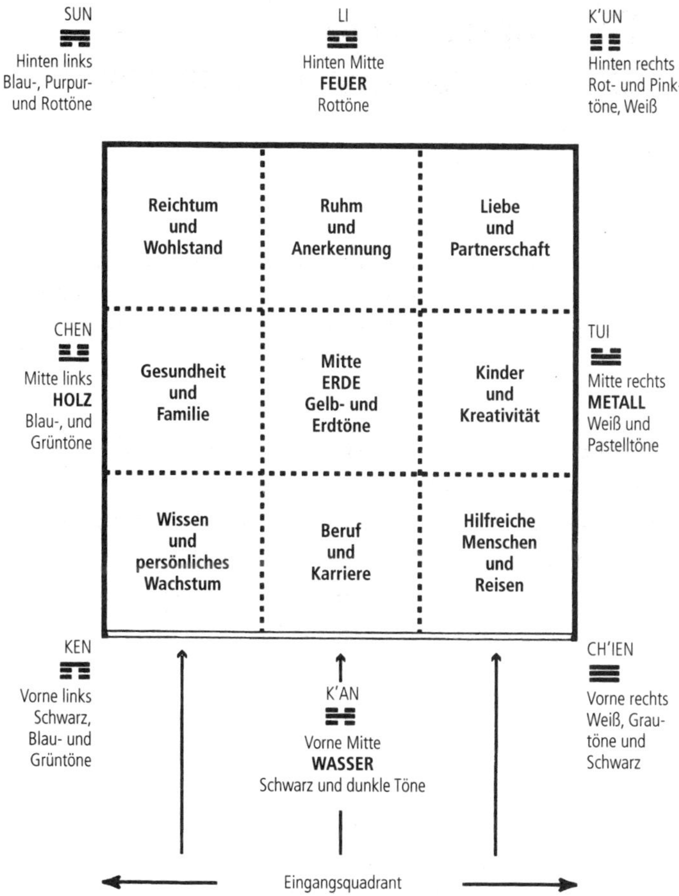

Abb. 2A: Die Bagua-Karte

jedes einzelne dieser Wunschziele oder Glücksgüter jeweils befindet. Sie stellen fest, dass das existenzielle Glück, das Sie innig schätzen – oder nach dem Sie streben –, in Ihrem Wohnzimmer, Schlafzimmer, Ihrer Garage und Ihren Wandschränken potenziert oder dezimiert wird. Zwei bislang völlig getrennte Lebensaspekte – Ihr Zuhause und Ihr »glückliches Los« – verschmelzen zu einer mächtigen Hauptstraße, die zu positiver Veränderung und dauerhaft realisierten Wunschzielen führt.

Menschen lösten und lösen mit Hilfe der Bagua-Karte viele Probleme. Es ist fast unheimlich, wie häufig die Leute eine Wechselbeziehung zwischen der Art, wie ihr Zuhause gestaltet ist, und ihren akuten Problemen erkennen. Ein Paar stellte fest, dass sich seine Reichtum-und-Wohlstand-Zone in einem Bad mit undichten Rohrleitungen befand, was das andauernde Wegsickern des Spargeldes der beiden versinnbildlichte. Ein anderes Paar entdeckte, dass die Beruf-und-Karriere-Zone seines Zuhauses sich in der Garage befand, die mit Gerümpel vollgestopft war – eine perfekte Metapher für die stagnierende Verfassung des Berufslebens der beiden. Eine allein stehende Frau entdeckte, dass ihre Zone für Liebe und Partnerschaft sich auf einer rückwärtigen Veranda voller leerer Blumentöpfe und abgestorbener Pflanzen befand – Symbole ihres öden, erstarrten Liebeslebens.

Letztlich führt die Bagua-Karte Sie zu der Entdeckung, dass alle Teile Ihres Zuhauses und Ihres Lebens von gleich großer Bedeutung sind. Jede Zone innen und außen muss in gutem Zustand gehalten werden, kuddelmuddelfrei, und so eingerichtet, dass sie überfließt vor Natürlichkeit, Schönheit und Anmut. Um das Feng Shui voll und ganz anzunehmen, sollten Sie sich beim Verbessern und Bereichern Ihres Zuhauses auf die entsprechende innere Arbeit konzentrieren. Widmen Sie sich der Gewissensprüfung. Führen Sie ein paar innere »häusliche Verbesserungen« durch. Wenn Sie auf diese Weise mit der Bagua-Karte arbeiten, erzeugen Sie einen Fluss vitaler Energie in sich und in Ihrem Zuhause. Das wiederum bringt die zutiefst befriedigenden und am längsten währenden Ergebnisse und lockt Glücksgüter in jede Facette Ihres Lebens.

Wie Sie die Bagua-Karte für Ihr Zuhause erstellen

Die Bagua-Karte lässt sich auf jede fest umrissene Form anwenden – insbesondere auf Gebäude, Räume und Möbel. Diese Anweisungen sollen Ihnen das Rüstzeug geben, eine Karte für Ihr Zuhause zu erstellen, und sobald Sie die Grundregeln begriffen haben, können Sie für jedes Gebilde eine entsprechende Karte anfertigen. Als Erstes brauchen Sie eine Zeichnung Ihrer Wohnung bzw. Ihres Hauses aus der Vogelperspektive, d. h. eine Bauplan- oder Grundrissskizze wie die auf Abbildung 2B. Ermitteln Sie die Gesamtform Ihres Zuhauses, und berücksichtigen Sie dabei sämtliche daran angefügten Teile – wie etwa Garagen, Veranden, angebaute Räume, Lauben, Lagerschuppen und Terrassenebenen mit Geländern.

Legen Sie die Zeichnung so hin (wie auf Abbildung 2B), dass der Haupteingang Ihres Zuhauses sich unten auf dem Blatt befindet. Zeichnen Sie jetzt ein Rechteck um Ihr Heim, das gerade groß genug ist, um sämtliche Komponenten davon in sich einzuschließen (wie auf Abbildung 2C). Das ist der Umriss Ihrer Bagua-Karte. Teilen Sie den Umriss in neun gleich große Teile, wie ein Tic-Tac-Toe-Brett, und beschriften Sie die neun Rechtecke

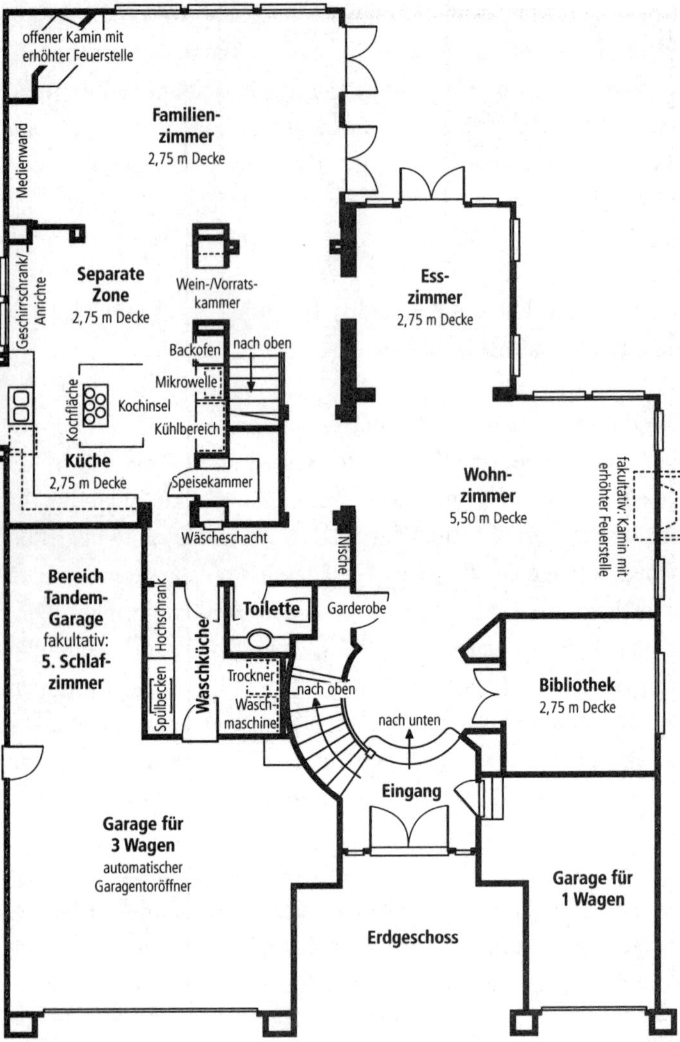

Abb. 2B: Für Ihre Bagua-Karte benötigen Sie eine Bauplan- oder Grundrisszeichnung Ihres Hauses oder Ihrer Wohnung.

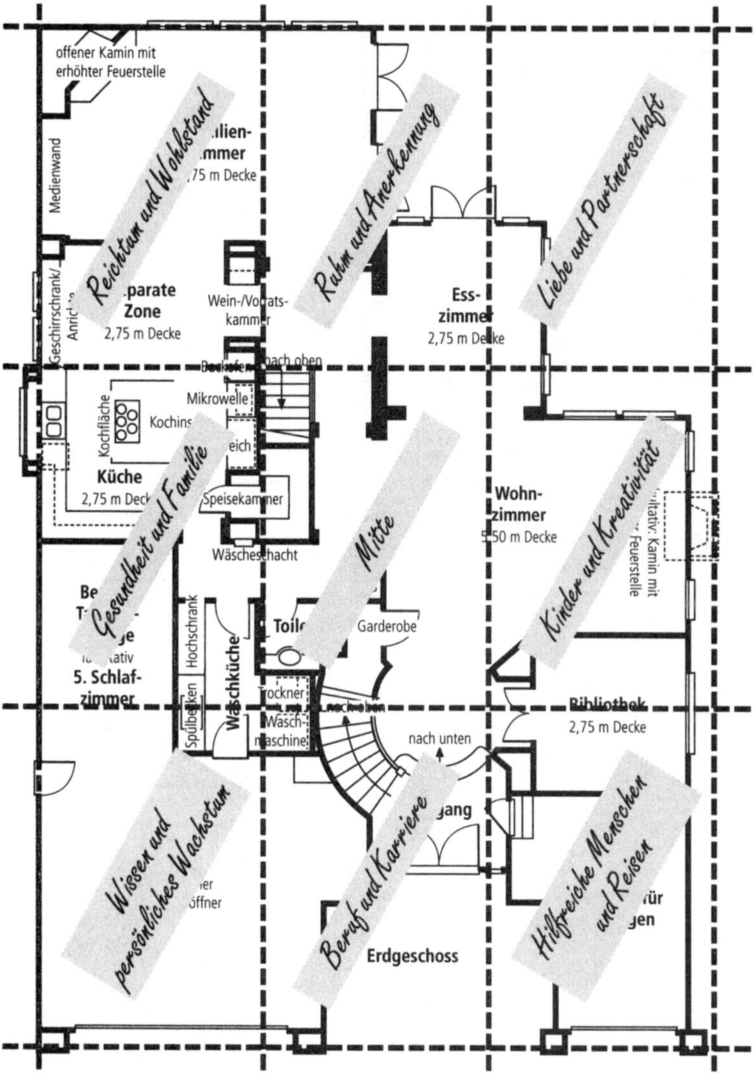

Abb. 2C: Teilen Sie Ihre Zeichnung in neun gleich große Zonen auf und beschriften Sie jede Zone entsprechend dem Schema von Abb. 2A.

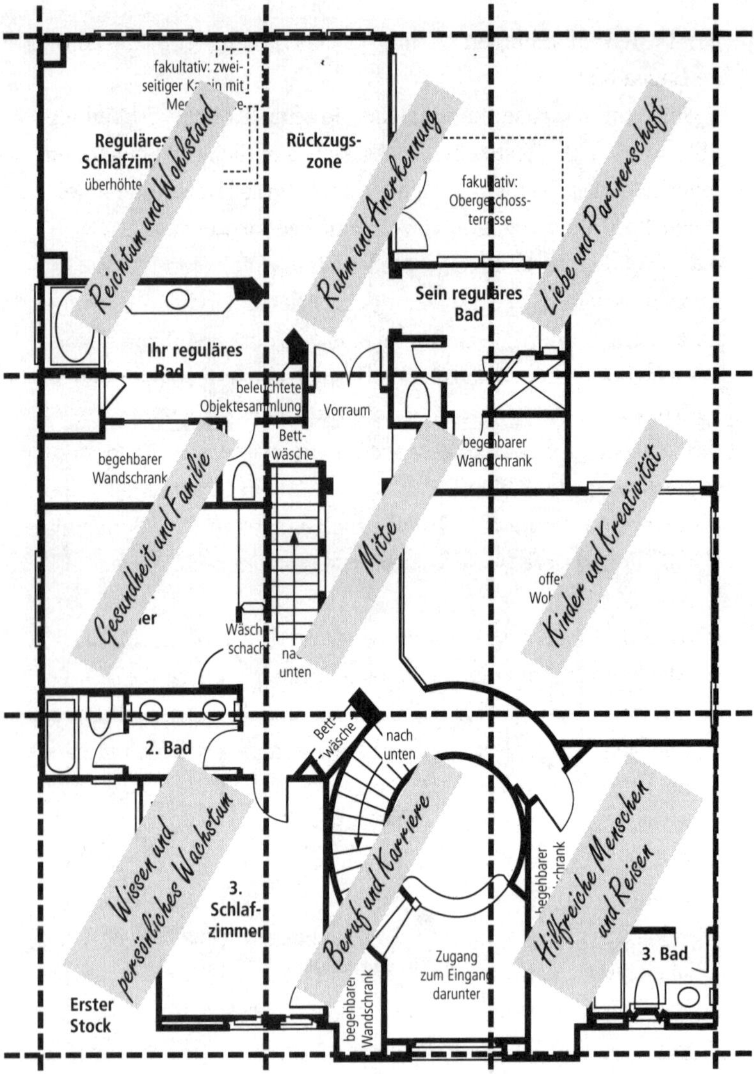

Abb. 2D: Übertragen Sie die Bagua-Karte des Erdgeschosses auf darüber und darunter liegende Geschosse wie etwa den ersten Stock, den Dachboden oder den Keller.

gemäß den Abbildungen 2A und 2C. Das ist dann Ihre vollständige Bagua-Karte.

Wenn Ihr Zuhause ein einfaches Rechteck bildet (Abbildung 2F), werden Sie feststellen, dass sich sämtliche Bagua-Zonen innerhalb des baulichen Grundrisses Ihres Heims befinden. Wenn Ihr Zuhause eine andere Form hat, also etwa ein L, S, T oder U bildet, werden Sie feststellen, dass sich bestimmte Zonen zwar innerhalb des rechteckigen Umrisses der Bagua-Karte befinden, aber außerhalb des baulichen Grundrisses Ihres Zuhauses. Ob innerhalb des häuslichen Bereichs befindlich oder außerhalb davon – es ist sehr wichtig, die Lage jedes einzelnen *Gua,* jeder einzelnen Zone, zu bestimmen. Beispielsweise fehlt dem Haus auf den Abbildungen 2B, 2C und 2D ein Großteil der Zone für Liebe und Partnerschaft sowie auch einiges von den Zonen für Beruf und Karriere sowie hilfreiche Menschen und Reisen.

Klärende Punkte

1. Machen Sie sich keine Gedanken darüber, wo sich die Wände im Haus befinden. Wie Sie aus Abbildung 2C ersehen können, teilt sich ein einzelner großer Raum in manchen Fällen in zwei oder drei Bagua-Zonen auf. Umgekehrt kann eine einzelne Zone auch zwei oder drei kleine Räume umfassen.
2. Hat Ihr Zuhause mehr als eine Etage, teilweise oder durchgängig, dann übertragen Sie, wie in Abbildung 2D veranschaulicht, die Bagua-Karte des Hauptgeschosses direkt nach oben oder unten auf weitere Ebenen. Mehrere Stockwerke geben Ihnen mehrfache Möglichkeiten, bestimmte Bagua-Zonen in Ihrem Haus zu verbessern, aber Sie müssen sich in erster Linie mit der Vervollkommnung des Hauptgeschosses beschäftigen.

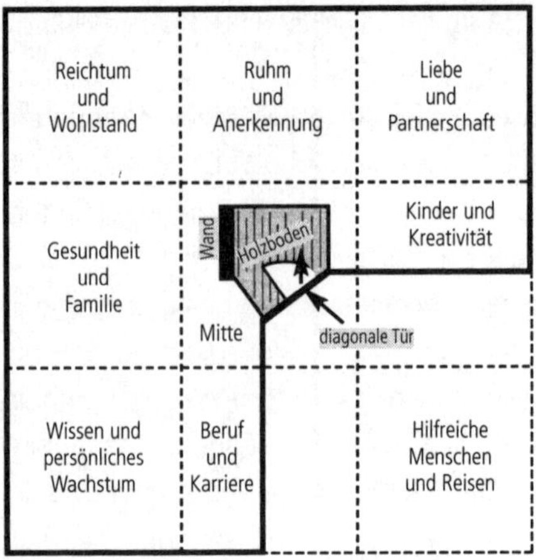

Abb. 2E: Dies ist die Skizze einer Wohnung mit einem diagonalen Eingang. Die Dielenwand, der Fußbodenbelag und die Richtung, in die die Tür aufgeht, sind hilfreiche Anhaltspunkte, wie die Bagua-Karte zu erstellen ist.

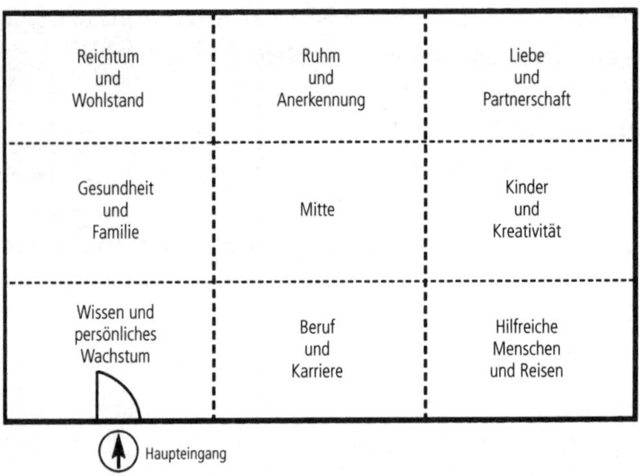

Abb. 2F: Bei diesem Grundriss eines rechteckigen Hauses, dessen Haupteingang in der Wissen-und-persönliches-Wachstum-Zone liegt, befinden sich sämtliche Bagua-Zonen innerhalb des Hauses.

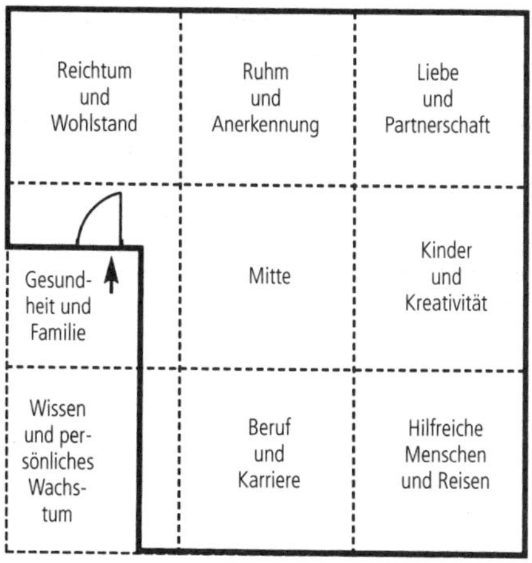

Abb. 2G: Dieser zurückgesetzte Haupteingang befindet sich in der Zone Gesundheit und Familie der Bagua-Karte dieses Hauses. Beachten Sie, dass sich große Teile der Zonen für Gesundheit und Familie und für Wissen und persönliches Wachstum außerhalb des Gebäudegrundrisses befinden.

Abb. 2H: Wenn der Haupteingang ans hinterste Ende des Hauses zurückgesetzt ist, dreht man die Bagua-Karte so, dass sie (wie hier abgebildet) über die Hauptmasse des Hauses passt. Beachten Sie, dass die Zonen für Wissen und persönliches Wachstum, Karriere und Beruf sowie für hilfreiche Menschen und Reisen zum Teil außerhalb des Gebäudegrundrisses liegen, dem Haus also teilweise »fehlen«.

3. Ist Ihr Haupteingang auf einer Diagonale errichtet, dann nehmen Sie, wie in Abbildung 2E veranschaulicht, Wände, Bodenbelag oder die Richtung, in die Sie zuerst schauen, wenn Sie durch die Haupteingangstür eintreten, als Anhaltspunkte, wie die Bagua-Karte des Hauses zu erstellen ist.
4. Wenn Ihr Haupteingang hinter die vordere Wand des Hauses zurückgesetzt ist, können Sie Ihr Haus durch die Zonen Gesundheit und Familie, Mitte oder Kinder und Kreativität der Bagua-Karte betreten, wie auf Abbildung 2G. Ist Ihr Haupteingang ganz nach hinten zurückgesetzt, dann drehen Sie, wie auf Abbildung 2H verdeutlicht, die Bagua-Karte so, dass sie über die Hauptmasse des Hauses passt.
5. Da die Wohnfläche größer ist als jeder einzelne Raum, enthält sie mehr Chi. Arbeiten Sie daher zuerst mit der Bagua-Karte des Hauses oder der Wohnung und dann mit dem Bagua jedes einzelnen Raumes.
6. Wenden Sie sich an einen Feng-Shui-Berater, wenn Sie beim Erstellen einer Bagua-Karte Ihres Zuhauses Hilfe brauchen.

Fehlende Zonen auf der Bagua-Karte

Wenn sich Bagua-Zonen außerhalb des Grundrisses befinden, ist es wichtig, sie in bestimmter Form zu kennzeichnen und zu verbessern. Das kann auf so einfache Weise geschehen, dass Sie dort, wo sich die Ecke befände, wenn der Gebäudegrundriss rechteckig wäre, eine Außenbeleuchtung, einen Zierbaum oder eine große Statue platzieren. Sie können Verbesserungen wie etwa Fahnenstangen, große Felsblöcke, Bäume, Zäune, Wasser-Merkmale und für den Außenbereich geeignete Skulpturen gruppieren, um die Zone zu stärken und den Chi-Fluss in und um Ihr Heim zu steigern. Man kann ein ganz oder teilweise fehlendes Gua auch dadurch ergänzen, dass man eine Obergeschoss- oder ebenerdige Terrasse, eine Laube oder einen zusätzlichen Raum anbaut. Das Ziel besteht darin, die fehlende Zone mit Hilfe von etwas Bedeutsamem, das mit Ihrem Heim harmoniert, zu verankern oder zu vervollständigen, wie dies die Abbildungen 2I und 2J verdeutlichen.

Wie Sie Ihre ganz persönliche Wahl treffen

Setzen Sie beim Bearbeiten der jeweiligen Bagua-Zone möglichst ausgewählte Gegenstände und Gestaltungen ein, die mit ihr zusammenhängen. Abbildung 2J zeigt beispielsweise, dass zur Symbolisierung der Stärke und Beständigkeit der gegenseitigen Liebe des Paares ein Olivenbaum gewählt wurde, während der Einfassungsring Struktur und die Blumen Schönheit und Farbe hinzufügen. In beiden Außenwohnbereichen gibt es kuschelige Sitzgelegenheiten für zwei. Die Beruf-und-Karriere-Zone des Paares, siehe Abbildung 5C auf S. 153, zeigt den großen Springbrunnen, den die beiden wählten, um ihr Berufsleben zu verbessern. Den kreativen Möglichkeiten, die Ihnen beim Verankern der außerhalb des Grundrisses befindlichen Bagua-Zonen offen stehen, sind keine Grenzen gesetzt.

Wenn Sie draußen nichts unternehmen können: Lassen Sie sich nicht entmutigen, wenn Sie nichts Wesentliches unternehmen können, um das Bagua im Außenbereich Ihres Zuhauses zu stärken. Es gibt noch viele Möglichkeiten, wie Sie ein feh-

Abb. 2I: Das ist eine Ansicht der Liebe-und-Partnerschaft-Zone des Hauses, dessen Grundrisszeichnung Abbildung 2B wiedergibt, aufgenommen kurz nach dem Einzug der neuen Eigentümer. (Auch in Farbe.)

Abb. 2J: Um die Zone für Liebe und Partnerschaft zu verankern, beschloss das Paar, einen Olivenbaum zu pflanzen, der Stärke und Beständigkeit der Liebe symbolisiert. Ein großer eingelassener Umfassungsring mit Blumenbesatz betont zusätzlich die Zone. Außerdem fügten sie beiden Stockwerken Außenwohnbereiche hinzu, um so die Schönheit und Zweckmäßigkeit der Zone zu steigern. (Auch in Farbe.)

lendes Gua symbolisch auffüllen können. Fehlende Bagua-Zonen kann man energetisch auffüllen, indem man einen natürlichen Quarzkristall (oder einen anderen bedeutungsvollen Gegenstand) dort »einpflanzt«, wo sich die Ecke des Hauses befände, wenn es einen rechteckigen Grundriss hätte (siehe Abbildung 2K). Graben Sie den Kristall mit der Spitze nach oben zirka drei bis fünf Zentimeter tief in den Boden ein, mit der Absicht, das Chi zu heben und zu stärken. Ihre mit dem Kristall gekoppelte Absicht stärkt und unterstützt die Zone, die dem Grundriss nach fehlt. Ist die fehlende Zone von Pflaster bedeckt, dann verwenden Sie Farbe statt eines Kristalls, um die Stelle zu markieren. Gehen Sie so feinfühlig oder so kreativ vor, wie es Ihnen liegt, im Bewusstsein, dass Ihre Absicht, auf den Chi-Fluss positiv einzu-

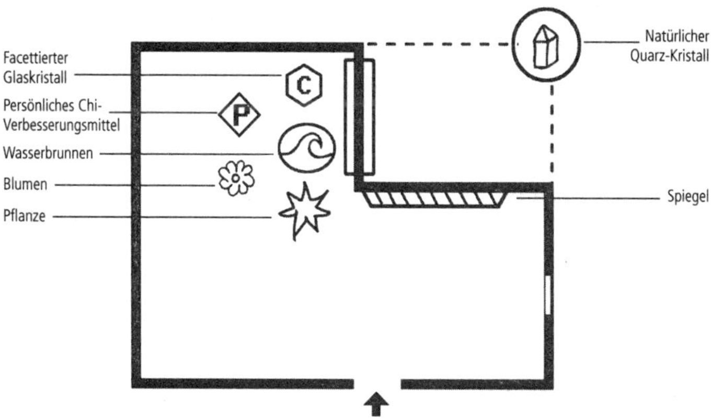

Abb. 2K: Wenn Sie draußen nichts »Großes« unternehmen können, dann ermitteln Sie die fehlende Ecke und graben Sie einen natürlichen Quarzkristall (oder anderen bedeutungsvollen Gegenstand) mit der Spitze nach oben zirka drei bis fünf Zentimeter tief in den Boden ein, um der Zone Energie zu verleihen. Falls die Zone mit Pflaster bedeckt ist, können Sie einen Kreis oder Strich darauf malen. Im Innenbereich können Sie an die Wand, die der fehlenden Zone am nächsten liegt, einen Spiegel oder ein Kunstwerk mit Raumtiefe hängen. Oder setzen Sie Pflanzen, Blumen, Wasserbrunnen, Kristalle oder individuelle Chi-Verbesserungsmittel ein, um die Energie in der Zone aufzubauen und zu steigern.

wirken, verbunden mit der physischen Handlung des Markierens der Stelle, Ihre Verbesserungsmaßnahme wirksam macht.

Hängen Sie drinnen einen Spiegel oder ein Kunstwerk mit Raumtiefe an die Wand, die der fehlenden Zone am nächsten liegt. Das öffnet symbolisch den Raum, so dass er das Fehlende mit umfasst. Oder verwenden Sie eins der Chi-Verbesserungsmittel (siehe Kapitel 4), um die in der Nähe von fehlenden Guas befindlichen Fenster und Wände mit Kraft aufzuladen. Es ist auch sehr wichtig, dass Sie besonders darauf achten, die Bagua-Zone, die im Grundriss Ihres Zuhauses fehlt, in jedem einzelnen Raum zu verbessern und zu stärken. Sehr oft ist genau die Zone, die im Grundriss fehlt, auch in jedem einzelnen Raum bearbeitungsbedürftig. So befinden sich in einem Haus, dem die Zone für Reichtum und Wohlstand fehlt, häufig vollgestopfte Wandschränke, kränkelnde Pflanzen und ungeliebte Besitztümer in der Reichtum-und-Wohlstand-Zone eines jeden seiner Räume. Vergewissern Sie sich, dass nichts in Ihrem Zuhause eine unglückliche Situation räumlich festhält.

Wie Sie eine Bagua-Karte für jeden Raum erstellen

Verfahren Sie bei der Einteilung der Bagua-Zonen eines Raumes genauso wie bei der vorangehenden Einteilung der Bagua-Zonen Ihres Hauses. Zeichnen Sie den Grundriss des Raumes, platzieren Sie den Haupteingang in den Raum unten auf dem Blatt, zeichnen Sie ein Rechteck um den Gesamtumriss, teilen Sie es in neun gleiche Teile auf, und beschriften Sie jedes Feld gemäß der Bagua-Karte. Gibt es mehr als einen Eingang in ein Zimmer, wäh-

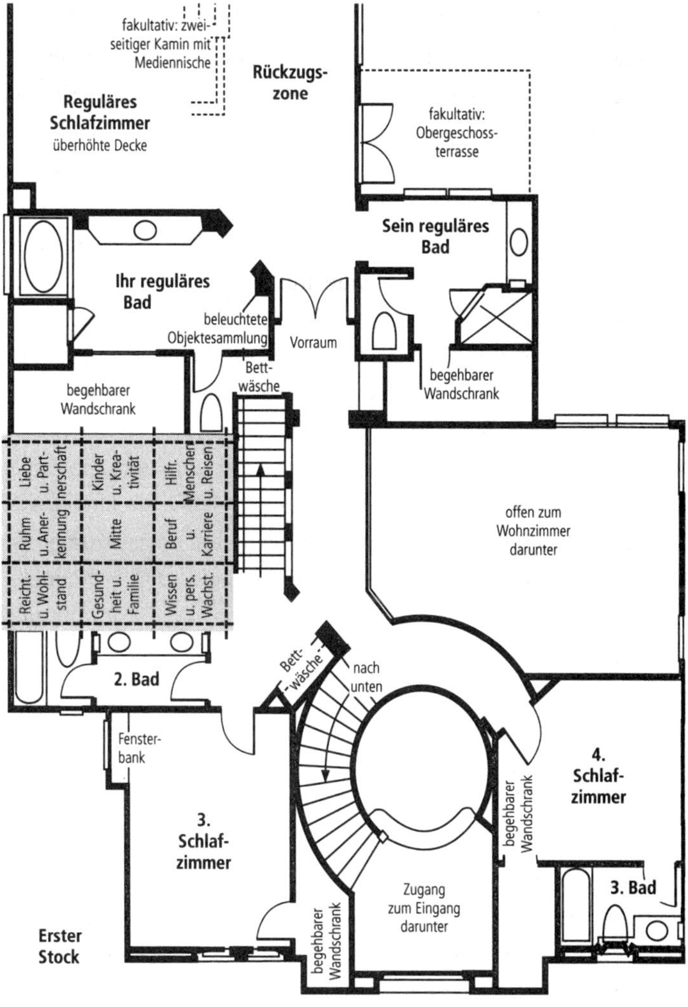

Abb. 2L: Das Schlafzimmer befindet sich in der Gesundheit-und-Familie-Zone des Hauses (siehe Abbildung 2D) und hat zugleich seine eigene Bagua-Karte. Jeder Raum hat dementsprechend seine eigene Karte, die mit der Gesamt-Bagua-Karte des Hauses übereinstimmen kann oder auch nicht.

len Sie den, der am häufigsten benutzt wird. Falls sie augenscheinlich gleich häufig benutzt werden, müssen sie sich für eine der Türen entscheiden; sie ist dann der Eingang, nach dem Sie die Einteilung der Bagua-Zonen festlegen.

Bitte beachten Sie, dass das Bagua Ihres Zuhauses und das des jeweiligen Raumes sich häufig *nicht* decken werden. Die Tür oder der Eingang in einen Raumbereich ist beim Erstellen einer Bagua-Karte Ihre Richtschnur, und jeder einzelne Raum kann dementsprechend individuell in Bagua-Zonen eingeteilt und verbessert werden. Abbildung 2L zeigt beispielsweise ein Schlafzimmer, das sich in der Gesundheit-und-Familie-Zone der Bagua-Karte des Hauses befindet. Aber wie Sie erkennen können, hat es außerdem selbst eine auf sein spezielles Format zugeschnittene Karte. Berücksichtigen Sie also beim Ausgestalten des Wohnbereichs sowohl die Haus-Karte als auch die Karte des betreffenden Raumes. Wird das Zimmer als Arbeitszimmer/Büro benutzt, könnte man es in Holz einrichten, um seine räumliche Lage in der Gesundheit-und-Familie-Zone der Bagua-Karte des Hauses zu stärken. Wenn dieser Raum als Schlafzimmer benutzt wird, könnte man ihn mit einer Garten- oder Blumenthematik versehen. Die räumliche Lage des Zimmers in der Zone für Gesundheit und Familie des Hauses macht aus ihm auch einen ausgezeichneten Platz für Massage, Yoga oder Gymnastik. Man kann sich folglich bei der konkreten Einrichtung und Ausstattung des Raumes von dessen Bagua-Karte leiten lassen, je nachdem, was für eine Funktion er erfüllen soll.

Auf Abbildung 2L dient das Zimmer als Büro des Ehemannes. Unter Berücksichtigung der Bagua-Karte seines *Hauses* wählte er als Büromöbel Schreibtisch, Ablagetisch und Aktenschränke aus Holz. Dann wandte er sich der Bagua-Karte des *Raumes* zu.

Er stellte seinen Schreibtisch in die Kinder-und-Kreativität-Zone des Zimmers. Das erhöht seine Findigkeit und verschafft ihm eine beherrschende Sicht auf Tür und Fenster. Der Wandschrank in den Zonen für hilfreiche Menschen und Reisen sowie für Beruf und Karriere ist mit Regalbrettern für seinen Bürobedarf und seine Bürogeräte ausgestattet. Seinem Schreibtisch gegenüber sind Familienfotos über dem Ablagetisch in der Gesundheit-und-Familie-Zone des Raumes aufgehängt. Ein neueres Foto von ihm und seiner Gattin steht auf dem Aktenschrank in der Zone für Liebe und Partnerschaft, während ein Arrangement aus Pflanzen und einem Zimmerbrunnen die Zone für Reichtum und Wohlstand ausfüllt. Hier in seinem »Produktivitätskraftwerk« floriert sein Geschäft.

Wie Sie den Grundcharakter Ihrer Bagua-Karte einschätzen können

Sehen Sie sich jede Bagua-Zone Ihrer Umgebung und dann die Bagua-Zonen jedes einzelnen Raumes gut an, und beantworten Sie die folgenden Fragen:

- Welcher Raum oder Bereich liegt in der jeweiligen Bagua-Zone?
- Welche Besitztümer befinden sich hier?
- Sind sie geordnet?
- Liebe ich alles, was ich da sehe?
- Kann ich einen Zusammenhang zwischen dem, was sich in der jeweiligen Zone befindet, und meiner Lebensqualität erkennen?
- Was kann ich verbessern?
- Welche Zone werde ich zuerst bearbeiten?

Das kann ein sehr aufschlussreicher Vorgang sein! Wir stellen häufig fest, dass der Zustand der einzelnen Bagua-Zonen in unserem Zuhause in direktem Zusammenhang mit der jeweiligen besonderen Facette unseres Lebens steht. Etwa bei der Frau, die nur eines beklagte, nämlich dass sie noch immer Zigaretten rauchte. In ihrer Zone für Gesundheit und Familie florierte ein Bleistiftkaktus, der in Abschnitten wuchs, die genauso lang und breit waren wie eine Zigarette. Auf dem dekorativen Holzübertopf des Kaktus war eine schöne rote Schnitzerei in Form einer Flamme.

Oder wie steht's mit der Frau, deren größter Kummer darin bestand, dass ihr Mann immer sehr lange arbeitete und sie oft allein war. In der Liebe-und-Partnerschaft-Zone der beiden, die sich im Elternschlafzimmer befand, war ein Gemälde einer verloren dreinblickenden Frau, die allein und leicht vornübergebeugt an einem Cafétisch hockt, in der Positur einer ewig Wartenden. Sowohl Gatte wie Gattin blickten von ihrem Bett aus auf dieses Bild – eine Verankerung der Spannung in ihrer Ehe, und die ständige Erinnerung daran.

So etwas kommt immer wieder vor. Die Gegenstände, mit denen wir uns tagtäglich umgeben, nähren uns, oder sie tun das nicht. Im negativen Fall können sie unglückliche Situationen festhalten. Sobald man die betreffenden Objekte entfernt, verbessert sich das Chi. Als die erstgenannte Frau den Kaktus durch eine Vase voll wohlriechender Blumen ersetzte, war sie imstande, das Rauchen aufzugeben. Statt mit Rauch füllte sie ihre Nase und Lunge mit dem Duft von Rosen und Freesien. Die zweite Frau entfernte das triste Kunstwerk im Schlafzimmer und ersetzte es durch ein romantisches Bild von zwei Personen beim Picknick. Bald war ihre Einsamkeit durch häufige, über die Werktage verteilte Mittag- und Abendessen-Verabredungen mit ihrem Ehemann verschwunden.

Es gibt auch Zeiten und Umstände, wo es nicht so einfach ist. Wenn Sie etwas in Ihrem Leben verändern wollen, das mittelmäßig, deprimierend oder stressig ist, machen Sie möglicherweise Chaotisches durch, während gleichzeitig eine neue Ordnung geschaffen wird. Wenn Sie beispielsweise in Ihrer Ehe unglücklich sind und beschließen, das Liebe-und-Partnerschaft-Gua zu stärken, damit sich wieder eheliches Glück einstellt, werden Sie zunächst mit den Gründen Ihres Unglücks konfrontiert. Das Arbeiten am Bagua steigert den Chi-Fluss, und der gesteigerte Fluss drängt alles Verborgene ans Licht. Wenn Sie nach Vortrefflichkeit streben, muss erst einmal alles Mittelmäßige weggeräumt werden.

Kürzlich arbeitete ich mit Nan, einer Frau, die das Gefühl hatte, in ihrem Leben total festzustecken. Ihre winzige Wohnung hatte weder eine Badewanne noch eine richtige Küche, was natürlich ihrem Wunsch zuwiderlief, gemütlich baden sowie nach Feinschmeckerart kochen zu können. Die Yoga-Gruppen, die sie unterrichtete, blieben klein, trotz all ihrer Bemühungen, einen größeren Personenkreis anzulocken. Sie war sich völlig darüber im Klaren, was sie wollte: eine größere Wohnung mit einer richtigen Küche und Badewanne und größere Gruppen mit ernsthaften Yogaschülern.

Als wir die Bagua-Karte ihres Reihenhauses anfertigten, stellten wir fest, dass sich die Zonen für hilfreiche Menschen und Reisen sowie für Beruf und Karriere an einem tristen kleinen Fleck blanken Erdbodens in der Nähe ihres Haupteingangs befanden. Nan verbesserte die Erde, pflanzte Blumen und Farne an und betonte den Bereich mit einer Statue des heiligen Franziskus, um damit »hilfreiche Menschen« zu symbolisieren. Sie nahm auch ihre Gefühle hinsichtlich des Themas Erfolg unter die Lupe und erkannte, dass Unbedeutendsein bequem war, weil es vertraut war. Um bedeutender zu werden, würde sie eine neuartige Beziehung zum Erfolg eingehen müssen.

Drei Tage später erhielt Nan eine Kündigung von ihrem Hauswirt, der ihr dreißig Tage Zeit gab, die Wohnung zu räumen, damit er einziehen könnte. Gleichzeitig erhielt sie so viele Schüleranmeldungen, dass sie einen größeren Unterrichtsraum brauchte. Das Chi war in Bewegung, und sie fühlte sich angespornt. Die plötzlichen Veränderungen verlangten ihr gewaltige Konzentration und Zuversicht ab. Auf ihrer Suche nach einem neuen Zuhause und einem anderen Unterrichtsraum wandelte sich das vertraute Gefühl, »unbedeutend und armselig« zu bleiben, Schritt für Schritt um. Sechs Wochen später unterrichtete Nan in einem wundervollen neuen Studio und wohnte an einem »himmlischen« Ort – in einem geräumigen, mit nur einem Schlafzimmer ausgestatteten Cottage, das man speziell für jemanden gebaut hatte, der genauso groß war wie Nan! Die Küche war hell und geräumig, und die Badewanne war göttlich.

Das Einbringen dieses uralten Wissens in Ihren Haushalt kann sich zunächst wie ein Wirbelwind anfühlen, während Ihre Absichten allmählich physische Formen annehmen. Das Leben kann sich total chaotisch gestalten, während Teile davon umgemodelt werden, damit sie harmonisch Ihre Ziele widerspiegeln. Erstellen Sie eine Karte vom Meer des Chi, das durch Ihr Zuhause fließt, und arrangieren Sie Ihr Heim dann so, dass es widerspiegelt, wer Sie jetzt sind, und auch all das, was Sie zu werden trachten. Und machen Sie sich bereit! Ihr Ruf nach positiver Veränderung wird immer beantwortet.

Die mit der Bagua-Karte verknüpfte innere und äußere Arbeit

Nehmen Sie sich beim Arbeiten mit der Bagua-Karte die Zeit, Ihre äußeren Bemühungen durch persönliche innere Entwicklung zu vervollkommnen. Denken Sie darüber nach, wie Sie Ihren Charakter (das Unsichtbare) verbessern können, während Sie sich mit Verbesserungen und Unterstützungen (dem Sichtbaren) umgeben, die Sie *lieben*. Geben Sie sich nicht mit weniger zufrieden! Je persönlicher Sie Ihre jeweilige Wahl treffen, umso besser. Denken Sie daran: Ihr Zusammenschließen von innerer und äußerer Arbeit erzielt die am intensivsten befriedigenden und dauerhaftesten Ergebnisse.

Innere Arbeit für Gesundheit und Familie

Schlüsselwort: *Stärke*

Die Glücksgüter der Lebensbereiche Gesundheit und Familie sind dem *I-Ging*-Trigramm *Chen* zugeordnet, das als »schockierender Einfluss des Donners« übersetzt wird. Unerwartete Schocks oder plötzliche, unvorhergesehene Probleme wiederholen sich periodisch in unserem Leben wie stürmisches Wetter. Genauso wie wir für einen guten Zustand unseres Hauses sorgen müssen, wenn es einen Sturm überstehen soll, müssen wir selbst in gutem Zustand sein. Um dies zu erreichen, müssen wir die beiden lebensnotwendigen Eigenschaften entwickeln, die die physische Vitalität und seelische Gesundheit stärken, nämlich Ehrlichkeit und Versöhnlichkeit.

Ihre Fähigkeit, völlig ehrlich zu sein, setzt gesundheitsfördernde Grenzen – Grenzen, die beinhalten, dass Sie wissen, ob beispielsweise eine Mahlzeit, eine Person, ein Ort oder eine Situation gut für Sie ist oder nicht. Wenn Sie auf die vielen Versuchungen des Lebens ehrlich reagieren können, haben Sie die Kraft, klar und deutlich Ja oder Nein zu sagen. Ehrlichkeit verlangt, dass Sie eine wahrheitsgemäße Antwort geben, Versöhnlichkeit leitet Sie dann dabei, wie Sie sie äußern. Versöhnlichkeit ermöglicht Ihnen, dass Sie im jeweiligen Moment in einer kraftvollen Position bleiben. In körperlicher und seelischer Hinsicht entwickelt sich Ihr Sinn für Stärke und Wohlbefinden prächtig, wenn Sie sich ohne schweres Gepäck vorwärts bewegen. Ehrlichkeit und Versöhnlichkeit stärken Ihre Vitalität und Ihre Beziehungen. Dem *I Ging* zufolge sichert dies existenzielles Glück sowie die Kraft, alle Herausforderungen durchzustehen.

Prüfen Sie Ihre Gymnastik-, Schlaf- und Essgewohnheiten, und stellen Sie fest, wie gut Sie Ihren Körper instand halten. Stärken Sie Ihre körperliche und seelische Gesundheit, indem Sie der Familie und Freunden jedes Mal, wenn Sie an sie denken, liebevolle Gedanken schicken. Seien Sie auf liebevolle Weise sich selbst und anderen gegenüber ehrlich. Verzeihen Sie jedem Menschen, der Ihnen Ihrem Empfinden nach irgendwann geschadet oder Sie verletzt hat. Lassen Sie ihn los. Und was am wichtigsten ist: Verzeihen Sie sich selbst. Die Vergangenheit ist vorüber, und die Gegenwart ist ein unbeschriebenes Blatt, das nur darauf wartet, Ihr Meisterstück zu werden. Bekräftigen Sie: *»Ich bin stark und lebensprühend in Körper, Herz, Gemüt und Geist. Ich verzeihe mir und anderen vergangene Vorfälle und schicke all meinen Beziehungen liebevolle, heilsame Gedanken. Ich habe ein gesundes, ehrliches, liebevolles Verhältnis zu mir und jedem Freund und Familienmitglied.«*

Verbessern Sie Ihre Zonen für Gesundheit und Familie, wenn:

- Ihre Gesundheit neuen Auftrieb braucht.
- Sie einen medizinischen Eingriff vor sich haben oder sich von einem erholen.
- Sie mit einer sportlichen Betätigung, Tanz oder körperlichem Training beginnen wollen oder bereits darin aktiv sind.
- Sie möchten, dass Ihr soziales Leben und Ihre »Wahlfamilie« sich verbessert bzw. wächst.
- Sie möchten, dass Ihr Verhältnis zu Verwandten sich verbessert.
- Sie die Eigenschaften Ehrlichkeit und Versöhnlichkeit intensivieren wollen.

Äußere Verbesserungen in den Zonen für Gesundheit und Familie:

- Gesunde Pflanzen mit abgerundeten Blättern oder angenehmem, anmutigem Aussehen
- Frische Blumen
- Trockenblumen und -pflanzen sowie solche aus Seide, mit frischem und lebensprühendem Aussehen
- Künstlerische Grafiken, Collagen, Fotos, Illustrationen oder Bilder, die Ihre Vorstellung von vollkommener Gesundheit veranschaulichen
- Poster und Gemälde von Gärten oder Landschaften
- Geblümte Muster und Streifen, insbesondere auf Bettwäschegarnituren, Tapeten und Möbelbezugsstoffen
- Jeder aus Holz gefertigte Gegenstand, beispielsweise Tische, Stühle, Schalen und Vasen
- Pfeiler, Säulen und Sockel
- Familienfotos und Fotos von Freunden
- Blau- und Grüntöne

- Zitate, Sprichwörter und Affirmationen über Ehrlichkeit und Versöhnlichkeit.

Innere Arbeit für Reichtum und Wohlstand
Schlüsselwort: *Dankbarkeit*
Übersetzt mit »ständiger Einfluss des Windes«, ist das *I-Ging*-Trigramm *Sun* Reichtum und Wohlstand zugeordnet. In den meisten Fällen häuft man Reichtum im Lauf der Zeit an, ungefähr so, wie ein Baum durch vorherrschende Winde allmählich geformt wird. Entwickeln Sie eine Haltung der Dankbarkeit, um das Ausmaß Ihres Reichtums voll würdigen zu können. Geld ist nur ein kleiner Teil Ihres Reichtums und Wohlstands. Sie formen Ihr Leben zusammen mit allem, was Ihnen lieb und teuer ist – von Ihren engen Freunden, Ihrer Familie und Gesundheit bis zu Ihrer eigenen sich entfaltenden Weisheit und Ihren sich entwickelnden Talenten. Und wie beim Geld ist es klug, wenn Sie mit den vielen Geschenken des Lebens, die Ihren Reichtum ausmachen, nicht spielen oder sie als etwas Selbstverständliches betrachten. Der Schlüssel zum Erwerb und Vervielfachen von Reichtum liegt darin, dass man unbeirrt immer das halb volle Glas sieht statt das halb leere.

Reichtum sammelt sich in einem dankbaren Geldbeutel. Machen Sie eine Liste von sämtlichen Menschen und Dingen, für die Sie täglich dankbar sind. Nehmen Sie in die Liste zusätzlich sämtliche Qualitäten und Talente auf, die Sie glücklicherweise besitzen. Jetzt haben Sie eine komplette Aufstellung Ihres Reichtums und Wohlstands. Achten Sie besonders darauf, wie reich Sie in diesem Moment sind. Während Sie sich auf das Dankbarsein konzentrieren, enthüllen sich laufend weitere Aspekte Ihres Lebens und kommen zu Ihrem Vermögensbestand hinzu. Dankbarkeit ist Ihr Weg zum dauerhaften Erleben von Reichtum und Wohlstand auf jeder Ebene. Lesen Sie Ihre Liste häufig, fügen Sie Neues hinzu, und schwelgen Sie einfach darin, wie reich Sie wirklich sind. Sprechen Sie folgende Affirmation: *»Mit Freude und Dankbarkeit heiße ich jetzt und immerzu eine große Menge positiver Menschen und Erfahrungen in meinem Leben willkommen. Ich bin reich und wohlhabend in jeder Hinsicht und besonders begünstigt durch einen stetigen und reichlichen Zustrom von Gesundheit, Reichtum und Glück.«* Tragen Sie voll Dankbarkeit die Daten Ihres Reichtums zusammen, und Ihr Wohlstand ist gesichert.

Verbessern Sie Ihre Zonen für Reichtum und Wohlstand, wenn Sie:

- den Einkommensfluss in Ihrem Leben erhöhen wollen.
- vorhaben, sich Geld oder Ressourcen für einen bestimmten Zweck zu beschaffen.
- wegen des Zustroms an Fülle und Wohlstand in Ihrem Leben mehr Dankbarkeit empfinden möchten.

Äußere Verbesserungen in den Zonen für Reichtum und Wohlstand:

- Wasser-Merkmale, möglichst mit sich bewegendem Wasser
- Windklangspiele, Gebetsfähnchen und Fahnen, die Reichtum und Wohlstand symbolisch hereinrufen
- Geliebte Besitztümer und Sammlungen, die buchstäblich wertvoll sind wie etwa Antiquitäten, Kunstwerke, Kristallglas und Münzen
- Poster, Gemälde und Fotografien, auf denen das dargestellt ist, was Sie sich kaufen oder erleben möchten
- Alle Blau-, Purpur- und Rottöne
- Sprichwörter, Zitate und Affirmationen, die sich auf Dankbarkeit, Wohlstand und Reichtum beziehen.

Innere Arbeit für Ruhm und Anerkennung

Schlüsselwort: *Integrität*

Das *I-Ging*-Trigramm *Li,* das Ruhm und Anerkennung repräsentiert, bedeutet »anhängliches Feuer«. Wie Feuer hat Ihr Ruf die Eigenart, Ihnen lange Zeit anzuhaften. Ein guter Ruf, durch unerschütterliche Integrität erworben, erweckt Wohlwollen und entfacht die Flammen dafür, dass Großartiges geschieht. Brücken zu weltlichem Glück kann man nur im klaren Licht von Integrität bauen. Unaufrichtigkeit und Unehrlichkeit hingegen können Ihre Brücken niederbrennen. An Ihre Worte und Taten erinnert man sich – oft in übertriebener oder verzerrter Weise – lange noch nachdem sie gesagt und ausgeführt wurden. Achten Sie darauf, weswegen Sie berühmt sind – es wird Ihnen lange Zeit anhaften.

Das trifft zu, ob nun jemand über Ihren Schnitzer Bescheid weiß oder nicht. Denn der Mensch, bei dem Sie am vordringlichsten einen untadeligen Ruf begründen wollen, sind *Sie selbst.* Wenn Sie sich in Gedanken, Worten und Taten verantwortlich verhalten, rücken Sie Ihren Weg durchs Leben in glanzvolles Licht.

Bewerten Sie das Niveau Ihrer Integrität.

Betrachten Sie sich als einen Menschen mit untadeligem Charakter? Halten Sie Ihr Wort? Nur Sie wissen, wie ehrlich Sie tatsächlich sind – oder nicht sind. Lassen Sie jeden Akt der Unaufrichtigkeit oder Unehrlichkeit der Vergangenheit angehören, und realisieren Sie durch Ihr Verhalten, dass man Sie jederzeit »beim Wort nehmen« kann. Es ist Ihre Integrität, die Ihren Ruf begründet und stärkt, und die unbezahlbaren Belohnungen Selbstachtung und Selbstbewusstsein herausbildet. Affirmieren Sie: *»Meine Integrität erweckt Wohlwollen und weltliches Glück. Ich bin in allem, was ich sage und tue, vertrauenswürdig.«*

Verbessern Sie Ihre Zonen für Ruhm und Anerkennung, wenn Sie:

- einen guten Ruf in Ihrem sozialen Umfeld erwerben wollen
- sich bei der Arbeit oder zu Hause mehr Anerkennung wünschen
- mit etwas, das Sie tun, weithin bekannt werden möchten
- das Niveau Ihrer Integrität heben wollen.

Äußere Verbesserungen in den Zonen für Ruhm und Anerkennung:

- Symbole Ihrer Fähigkeiten wie etwa Diplome, Auszeichnungen, Urkunden oder Preise
- Angenehme Beleuchtung
- Kunstwerke oder -gegenstände, die Menschen oder Tiere darstellen
- Dinge, die aus tierischem Material hergestellt sind wie Leder, Pelz(imitat), Federn, Knochen und Wolle
- Bilder von Menschen, die Sie sehr schätzen
- Symbole Ihrer Ziele für die Zukunft
- Gegenstände oder Strukturen mit dreieckiger oder konischer Grundform
- Alle zarten, hellen und dunklen Rottöne
- Aphorismen, Zitate und Affirmationen, die sich auf Integrität beziehen sowie auf Ihren Ruhm und guten Ruf.

Innere Arbeit für Liebe und Partnerschaft

Schlüsselwort: *Empfänglichkeit*

Liebe und Partnerschaft sind dem *I-Ging*-Trigramm *K'un* zugeordnet, das übersetzt »empfängliche Erde« bedeutet. Von allen Trigrammen ist es am stärksten Yin (siehe dazu Kapitel 3) und begünstigt daher seinem Sinngehalt entsprechend die Kultivierung von Empfänglichkeit und bedingungsloser Liebe. Um wahrhaftig Liebe zu empfangen, müssen Sie Ihrem Partner oder Ihrer Partnerin Ihre innersten Gedanken enthüllen und ihm bzw. ihr gegenüber rückhaltlos empfänglich sein. Erfüllte intime Liebesbeziehungen gedeihen, wenn *beide* Partner einander völlig vertrauen und im wechselseitigen Geben und Empfangen schrankenlos offen sind. Alle glücklichen Paare wissen, wie gefühlsselig, sanft, hingebungsvoll und lieb sie in ihren intimen Momenten miteinander sein können. Das sind alles Yin-Qualitäten, und sie sind ausschlaggebend für den Unterschied zwischen einem gewöhnlichen und einem außergewöhnlichen Liebesleben.

Die vielleicht wichtigste Liebe, die Sie kultivieren können, ist die zu sich selbst. Behandeln Sie sich mit der gleichen zärtlichen liebevollen Aufmerksamkeit, wie Sie dies bei einem Geliebten tun würden. Seien Sie offen dafür, Ihre eigenen Bedürfnisse, Wünsche und Ambitionen liebevoll zu verwirklichen. Ihre Fähigkeit, sich zu lieben, steigert Ihr Chi und lockt liebevolle Menschen zu Ihnen. Treffen Sie sich zum Rendezvous mit sich selbst an Orten, die Sie lieben, nehmen Sie ein ausgiebiges heißes Bad, zünden Sie Kerzen an, und spielen Sie Ihre Lieblingsmusik. Lassen Sie zu, dass Ihre tiefsten Rhythmen an die Oberfläche kommen, und zelebrieren Sie sie. Üben Sie offenes Geben und Empfangen von Liebe, mit der Person, die Sie immer genauer kennen werden als sonst jemanden – mit sich selbst.

Schauen Sie in den Spiegel und sagen Sie: *»Du bist ein großartiger Mensch. Ich liebe und unterstütze dich uneingeschränkt, jetzt und immer.«*

Verbessern Sie Ihre Zonen für Liebe und Partnerschaft, wenn Sie:

- gern eine romantische Beziehung eingehen möchten
- Ihre bestehende romantische Beziehung verbessern wollen

- eine Liebesbeziehung zu sich selbst entwickeln oder intensivieren wollen
- offenherziger und empfänglicher werden wollen.

Äußere Verbesserungen in den Zonen für Liebe und Partnerschaft:

- Kunstwerke, die Liebe und romantische Partnerschaft darstellen
- Paarweise angeordnete oder Paare darstellende Dinge wie etwa Kerzenleuchter, Blumen, Bücher oder Statuen
- Dinge, die Sie an romantische Liebeserlebnisse erinnern
- Lieblingsfotos von Ihnen; oder von Ihnen und Ihrer wahren Liebe
- Gegenstände in Rot, Rosa und Weiß
- Zitate, Sprichwörter und Affirmationen über Liebe und romantische Partnerschaft.

Innere Arbeit für Kinder und Kreativität

Schlüsselwort: *Freude*

Das *I-Ging*-Trigramm *Tui,* das »See der Freude« bedeutet, ist der Zone Kinder und Kreativität zugeordnet sowie den Attributen von Freude und Ermutigung. Wir alle sind Schaffende im Leben. Ständig bringen Sie etwas hervor, ob es nun neue Zellen in Ihrem Körper sind, neue Gedanken in Ihrem Sinn, neue Gerichte in der Küche oder neue Projekte bei der Arbeit. Zu leben heißt zu schaffen, und zu schaffen bedeutet wirklich zu leben. Der Schlüssel zum vollen Einstieg in den schöpferischen Prozess ist Freude. Die Freude und Vergnügtheit, die Sie bei Ihrem täglichen Schaffen empfinden, verbindet Sie mit der Freude der gesamten Schöpfung. Die natürliche Fähigkeit eines Kindes, spontan Bilder, Theaterstücke, Gedichte, Tänze, Parodien, Spiele und Musikalisches zu schaffen, entspringt aus seiner Freude, dass es am Leben ist. Es ist die reine kindliche Natur der Freude in uns allen, die den schöpferischen Geist mit sich bringt.

Nutzen Sie jede Gelegenheit, Kreativität zu fördern. Verbringen Sie Zeit mit kreativen Menschen, besuchen Sie Kunstgalerien, machen Sie Collagen, die Ihre Ziele und Träume zum Ausdruck bringen, kaufen Sie sich eine Schachtel Pastell- oder Buntstifte, und lassen Sie Ihrem kreativen Geist freien Lauf. Nähren Sie sich und andere mit großen Portionen Ermutigung, damit die Kreativität rings um Sie herum blüht. Lassen Sie Kinder und ebenso Erwachsene wissen, wie wundervoll ihre kreativen Werke sind, selbst wenn ihr Himmel orange ist, ihre Schornsteine krumm sind, ihre Bäume wie Lutscher aussehen oder ihre Menschen drei Arme haben. Im Geiste freudiger Kreativität ist nichts daran auszusetzen! Das *I Ging* behauptet, wenn man das Schöpferische in Menschen dazu ermutige, herauszukommen und zu spielen, erleuchte man die Welt mit Freude.

Denken Sie an einige Ihrer zurückliegenden schöpferischen Erfahrungen. Im denkbar günstigsten Fall wurde Ihre Kreativität auf Schritt und Tritt von einem begeisterten Fanclub von Freunden, Familienmitgliedern und Mentoren unterstützt, die sagten: »Toll! Prima Arbeit!«, und: »Ist das schön!« Im negativen Fall haben Sie sich möglicherweise verwundbar und entmutigt gefühlt, wenn man Ihrer kreativen Arbeit entgegentrat mit den Worten: »Was für eine grässliche Farbe!«, »Da stimmt die Form nicht!«, oder: »Dem fehlt noch der letzte Pfiff.« Egal, ob man Sie zum Kreativsein ermutigte oder nicht: Werden Sie sich klar über Ihre täglichen kreativen Ausdrucksmöglichkeiten. Ob Sie sich nun fantasievoll kleiden oder Ihren Kindern Geschichten erzählen – jede Tätigkeit kann kreativ sein, je nachdem, wie Sie es anpacken.

Geben Sie sich einen Ruck und werden Sie der begeisterte Urheber von Harmonie, Gesundheit und Schönheit in Ihrer Umgebung. Stimulieren Sie Ihr kreatives Potential, indem Sie Dinge tun, die Sie wirklich anregen. Erwecken Sie Ihre kreative Gabe, indem Sie Ihr inneres Kind herauskommen und spielen lassen. Stellen Sie in Ihrem Wohnzimmer die Musik lauter und bewegen Sie sich zum Takt. Singen Sie im Wagen aus voller Kehle. Machen Sie sich im Garten schmutzig. Tun Sie möglichst viel von dem, was Sie mit Freude erfüllt.

Im Grunde Sind Sie selbst Ihr größter Fan. Nähren Sie Ihr Inneres mit Freude, Ermutigung und Wonne. Sprechen Sie Affirmationen wie etwa die folgende: *»Ich empfinde große Freude und Lust dabei, mich kreativ auszudrücken. Ich ziehe frohe, humorvolle Menschen an, die mich ermutigen, kreativ zu sein. Je mehr ich mich kreativ ausdrücke, desto glücklicher bin ich.«*

Verbessern Sie Ihre Zonen für Kinder und Kreativität, wenn Sie:

- in irgendeiner Hinsicht kreativer werden wollen
- mit einem kreativen Projekt beschäftigt sind
- sich in Ihrer Kreativität blockiert fühlen
- Eigenschaften des inneren Kindes in sich erkunden und entwickeln wollen
- Ihre Beziehung zu Kindern verbessern möchten
- schwanger werden möchten
- mehr Freude erleben wollen.

Äußere Verbesserungen in den Zonen für Kinder und Kreativität:

- Kunstgegenstände oder Dinge, die besonders kreativ, kurios, verspielt, ausgefallen sind oder die Ihr kreatives Potenzial stimulieren

- Spielsachen, Puppen und Stofftiere, die Ihnen Freude machen
- Fotografien von Kindern, zusammen mit beliebigen handgearbeiteten Dingen, die von Kindern stammen
- Felsbrocken und Steine
- Kreisförmige und ovale Grundformen
- Gegenstände aus Metall
- Gegenstände in Weiß oder in hellen Pastellfarben
- Zitate, Sprichwörter und Affirmationen über Freude, Kinder und Kreativität.

Innere Arbeit für hilfreiche Menschen und Reisen

Schlüsselwort: *Synchronizität*

Die Zone für hilfreiche Menschen und Reisen ist dem *I-Ging*-Trigramm *Ch'ien* zugeordnet, das übersetzt »Himmel« bedeutet. Von allen Trigrammen ist es am stärksten Yang (siehe dazu Kapitel 3) und seinem Sinngehalt nach mit Klarheit, Synchronizität und richtigem Handeln verknüpft. Sie schaffen den »Himmel auf Erden«, wenn Sie sich klar darauf konzentrieren, was Sie erreichen wollen, dann entsprechend handeln und sich dabei von der Synchronizität leiten lassen. Denken Sie an eine Zeit, als Ihr Leben durch einen hilfreichen Menschen oder einen besonderen Ort positiv verändert wurde. Vielleicht lernten Sie jemanden kennen, der Ihr Mentor wurde, oder sie waren auf einer Reise an einem Platz, der Ihr Leben bereicherte. Berührt durch die Erfahrung der Synchronizität, befanden Sie sich unvermutet am richtigen Ort, lernten die richtigen Menschen kennen, und dies genau zum richtigen Zeitpunkt. Wenn Sie die Menschen in Ihrem Leben als Engel empfinden und die Orte, an denen Sie leben, arbeiten und spielen, als Paradiese, sind Sie »synchron unterwegs«. Die gegenteilige Erfahrung, voller negativer Menschen und zermürbender Orte, sagt Ihnen klipp und klar, dass Sie Ihren Pfad verlassen müssen. Sie wissen, dass Sie wieder auf der richtigen Spur sind, wenn neuerlich engelhafte Menschen und himmlische Erfahrungen auftauchen, die Ihnen den Weg zeigen.

Entwickeln Sie die Klarheit des Verstands, Herzens und Geistes. Fassen Sie Vorsätze und konzentrieren Sie sich darauf. Sagen Sie Nein zu dem, was nicht dazu passt, und Ja zu dem, das passt. Auf diese Weise erweitern sich himmlische Momente zu Stunden, Tagen, Wochen – einem ganzen Leben.

Wie dies bei allen tief greifenden Erfahrungen gilt, erfordert auch das Umwandeln Ihrer gegenwärtigen Welt gewaltige Konzentration und Tatkraft. Beschließen Sie, selbst ein Engel zu werden. Schaffen Sie selbst einen himmlischen Ort. Lassen Sie sich von der Synchronizität leiten. Sprechen Sie die Affirmation: *»Ich locke jeden Tag die idealen Menschen, Orte und Dinge in mein Leben. Ich bin immer am richtigen Ort und lerne die richtigen Leute zum richtigen Zeitpunkt kennen. Hiermit rufe ich alle Engel: Ich empfange euch freundlich in meinem Leben!«*

Verbessern Sie Ihre Zonen für hilfreiche Menschen und Reisen, wenn Sie:

- mehr Mentoren, Klienten, Kunden, Mitarbeiter, Kollegen – hilfreiche Menschen aller Art – in Ihr Leben locken wollen
- gern reisen oder an einen bestimmten Ort reisen wollen
- gern eine stärkere Bindung zu Ihrem spirituellen oder religiösen Glaubenssystem – den übergeordneten »hilfreichen Menschen« – hätten
- einen Umzug in ein neues Haus oder eine neue Wohnung oder an einen neuen Arbeitsplatz vor sich haben
- mehr Synchronizität erleben wollen.

Äußere Verbesserungen in den Zonen für hilfreiche Menschen und Reisen:

- Künstlerische Darstellungen von religiösen oder spirituellen Gestalten, die Sie lieben, beispielsweise von Engeln, Heiligen, Gottheiten und Lehrern
- Gegenstände, die in engem Zusammenhang mit Ihren persönlichen spirituellen Überzeugungen stehen, etwa ein Rosenkranz, Kristall oder Gebetbuch
- Fotografien von Menschen, die Ihnen gegenüber hilfreich sind oder waren, beispielsweise von Mentoren, Lehrern oder Verwandten
- Künstlerische Darstellungen sowie Poster und Collagen von Orten, die Sie gern besuchen würden, an denen Sie gerne wohnen würden oder die für Sie eine besondere Bedeutung haben
- Gegenstände in den Farben Weiß, Grau und Schwarz
- Zitate, Sprichwörter und Affirmationen über Wunder, transzendente Erfahrungen und Synchronizität.

Innere Arbeit für Beruf und Karriere

Schlüsselwort: *Mut*

Das *I-Ging*-Trigramm *K'an* ist der Arbeit oder beruflichen Karriere in Ihrem Leben zugeordnet und bedeutet übersetzt »tiefes Wasser«. Viele von uns wissen, wie verwirrend es sein kann, wenn man sich für eine Berufslaufbahn entscheiden muss. Ob es uns passt oder nicht, wir werden in unsere eigenen Tiefen gerissen, während wir uns mit dem Für und Wider einer potenziellen Beschäftigung auseinander setzen. Ist die Laufbahn einmal gewählt, kann sie sich rätselhaft gestalten und führt oft zu unvorhergesehenen Herausforderungen, ja sogar zu noch weiter gehenden Veränderungen. Der Rechtsanwalt wird Küchenchef, dann Küchendesigner; später lässt er sich pensionieren und geht in die Politik. Die Hausfrau wird Imageberaterin, dann Künstlerin, Geschäftsinhaberin und Lehrerin. Bei jeder Wende Ihrer Berufslaufbahn werden Sie wieder in das tiefe Wasser im Innern geschleudert, damit Sie sich mit Ihrem sich entfaltenden Schicksal auseinander setzen. Da stellen Sie dann vielleicht plötzlich und unvermutet den Beruf in Frage, den sie vormals liebten, oder entdecken, dass Sie eine völlig andere Berufslaufbahn verfolgen wollen. Das kann eine schwierige Erfahrung sein, die auch Entscheidungen einschließt, mit denen andere nicht einverstanden sind. Ihr Mut ist ausschlaggebend. Sie müssen bereit, gewillt und fähig sein, auf Ihre innere Stimme zu hören und ihr zu folgen. Joseph Campbell nannte das »dem folgen, was einen zutiefst glücklich macht«. Sie wissen am besten, wer Sie sind und was Sie eigentlich tun sollten – also: Bemühen Sie sich darum!

Falls Sie momentan einfach nicht wissen, welche Berufslaufbahn Sie verfolgen sollen, wäre es ratsam, dass Sie sich eine »Auszeit« von Ihrem üblichen Tagesprogramm nehmen: Gehen Sie auf eine Visionssuche*, in ein Retreat oder auf eine Campingfahrt, selbst wenn es nur ein paar Tage sind. Sobald Sie aus aller Routine heraus sind, sollten Sie unverzüglich Ihre Antennen ausfahren, um den nächsten Satz Lebensanweisungen zu empfangen. Achten Sie auf Ihre Träume, führen Sie ein Tagebuch, bestimmen Sie Ihre Zielsetzung im Leben. Machen Sie Zeichnungen, Collagen oder Listen über das, was Sie besonders gern tun.

* Die Visionssuche oder Vision Quest ist ein uraltes, wieder belebtes Ritual zur Bewältigung von Lebenskrisen, Wendepunkten im Leben, zur Sinn- und Selbstfindung etc., bei dem man sich mehrere Tage und Nächte lang allein in der freien Natur/Wildnis aufhält. (A. d. Ü.)

Lassen Sie Teile von sich zu Wort kommen, die nicht direkt mit dem Einkommenserwerb zusammenhängen. Bewahren Sie Ihren Mut und verlassen Sie sich auf sich selbst. Nutzen Sie die Affirmation: *»Ich bin rückhaltlos dafür aufgeschlossen, mein Schicksal zu verwirklichen. Ich rufe meinen nächsten Satz Lebensanweisungen jetzt zu mir. Meine Arbeit in der Welt wird jeden Tag erfüllender, anregender und einträglicher.«*

Verbessern Sie Ihre Zonen für Beruf und Karriere, wenn Sie:

- Ihre Zielsetzung im Leben suchen
- Ihren gegenwärtigen Arbeitsplatz oder Ihre berufliche Laufbahn wechseln wollen
- ehrenamtlich tätig werden oder eine sinnvolle gemeinnützige Arbeit übernehmen wollen
- vorhaben, von Ihrer derzeitigen Beschäftigung in eine andere zu wechseln
- mutiger werden wollen.

Äußere Verbesserungen in den Zonen für Beruf und Karriere:

- Wasser-Merkmale wie Springbrunnen, Wasserfälle und Aquarien
- Kunstwerke oder Fotos, die Gewässer darstellen, etwa Teiche, Flüsse, Seen oder den Ozean
- Jederlei Bild oder Objekt, das ganz individuell Ihre Karriere symbolisiert, beispielsweise Bücher über Ihr spezielles Fachgebiet oder Gegenstände mit Ihrem Firmennamen
- Gegenstände mit diffuser, fließender oder asymmetrischer Form
- Spiegel, Kristalle und Gegenstände aus Glas
- Gegenstände in Schwarz oder sehr dunklen Farbtönen

- Zitate, Sprichwörter und Affirmationen, in denen es um Mut geht und darum, wie man seinem eigenen Lebensweg folgt.

Innere Arbeit für Wissen und persönliches Wachstum

Schlüsselwort: *Stille*

Das *I-Ging*-Trigramm *Ken* bedeutet übersetzt »stiller Berg« und ist dem Wissen und persönlichen Wachstum zugeordnet. Ob in der Schule oder im Leben, Wissen nehmen Sie am besten in sich auf, wenn Sie Ihren Körper und Geist regelmäßig still und ruhig werden lassen. Der Berg symbolisiert den Aufstieg zu einem friedlichen inneren Raum, wo Sie Ihre täglichen Erfahrungen in sich aufnehmen und integrieren können. Stille, das Yin-Gegenstück zu Yang, der Handlung, wandelt Ihr Wissen und Ihre Erlebnisse in Weisheit um. Um weise zu werden, brauchen Sie eine ruhige Zeit zum Ausgleichen Ihrer aktiven Zeit. Wenn Sie innere Ruhe in Ihren normalen Tagesablauf einbauen, ehren Sie den vollständigen Rhythmus des Lebens. Diese Lehre erinnert uns allzu geschäftige Menschen aus dem Westen daran, dass wir, um wahrhaft brillant, kreativ und produktiv zu werden, uns auch die Stille zu Eigen machen müssen.

Machen Sie sich täglich ein Geschenk der Stille. Falls Sie nicht schon eine Form von Meditation, Introspektion oder Kontemplation praktizieren, dann beginnen Sie jetzt damit. Es gibt Hunderte von Büchern und Kursen darüber, wie man Geist und Körper zur Ruhe bringt. Manchen Menschen fällt das Stillwerden leichter im Anschluss an eine körperliche Betätigung wie etwa Tanzen oder gymnastische Übungen. Beginnen Sie mit zweimal fünf Minuten Ruhe täglich. Sie können gleich jetzt beginnen, indem Sie eine bequeme Sitzhaltung einnehmen und einige Momente lang Ihren Atem beobachten. Konzentrieren Sie Ihre Aufmerksamkeit auf Ihr Einatmen und Ausatmen, und sitzen Sie einfach da und atmen Sie; konzentrieren Sie Ihre Aufmerksamkeit bei jeder Abschweifung wieder auf Ihren Atem. Indem Sie sich eine Auszeit nehmen von ständiger Aktivität, vertiefen Sie den Frieden und die Weisheit, die Ihnen innewohnen. Affirmieren Sie: *»Ich bin weise und ruhig. Stille steigert meinen Frieden und meine Weisheit.«*

Verbessern Sie Ihre Zonen für Wissen und persönliches Wachstum, wenn Sie:

- sich Lerninhalte aneignen wollen
- sich psychotherapeutisch beraten lassen oder irgendeiner Aktivität für persönliches Wachstum widmen
- Weisheit und innere Ruhe entwickeln wollen.

Äußere Verbesserungen in den Zonen für Wissen und persönliches Wachstum:

- Bücher, Video- und Tonkassetten oder anderes Studienmaterial, das Sie gegenwärtig durcharbeiten
- Künstlerische Darstellungen von Bergen oder von stillen Orten, beispielsweise von Meditationsgärten
- Bilder oder Fotografien von Menschen, die Ihrer Ansicht nach hochgebildet und weise sind
- Gegenstände in den Farben Schwarz, Blau oder Grün
- Nachdenklich stimmende und inspirierende Sprichworte, Zitate oder Affirmationen.

Innere Arbeit für die Mitte

Die Mitte der Bagua-Karte gilt als die Nabe des Rades oder als der »Solarplexus« des Hauses und der Wohnung. Hier findet das Element Erde seinen Platz und symbolisiert, wie wichtig es ist, unser Leben so einzurichten, dass es um eine solide, fest verankerte Basis fließt. Viele traditionelle chinesische Häuser hatten einen zentral gelegenen Hofraum mit bloßem Erdboden, wo das Erd-Chi für die Bewohner direkt verfügbar war. Wenn in der Mitte Ihres Hauses freier Raum vorhanden ist, wäre das ein ausgezeichneter Platz für einen Innenhof, einen Lichthof oder Topfpflanzen. Andernfalls können Sie Kunstgegenstände auffällig platzieren, die Sie daran erinnern, zentriert und mit der Erde verbunden zu bleiben. Wegen ihres Zusammenhangs mit der Erde können auch Keramiken sowie Farbträger in Gelb und in Erdtönen die Mitte Ihrer Wohnung verbessern.

Stellen Sie fest, wie stark Sie sich eben jetzt mit Ihrer Mitte verbunden und in ihr verankert fühlen. Nähren Sie Ihre Fähigkeit, während der vielen Veränderungen des Lebens durchgängig zentriert zu bleiben, indem Sie jeden Tag in direkte physische Verbindung mit der Erde treten. Gehen Sie spazieren, setzen Sie sich auf die Erde oder stecken Sie buchstäblich Ihre Hände ins Erdreich, indem Sie einen Garten anlegen oder mulchen. Verfolgen Sie aufmerksam, wie Ihr Wesen stärker und zentrierter wird, während Sie mit der Erde in Verbindung treten. Sprechen Sie Affirmationen wie die folgende: *»Ich bleibe stets geerdet und zentriert. Ich bin immer in der sicheren und liebevollen Umarmung von Mutter Erde.«*

Übung zur Bagua-Karte

Sammeln Sie Bilder, die die Bagua-Zone darstellen, mit der Sie gerade arbeiten, also beispielsweise Wunschbilder von Ihrem Partner, Beruf, Ihrer Familie, Gesundheit oder Finanzlage, und machen Sie eine Collage daraus. Wenn Sie sich künstlerisch ausdrücken, sammeln Sie Chi an, das der Verbesserung Ihres Lebens dient. Sie können bildliche Darstellungen, die Ihre Ziele symbolisieren, zeichnen, malen, weben, bauen oder formen. Stellen Sie sich Fragen wie die folgenden: Was für eine Farbe hat meine Gesundheit? Was für eine Form hat mein guter Ruf? Was ist die bildliche Entsprechung zu meinem Beruf, meiner Karriere? Aus diesem Verfahren ergeben sich häufig erstaunlich aussagekräftige Antworten. Ihre eigene Kunst trifft auf sehr persönliche Weise den richtigen Ton – ist doch jede Ihrer Kreationen der greifbare Ausdruck Ihrer inneren Suche. Vergessen Sie nicht, sie zumindest vorübergehend auffällig zu platzieren, damit Ihre ausgewählten Bilder Ihre Ziele nähren und stützen können.

Kapitel 3

Yin und Yang und die fünf Elemente – das reiche Spektrum der Natur

Jedes Mal, wenn wir eine gerade Linie kreieren, brauchen wir eine Kurve zum Ausgleich ... die Kurve einer Vase, die verschlungene Linie eines Sessels, den schwungvollen Bogen eines ovalen Tischs, die rundliche Polsterung eines Sofas. Diese Dinge nehmen der Moderne die scharfen Kanten und machen sie sinnlich und reizvoll.

Ilse Crawford

Yin und Yang

Wir Menschen lieben die »goldene Mitte«, das heißt, wir möchten keine zu heiße oder zu kalte, keine zu dunkle oder zu helle, keine zu kleine oder zu große Umgebung, sondern eine, die *genau* richtig ist. Wir möchten eine Balance zwischen den beiden als Yin und Yang bezeichneten Extremen. Yin, der eine Pol, steht in Zusammenhang mit gekrümmten Formen und kleinen, kalten, dunklen, nassen oder reich verzierten Gegebenheiten und Gegenständen. Yang, das andere Extrem, steht in Zusammenhang mit eckigen Formen und großen, hellen, heißen oder offenen Gegebenheiten und Gegenständen. Feng Shui konstatiert, je extremer die Gestaltung unseres Zuhauses sei, desto unbehaglicher wirke es womöglich auf uns. Die meisten Menschen fühlen sich am wohlsten mit einer ausgewogenen Mischung von Yin- und Yang-Merkmalen in ihrer Umgebung.

Westliche Architektur und Gestaltung ist häufig ausgesprochen Yang, mit einer Überfülle an Ecken, hohen Decken, großen Möbelstücken, riesigen Fenstern und scharfen Kanten. Angesichts dieser Tatsache ist es begreiflich, weshalb Feng-Shui-Berater zum Ausbalancieren dieser extrem yangbetonten Umgebungen oft weichere, rundere Formen und Einrichtungsgegenstände vorschlagen, die mehr Yin sind. Möglicherweise lieben wir ja hohe Decken, riesige weiße Flächen und helle Beleuchtung in Kunstgalerien, Kirchen und Einkaufszentren, aber irgendwann kehren wir gern wieder zu dem gemütlichen, behaglichen Ort zurück, den wir unser Zuhause nennen, wo alles genau richtig ist.

Unsere Kultur neigt zwar grundsätzlich eher zur yangbetonten Architektur, aber das Yin-Extrem ist auch vertreten. Stellen Sie sich einen kleinen, höhlenartigen Raum vor; mit dunklem Mobiliar, schwacher Beleuchtung und einer niedrigen Decke. Viele Keller sind so. Da braucht man Yang-Komponenten, beispielsweise zusätzliche Beleuchtung, große Spiegel und warme, helle Farbtöne, um die vielen Yin-Merkmale auszugleichen. Viel häufiger ist der weitläufige und eckige Raum, mit hoher Decke, weißen Wänden, großen Fenstern, großformatigen Kunstgegenständen und hellfarbigem Mobiliar. Hier braucht man Yin-Komponenten, beispielsweise gerundete Tische, ein reiches Fensterdekor, kleine Teppiche und dunkle, satte Farben, um Ausgleich und Behaglichkeit zu schaffen.

Bei jedem einzelnen Zimmer müssen Sie individuell vorgehen. Ein Schlafzimmer kann völlig Yin sein – weiche Federbetten, ausgesprochen dekorative Dessins, flauschige Kissen, gedämpfte

Yin	*Yang*	*Yin*	*Yang*
dunkel	hell	niedrig	hoch
klein	groß	kühl	warm
reich verziert	schlicht	kalt	heiß
horizontal	vertikal	geblümt	geometrisch
gekrümmt	gerade	Erde	Himmel
gerundet	eckig	Mond	Sonne
weich	hart	weiblich	männlich

Beleuchtung – und dennoch behaglich, weil seine Funktion als Ort zum Ruhen und Revitalisieren hauptsächlich Yin ist. Aber selbst dann geht es immer um Balance. Zu viele Kissen, zu viele Fläschchen auf der Spiegelkommode und zu viele Lagen Spitze und Stoff können die Ausgewogenheit kippen. Andererseits kann ein Arbeitszimmer oder Büro mit seinen Yang-Komponenten – beispielsweise einem großen Schreibtisch, heller Beleuchtung und berufsspezifischer Ausrüstung – genau das sein, was Sie zur Erledigung Ihrer Arbeit brauchen. Trotzdem können zu viele scharfe Ecken und harte Oberflächen letztlich bewirken, dass Sie sich gereizt und total überlastet fühlen. Wenn Yin und Yang im Gleichgewicht sind, empfinden Sie jeden Raum in Ihrem Heim als behaglich und schön – als ein persönliches Paradies, das Ihre Gesundheit, innere Zufriedenheit und Ihren Wohlstand nährt und schützt.

Nehmen Sie sich einen Moment lang Zeit, um sich den Raum anzusehen, in dem Sie jetzt gerade sitzen. Verwenden Sie die vorangehende Tabelle und listen Sie die Yin- und Yang-Merkmale des Raums auf. Stellen Sie fest, ob eines der beiden Prinzipien dominiert. Entscheiden Sie, ob es Dinge gibt, die Sie dem Raum hinzufügen oder aus ihm entfernen wollen, um seine Yin-Yang-Balance zu erhöhen.

Die fünf Elemente

Im Feng Shui gelten die Elemente Holz, Feuer, Erde, Metall und Wasser als die elementaren Bausteine alles Physischen auf dem Planeten. Sie manifestieren sich rings um uns auf tausenderlei Weise und in unzähligen Zusammensetzungen. Nach Feng Shui besteht der Mensch aus allen fünf Elementen, und wir fühlen uns daher am wohlsten, wenn sie in unserem Heim allesamt vorhanden sind. Am schnellsten lernen Sie, mit den Elementen zu arbeiten, wenn Sie sie in Ihrem Zuhause studieren.

Obwohl viele Menschen spüren können, dass eine Umgebung nicht im Gleichgewicht ist, wissen sie doch häufig nicht genau, wie man diese in Ordnung bringt. Würde Rot oder Blau hier gut tun? Soll der Tisch rund oder rechteckig sein? Ist ein Spiegel oder ein künstlerisch gestaltetes Bild am geeignetsten? Fragen wie diese lassen sich leicht beantworten, wenn Sie die Elemente erfassen können und sie damit zu einem Ihrer faszinierendsten Feng-Shui-Werkzeuge machen. Lernen Sie, wie man die fünf Elemente erkennt und kombiniert, dann sind Sie im Stande, genau zu sehen, was in jedem einzelnen Raum getan werden muss, um ihn in ein perfektes Gleichgewicht zu bringen.

Wie man die Elemente in ihrer Gesamtheit erfasst

Benutzen Sie zur Bestimmung der Gesamtbalance der Elemente in einem Raum die folgende Liste. Achten Sie besonders auf die Dinge, die aus den Elementen selbst bestehen, beispielsweise Möbelstücke aus Holz oder Metall. Ermitteln Sie die Gegenstände, die einem Element zugeordnet sind, wie etwa eine Tischplatte aus Marmor (Metall), ein Spiegel (Wasser) oder Pflanzen (Holz). Berücksichtigen Sie die vorhandenen Farben, die auch jeweils einem bestimmten Element zugeordnet sind, wie Rot (Feuer), Blau- und Grüntöne (Holz) oder Gelb (Erde). Beachten Sie: Je dunkler eine Farbe ausfällt – wie etwa Schwarz, Marineblau und Dunkelbraun –, desto »wässriger« wird sie. Je heller eine Farbe wirkt, desto eindeutiger lässt sie sich dem Metall-Element zuordnen. Sehen Sie sich Ihre Bilder daraufhin an, was für ein Element sie darstellen, beispielsweise ein Gemälde von einem »feurigen« Sonnenuntergang oder ein »wässriges« Seestück. Erfassen Sie die Elemente in ihrer Gesamtverteilung, und beachten Sie besonders, ob es welche gibt, die dominieren, kaum repräsentiert sind oder in dem betreffenden Raum völlig fehlen.

Eine meiner Klientinnen lebt in einem schönen Haus nahe am Meer. Als ich mir Ihr Wohnzimmer ansah, konnte ich erkennen, dass alle Elemente außer Erde perfekt repräsentiert waren. Im Unterschied zu den meisten Zimmern gab es hier keine viereckigen Möbelstücke oder Verzierungen. Bis auf ein Buch und ein paar Bilderrahmen hier und dort war alles weich und gerundet, von Gelb oder erdigen Farbtönen war ringsum nichts zu sehen. Ich fragte sie, ob sie ein Stück gelbes Tuch hätte. Sie holte ein goldgelbes T-Shirt, und wir drapierten es um ein Sofakissen. Die

Wirkung war phänomenal. Der ganze Raum hatte plötzlich eine Mitte, einen Dreh- und Angelpunkt, aus dem alles Übrige floss. Ein einziger simpler Zusatz genügte hier, um den Raum in ein perfektes Gleichgewicht zu bringen.

Das Holz-Element

In energetischer Hinsicht fördert das Holz-Element Ihre Intuition, Kreativität, Flexibilität und Expansion. Wenn in einer Umgebung zu viel Holz vorhanden ist, kann es dazu beitragen, dass man sich erdrückt oder von Verpflichtungen überfordert fühlt, während zu wenig Holz Wachstum zum Stocken bringen und den Fluss der intuitiven und kreativen Impulse behindern kann.

Das Holz-Element findet man in:

- Möbeln, Verkleidungen, Belägen und Accessoires aus Holz
- allen Zimmer- und Gartenpflanzen sowie Trockenblumen und Blumen aus Seide oder Kunststoff
- allen Textilien aus Pflanzenfasern wie etwa Baumwolle
- Möbelbezugsstoffen, Tapeten, Wandbehängen, Vorhangstoffen und Bettwäsche mit Blumenmustern
- Kunstwerken, die Landschaften, Gärten, Pflanzen und Blumen darstellen
- säulenartigen Formen wie etwa Pfeilern, Sockeln und Pfosten
- Papier
- Streifen
- blauen und grünen Farbtönen.

Das Feuer-Element

Das Feuer-Element aktiviert Führungsqualitäten und entfacht heilsame seelische Wechselwirkungen zwischen Menschen. Zu viel Feuer in einer Umgebung stimuliert oder verstärkt Aggression, Ungeduld und leidenschaftliches Verhalten, während zu wenig Feuer seelische Verdüsterung oder Kälte fördert.

Das Feuer-Element findet man in:

- allen Lichtquellen, einschließlich elektrischer Lampen, Öllampen, Kerzen, offener Kamine und natürlichem Sonnenlicht
- allem, was aus Tieren hergestellt wurde oder von Tieren stammt wie Pelz, Wildleder, Leder, Knochen, Federn, Seide und Wolle
- Heimtieren, Haustieren und wild lebenden Tieren
- Kunstwerken, die Menschen oder Tiere darstellen
- Kunstwerken, die Sonnenschein, Feuer oder andere Lichtphänomene darstellen
- Formen wie Dreiecken, Pyramiden und Kegeln
- allen Rottönen, einschließlich Rosa, Rotorange, Magenta und Kastanienbraun.

Das Erd-Element

Das Erd-Element steigert physische Stärke, Sinnlichkeit, Ordnung, Machbarkeit und Stabilität. Zu viel Erde in einem Haus oder einer Wohnung schafft eine Atmosphäre, die drückend, ernst oder konservativ ist, während ein zu geringer Erd-Anteil Instabilität, Wirrwarr und Chaos fördert.

Das Erd-Element findet man in:

- luftgetrockneten Ziegeln, gebrannten Ziegeln, Fliesen und Kacheln
- Keramikobjekten und Tonwaren

- quadratischen und rechteckigen Formen
- Kunstwerken, die erdige Landschaften darstellen, beispielsweise Wüsten oder fruchtbare Felder
- gelben Farben und sämtlichen Erdtönen.

Das Metall-Element

Das Metall-Element steigert Verstandesschärfe und Unabhängigkeit und stärkt, auch in stressigen Phasen, die Geistesgegenwart. Zu viel Metall erzeugt geistige Starre, Dickköpfigkeit, einen Mangel an Teamgeist und die Unfähigkeit, Kompromisse zu schließen; während zu wenig Metall Unentschlossenheit, Verzögerung und Verwirrung fördert.

Das Metall-Element findet man in:

- allen Metallen, einschließlich Edelstahl, Kupfer, Messing, Eisen, Silber, Aluminium und Gold
- Zement, Felsen und Steinen, einschließlich Marmor, Granit und Steinplatten
- natürlichen Kristallen und Edelsteinen
- Kunstwerken und Skulpturen aus Metall oder Stein
- Kreisen, Ovalen und Bögen
- der weißen Farbe und hellen Pastellfarben.

Das Wasser-Element

Das Wasser-Element steigert Spiritualität, Inspiration, Entspannung und die Fähigkeit, sich dem jeweiligen Geschehensfluss anzupassen. Zu viel Wasser in einer Umgebung kann Benommenheit fördern und Produktivität verringern; während zu wenig Wasser Stress, Rivalität, Ängstlichkeit, Kleinlichkeit und Sarkasmus begünstigt.

Das Wasser-Element findet man in:

- Bächen, Flüssen, Teichen, Brunnen sowie Wasser-Merkmalen jeglicher Art
- spiegelnden Oberflächen wie etwa geschliffenem Kristall, Glas und Spiegeln
- fließenden, diffusen und asymmetrischen Formen
- Kunstwerken, die Gewässer darstellen
- der Farbe Schwarz und allen dunklen Tönen wie etwa Anthrazit und Marineblau.

Wie man die Elemente gekonnt kombiniert

Während Sie lernen, die fünf Elemente zu erkennen, werden Sie bemerken, dass es viele Gegenstände gibt, die mehrere oder alle in sich vereinen. Ein Aquarium, das man traditionellerweise im Feng Shui wegen seiner das Chi verbessernden Eigenschaften sehr gern einsetzt, vereinigt alle Elemente insgesamt zu einer einzigen angenehmen Verbindung, wie dies Abbildung 3A auf der nächsten Seite zeigt.

Ein Aquarium ist nur eine der zahllosen Möglichkeiten, wie Sie sämtliche Elemente harmonisch miteinander kombinieren können. Die Abbildungen 3B und 3C zeigen Beispiele, wie Sie in Ihrer Umgebung Gruppierungen aus allen fünf Elementen zusammenstellen können, und zwar unter Verwendung Ihrer eigenen Lieblingsfarben, Herzensschätze und Einrichtungsgegenstände. Wie Sie sehen können, ist die Orientierung an den fünf Elementen sehr hilfreich bei der Entscheidung, welche Farben und Formen Sie wählen sollten, wenn Sie in Ihrem Zuhause schöne Arrangements zusammenstellen möchten.

Abb. 3A: Aquarien vereinigen in sich die fünf Elemente zu einem einzigen harmonischen Schaubild. Das Wasser und der Glasbehälter repräsentieren das Wasser-Element, die Pflanzen verkörpern Holz, die Fische symbolisieren Feuer, der Sand repräsentiert Erde, und die Steinbrocken symbolisieren das Metall-Element.

Abb. 3B: Ein Couchtisch aus Glas und Metall, der bezüglich der Elemente Wasser und Metall repräsentiert, wird durch eine burgunderrote Kerze (Feuer), rechteckige Bücher (Erde) und Blumen (Holz) vervollkommnet. Diese Zusammenstellung vereinigt die fünf Elemente in einer einzigen harmonischen Gestaltung.

Abb. 3C: Diese einladende Dielen-Einrichtung enthält sämtliche Elemente. Das Blumenarrangement repräsentiert Holz, die großen roten Blüten und kleinen Vögel fügen Feuer hinzu, die rechteckige Form und Detailgestaltung des Spiegels bringen das Erd-Element herein, der halbrunde Tisch und die weiße Schale fangen das Metall-Element ein, und der Wasser repräsentierende Spiegel vervollständigt die Zusammenstellung der Elemente. (Auch in Farbe.)

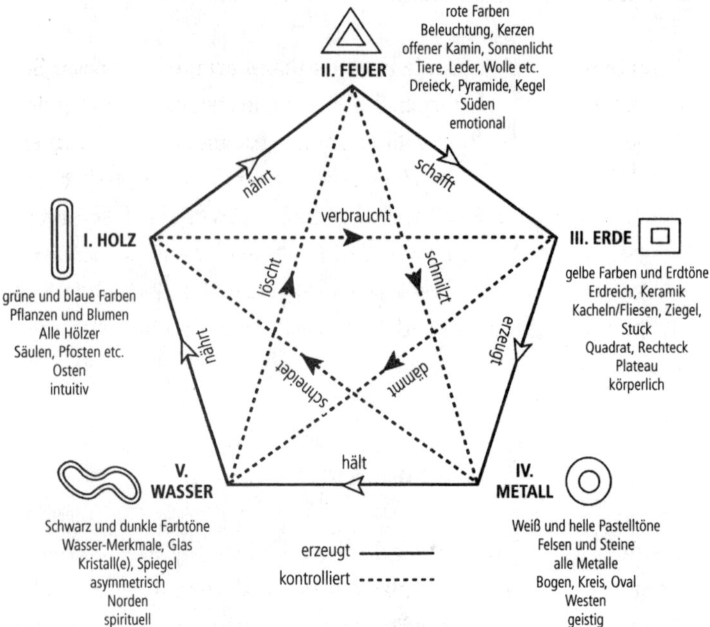

Abb. 3D: Die fünf Elemente
Beziehungen von Erzeugung und Kontrolle

Arrangements aus den fünf Elementen kann man in jedem Raum gestalten, wobei sie in Größe und Umfang den jeweiligen räumlichen Bedingungen angepasst werden können. Ich weise Klienten häufig darauf hin, dass sie in Bereichen, die energetisch gestärkt werden müssen, wie etwa einer Garage, einem Gästeschlafzimmer oder Keller ein die fünf Elemente kombinierendes Arrangement aus Objekten zusammenstellen sollten. Diese positive Handlung kennzeichnet den Beginn von Veränderung und regt das Chi an, so dass es den Betreffenden leichter fällt, diese Bereiche durchzustrukturieren.

Der Erzeugungskreislauf der fünf Elemente

Wenn Sie die fünf Elemente in einen Raum bringen, befassen Sie sich automatisch mit ihrem Erzeugungskreislauf, in dem jedes Element das folgende in vollkommener Harmonie nährt und erhält. Wasser erhält Holz, Holz nährt Feuer, Feuer schafft Erde, Erde bringt Metall hervor, und Metall hält Wasser. Der Erzeugungskreislauf zeigt uns, wie die Elemente einander in sich endlos erneuernder Abfolge stärken und unterhalten. Wenn alle fünf in einer Umgebung vorhanden sind, ist ein natürliches Gleichgewicht erreicht.

Der Kontrollkreislauf der fünf Elemente

Aus dem Kontrollkreislauf erkennen wir, wie die Elemente einander dominieren und kontrollieren. In diesem Kreislauf verbraucht Holz Erde, Erde dämmt Wasser, Wasser löscht Feuer, Feuer schmilzt Metall, und Metall schneidet Holz. Der Kontrollkreislauf gilt als wirkungsvolle Richtschnur zur Schaffung einer elementebezogenen Harmonie und ist an vielen Orten vorhanden, die wir ganz besonders schön finden. Eine Wüstenoase mit Palmbäumen veranschaulicht perfekt, dass Holz Erde verbraucht, während eine Tropeninsel in kristallklarem Wasser im Wesentlichen Wasser dämmende Erde ist. Die Natur liefert uns ständig Beispiele dafür, wie der Kontrollkreislauf der Elemente Harmonie und Schönheit hervorbringen kann.

Es ist auch sehr nützlich, wenn Sie beim Ausbalancieren der Elemente in Ihrem Zuhause den Kontrollkreislauf bewusst einbeziehen. Wenn ein bestimmtes Element besonders dominant ist, wird Ihnen der Kontrollkreislauf das Element zeigen, durch das sich das Chi rasch ausbalancieren lässt. Sobald Sie das dominante Element durch seinen Kontrollpartner ausgeglichen haben, können Sie sich dem Erzeugungskreislauf zuwenden und Ihre elementebezogene Arbeit verfeinern.

Ich befasste mich mit einem Haus, in dem das Wohnzimmer von Erde dominiert war. Die Ausstattung umfasste Bodenbeläge aus quadratischen Fliesen, Wände mit Stuckverzierungen, dunkle, beige karierte Couchbezüge, braune Sessel, quadratische Vorleger in verschiedenen Erdtönen und viele kleine irdene Accessoires. Das Mobiliar war in einem engen Quadrat um einen großen rechteckigen, hauptsächlich aus Keramikfliesen bestehenden Tisch angeordnet. An der Wand hinter dem Sofa hing ein Gemälde von der Wüste. So viel Erde gab dem Raum eine Atmosphäre lastender Schwere, des Eingesperrtseins – und dementsprechend fühlten sich die Eigentümer auch in ihm.

Um das Erd-Element auszubalancieren, mussten sie zuerst das Element einführen, das Erde kontrolliert, nämlich Holz. Sie fügten türkisfarbene Kissen zum Sofa hinzu, einen großen grob gewirkten Teppich in Blau- und Grüntönen unter dem Couchtisch und mehrere große Pflanzen. Dann gingen sie zum Erzeugungskreislauf über und nährten das Holz-Element mit Wasser, indem sie ihr Wüstengemälde durch einen großen Spiegel ersetzten und zusätzlich einen Miniaturwasserfall auf die Tischplatte stellten. Sie führten auch das Metall-Element ein, indem sie den Spiegel mit einem Goldrahmen versahen und die Pflanzen in runden Metalltöpfen arrangierten. Lampenlicht, natürliches Licht und korallenrote, auf ihre Keramiken gemalte Farbtupfer brachten eine Menge Feuer herein, das von Natur aus Erde stärkt.

Sie brachen auch die schachtelförmige »erdige« Anordnung

der Möbel auf, indem sie die zwei braunen Sessel diagonal versetzt aufstellten, so dass man von ihnen aus zumindest halbwegs die Tür sehen konnte. Als letzten Schliff ließen sie einen türkisfarbenen Tischläufer diagonal über den Couchtisch laufen, um zwei der Ecken weicher zu machen. Mit diesen Veränderungen wurde ihr vormals eingeengtes Wohnzimmer sehr behaglich und lud zu einem spontaneren und erfreulicheren Lebensstil ein.

Unsere Architektur und unsere Räume wimmeln von Extremen hinsichtlich der Elemente. Einfarbige Motive und die ständige Wiederholung einer einzigen Grundform sind zwei Dinge, die ich häufig in Häusern und Wohnungen zu sehen bekomme. Man mag den Effekt als sehr trendy oder spannend empfinden, aber die meisten Menschen werden sich hier letztlich nicht wohl fühlen, weil auf der Ebene der Elemente eines dominiert, während andere fehlen. Vergessen Sie nicht: Ihr Endziel ist es, in jedem Raum alle fünf Elemente ins Gleichgewicht zu bringen. Es ist schon wirklich beeindruckend, wenn man miterlebt, wie viel dieses Ausbalancieren hinsichtlich der spürbaren Behaglichkeit eines Raumes ausmacht.

Schnell-Ratgeber für die Arbeit mit dem Kontrollkreislauf

- *Wenn das dominante Element Holz ist:*
  Bringen Sie das Kontrollelement Metall ein,
  Setzen Sie Akzente mit Erde und Feuer,
  Verfeinern Sie nach Bedarf mit Spuren von Wasser.
- *Wenn das dominante Element Feuer ist:*
  Bringen Sie das Kontrollelement Wasser ein,

Setzen Sie Akzente mit Metall und Erde,
Verfeinern Sie nach Bedarf mit Spuren von Holz.

- *Wenn das dominante Element Erde ist:*
  Bringen Sie das Kontrollelement Holz ein,
  Setzen Sie Akzente mit Wasser und Metall,
  Verfeinern Sie nach Bedarf mit Spuren von Feuer.
- *Wenn das dominante Element Metall ist:*
  Bringen Sie das Kontrollelement Feuer ein,
  Setzen Sie Akzente mit Holz und Wasser,
  Verfeinern Sie nach Bedarf mit Spuren von Erde.
- *Wenn das dominante Element Wasser ist:*
  Bringen Sie das Kontrollelement Erde ein,
  Setzen Sie Akzente mit Feuer und Holz,
  Verfeinern Sie nach Bedarf mit Spuren von Metall.

Vertrautheit mit den Elementen

Üben Sie das Erkennen der fünf Elemente, und studieren Sie ihr Zusammenspiel in Ihrem Zuhause, den Wohnungen oder Häusern Ihrer Freunde, in Restaurants, Läden und an Ihrem Arbeitsplatz. Dabei machen Sie sich mit einem wesentlichen Teil der Feng-Shui-Alchemie vertraut. Es gibt einen magischen Moment, wo Ihnen klar wird, dass Sie nunmehr eine Sprache beherrschen, die Ihnen und jedem Ihrer Mitmenschen nützt. Und von diesem Punkt an werden Sie Umgebungen schaffen können, die in jeder Hinsicht im Gleichgewicht und voller Leben sind.

Kapitel 4

Chi-Verbesserung – das eigene Heim zu einem romantischen Ort machen

Am Ende kommt es wirklich nur auf eines an: dass wir jeweils dort, wo wir leben, mit voller Aufmerksamkeit und offenem Herzen vorgehen ... ein Strauß Blumen, ein Lied, der Geruch von frisch gebackenem Brot, eine liebevolle Umarmung, solche Dinge können jeden Ort in einen glücklich stimmenden, herzerfrischenden Wohnsitz umwandeln.

Thomas Bender

Feng Shui konzentriert sich auf die Verbesserung von Harmonie und Vitalität unserer Umgebung. Eines der Hauptziele liegt darin, dass Sie sich mit Dingen umgeben, die Ihre Stimmung heben und Ihre Liebe zum Leben vertiefen. »Romantisieren« Sie also Ihr Zuhause – und sich –, indem Sie mit Dingen zusammenleben, die das Chi verbessern.

Umgeben Sie sich nur mit Gegenständen, die den »Das-liebe-ich!«-Test bestehen. Manche Menschen füllen ein Zimmer gern mit großen Pflanzen und hellen Stoffen, während andere ein einzelnes Blumenarrangement und gedämpfte Farben vorziehen. Ein mir bekanntes Paar wählte zur Verbesserung seiner Zone für Reichtum und Wohlstand tatsächlich ein großes Modell des Raumschiffs Enterprise, weil *Star Trek* den beiden das Gefühl gab, reich und mächtig zu sein. Das war eine kreative Wahl, auf die ich nie gekommen wäre, aber für die beiden funktionierte sie!

Das Chi wird immer durch Ihre Freude, Inspiration und Kreativität gesteigert. Feng Shui fordert Sie auf, Ihre Individualität in Ihr Zuhause strömen zu lassen – Raum für Raum –, und zwar genau auf die Art, die Sie am reizvollsten finden.

Kunstgegenstände

Die Farben und Inhalte Ihrer Kunstwerke spiegeln Aspekte von Ihnen selbst wieder, die sich konstruktiv oder destruktiv auf Sie auswirken können. Im Idealfall rufen Ihre künstlerischen Darstellungen positive Gefühle und Handlungen hervor und wirken im gesamten Wohnbereich als Bekräftigungen. Kunstwerke, die in ihrer Bildlichkeit Gewaltsames, Verstörendes, Entstelltes oder Totes wiedergeben, sind nicht zu empfehlen.

Ich beobachte häufig ein bestimmtes Phänomen, das ich »Therapiekunst« nenne. Damit meine ich Kunstwerke, die ein Stadium der inneren Entwicklung eines Menschen widerspiegeln, das oft längst vorüber ist. So arbeitete ich einmal mit einer Frau, die mehrere Federzeichnungen gesammelt hatte, die alle vom selben Künstler stammten. Jede Zeichnung stellte eine nackte Frau in einer kompromittierenden Haltung dar. Auf einem der Blätter wurde die Frau gerade aus einer Sklavengruppe herausgekauft. Auf einem anderen war sie die einzige nackte Person in einer großen Menschenmenge. Als ich meine Klientin fragte, was sie eigentlich bei diesen Kunstwerken empfinde, sagte sie, sie hätte sie vor zehn Jahren gesammelt, als sie in Therapie war. Sie hatten ihren Weg zur Heilung symbolisiert, einen Weg, den sie jetzt abschloss. Ihr wurde klar, dass die Zeichnungen sie visuell in ihrem vergangenen Leid verankert hielten und dass es Zeit war, sich von ihnen zu lösen. Als sie das tat, bemerkte sie, dass sich ihr Selbstbild von Grund auf verbesserte.

Therapiekunst ist nicht unbedingt schlecht, aber wie Medizin dient sie ihrem Zweck und wird dann nicht mehr benötigt. Sie weiterhin zu nehmen ist überflüssig und oft schädlich. Erteilen Sie sich die Erlaubnis, sich von jedem Kunstwerk zu lösen, das Sie nicht mögen, oder das Sie an einen Schauplatz zurückzieht, den sie hinter sich lassen wollen. Ihre Kunstgegenstände sollten eine genaue Widerspiegelung Ihres inspirierten Selbst sein – ein Fenster in eine erhebende, himmlische Erfahrung.

Häufig besitzen Klienten Kunstwerke, die sie noch nie mochten, aber weil sie schon jahrelang im Familienbesitz sind, fühlen sie sich verpflichtet, mit ihnen zu leben. Es gibt dafür ein Paradebeispiel in meiner eigenen Familie. Meine Mutter hat ein großformatiges Porträt von einer Großtante, das über dem Kaminsims im Wohnzimmer hängt. Die Tante blickt finster drein, und ihre Augen scheinen einen anzustarren, ganz gleich, wo man sitzt. Während meiner ganzen Kindheit benutzten wir nie dieses Zimmer – wie ich glaube – wegen dieses beunruhigenden Porträts. Als ich meine Mutter fragte, ob ihr dieses Gemälde gefalle, antwortete Sie mit einem prompten Nein. Aber sie hatte es während all der Jahre toleriert, weil es ein Familienerbstück war. Generationen hatten unter dem finsteren Blick meiner alten Tante gelitten. Meine Mutter fügte hinzu, sie habe vor, es mir zu schenken! Ich sagte ihr, ich würde es sehr gern einem historischen Wohnsitz als Schenkung überlassen, wo die Besucher sich an jenem Blick ein oder zwei kurze Momente lang erfreuen und dann weitergehen könnten. Wenn Sie ein Erbstück haben, das Sie nicht mögen oder wollen, ist es an der Zeit, es wegzugeben – an ein Familienmitglied, das es tatsächlich haben will, an einen Antiquitätenhändler oder an eine Wohlfahrtseinrichtung. Dinge, die an die Vergangenheit erinnern, sind nur gut, wenn sie Sie an einen Schauplatz bringen, zu dem Sie hinwollen.

Sie können Ihre Kunstwerke auch gezielt unter dem Gesichtspunkt einsetzen, dass sie inhaltlich zu der Funktion des jeweiligen Raumes und der Bagua-Karte passen, um so eine dynamische Chi-Verbesserung zu schaffen. Diese Art »Überlagerung« fördert und unterstützt auf zweifache Weise spezielle Aspekte Ihres Lebens. Befindet sich beispielsweise Ihre Zone für Gesundheit und Familie in Ihrem Wohnzimmer, dann wählen Sie Kunst aus, die Ihrer Ansicht nach Gesundheit und Vitalität repräsentiert, und zugleich für Ihren Wohnzimmerbereich geeignet ist (siehe Abbildung 4A). Ergibt es sich, dass Ihre Zone für Gesundheit und Familie in Ihr Schlafzimmer fällt, können Sie ein ganz andersartiges Werk auswählen (siehe Abbildung 4B).

Auch mit spirituellen Kunstgegenständen, die für Sie bedeutungsvoll sind, können Sie sehr effektiv das Chi anlocken und anheben. Dazu gehören bildliche Darstellungen von Engeln, Heiligen, großen Lehrern, Göttern, Göttinnen und Mystikern. Das handbemalte tibetische Mandala und die Statue auf Abbildung 4C (S.114) befinden sich in der Beruf-und-Karriere-Zone des Wohnzimmers eines Paares und erinnern es daran, in ihrer Arbeit zielbewusst zu bleiben. Wieder liegt die Lösung darin, dass man Symbole auswählt, die eine persönliche, inspirierende Bedeutung für einen haben. Platzieren Sie spirituelle Kunst in jeder Bagua-Zone, in der Sie eine Verbesserung herbeiführen möchten.

Ihre Kreativität und Ihre künstlerischen Fähigkeiten sollten einen integralen Bestandteil Ihres Zuhauses bilden. Ob es nun

Abb. 4A: Kunstwerke können gezielt zur Verbesserung spezieller Bagua-Zonen eingesetzt werden. Dieses Gemälde lebensprühender Blumen von Monte deGraw stärkt Gesundheit und Vitalität in der im Wohnzimmer befindlichen Zone für Gesundheit und Familie. (Auch in Farbe.)

Abb. 4B: Jeff Kahns Gemälde zweier lebensprühend gesunder Menschen ist intimer und passt gut in ein Schlafzimmer. Wenn Sich die Zone für Gesundheit und Familie im Schlafzimmer befindet, mag Ihr ausgewähltes Kunstwerk anders sein. (Auch in Farbe.)

Abb. 4C: Hier ist Kunst aus Tibet in der Beruf-und-Karriere-Zone eines Wohnzimmers auffällig arrangiert; sie verschönert den Bereich und erinnert die Besitzer daran, in ihrer Arbeit zielbewusst zu bleiben.

Aquarelle, Fotografien, Keramiken, Webarbeiten oder Collagen sind – jeder von Ihnen oder Ihrer Familie geschaffene Kunstgegenstand, auf den Sie oder die betreffenden Familienmitglieder stolz sind, ist wirkungsvoll. Umgeben Sie sich damit, und spüren Sie die Energie, die dadurch Ihr Zuhause durchströmt. Originale, direkt aus der Hand des jeweiligen Künstlers erworbene Kunstwerke, tragen gleichfalls eine konzentrierte Menge Chi in sich. Wenn Sie Arbeiten ortsansässiger Künstler kaufen, profitieren Sie von deren Kreativität und unterstützen zugleich Ihre Gemeinde. Obwohl sich nur wenige von uns die originalen Kunstwerke der großen Meister leisten können, *können* sich doch die meisten von uns die schöpferischen Werke ihrer ortsansässigen Künstler leisten.

Nehmen Sie sich ein bisschen Zeit, um in die einzelnen Stücke Ihrer Kunstsammlung einzutauchen. Welchen Teil von Ihnen repräsentiert das jeweilige Werk? Gefällt Ihnen, was Sie sehen? Wenn nicht, dann machen Sie es sich zur vordringlichen Aufgabe, sich davon zu lösen und es durch Kunst zu ersetzen, die sie wirklich lieben. Ihre Kunstgegenstände sind, wie alles Übrige, das Sie umgibt, dazu da, Sie tagtäglich zu erheben und zu nähren. Freuen Sie sich am Sammeln von Kunstwerken, die Ihre Ziele und Träume widerspiegeln. Genießen Sie den Prozess, in dem Sie ein Zuhause schaffen, das selbst ein »Original« ist.

Farbe

Farbe kann ein tolles Chi-Verbesserungsmittel sein, wenn Sie sie lieben, und eine tatsächliche Verminderung der Energie bewirken, wenn sie Ihnen zuwider ist. Wenn eine Farbe Sie nervt, sollten Sie sie unbedingt loswerden. Das könnte Ihre Ehe retten oder Ihre geistige Gesundheit oder beides, wie ein Paar herausfand.

Zwei Wochen nach dem Einzug in ihr »neues« tipptopp renoviertes Haus stritten sich die beiden wie nie zuvor. *Ein* Blick auf die Tapete in ihrer großen Wohnküche verriet mir weshalb. Die früheren Besitzer hatten mit einer Tapete in Erbsengrün und Altgold einen sechs mal sechs Quadratmeter großen Bereich tapeziert. Die beiden hatten vor, die Tapete bei Gelegenheit zu entfernen, aber nach ihren Streitereien (und unserer Beratung) machten sie sich unverzüglich daran, sie abzuziehen. Das Beseitigen der widerwärtigen Farben bewirkte eine positive Veränderung im ganzen Haus – und in der Stimmung der beiden!

Farbe hat starke Wirkung und ist etwas Persönliches. Die Farben, die einem Menschen gefallen, kann ein anderer nicht ausstehen. Und wie alle Chi-Verbesserer ist Farbe fakultativ. Verwenden Sie die den fünf Elementen und der Bagua-Karte zugeordneten Farben nur, wenn Sie sie lieben. Wenn nicht, dann wählen Sie eine andere Methode zur Verbesserung des Raumbereichs. Denken Sie immer daran, dass jede Grundfarbe ein breites Spektrum an Tönen und Schattierungen umfasst. Rot, dem Feuer-Element zugeordnet sowie auch den Bagua-Zonen Wohlstand und Reichtum, Ruhm und Anerkennung sowie Liebe und Partnerschaft, ist in allen Rottönen vorhanden, vom Hellrosa über das Zinnoberrot bis zum dunklen Burgunderrot. Die von Ihnen gewählten Farben können zart, leuchtend, kräftig, dunkel oder gedämpft sein. Das liegt ganz bei Ihnen. Bleiben Sie innerhalb der Farbpalette, zu der Sie sich hingezogen fühlen, und Ihre Farbauswahl wird eine Atmosphäre schaffen, an der Sie sich jeden Tag erfreuen werden.

Farbe kann man mit Hilfe zahlreicher unterschiedlicher Farbträger integrieren. Blaue und grüne Farben, dem Holz-Element sowie den Bagua-Zonen Wissen und persönliches Wachstum sowie Gesundheit und Familie zugeordnet, kann man durch Vasen, Bücher und Mobiliar hereinbringen. Oder man kann die Wände in attraktiven grünen, grünlichblauen oder blauen Farbtönen streichen. Eine Klientin, deren Zone für Gesundheit und Familie in ihrer Garage liegt, arrangierte eine Kollektion von Gegenständen, an der sie sich jedes Mal erfreut, wenn sie mit ihrem Wagen wegfährt oder ihn hier abstellt. Das Arrangement besteht aus einem Poster von einem Kräutergarten, dunkelgrünem Efeu aus Seide in einer türkisfarbenen Glasvase und mehreren leuchtend blauen und grünen Flaschen, die Duftöle enthalten. Die Klientin war zwar bereits bei guter Gesundheit, als sie dies zusammenstellte, doch sie bemerkte, dass sich ihre Energie und Vitalität seitdem sogar noch gesteigert haben.

Farbe kann Ihre Seele nähren, wie Nahrung Ihren Körper ernährt. Stellen Sie fest, welches Ihre Lieblingsfarben sind. Welche nähren Sie bis ganz ins Innerste hinein, und verleihen Ihnen Energie und heilen Sie? Welche Farben es auch sind: Sorgen Sie dafür, dass sie irgendwo in Ihrer Umgebung effektiv vorhanden sind. Wählen Sie Gegenstände in Ihren Farben aus, beispielsweise Stoffe, Vasen, Geschirr und Blumen, und platzieren Sie sie dort, wo Sie sich schon durch einen flüchtigen Blick darauf stärken können. Ob es nun der violette Schein in einem Amethystkristall ist oder die lebensprühende türkisfarbene Glasur auf einem Lieblingskrug: Tun Sie sich gütlich an den Farben, die Sie nähren.

(Das Thema Farbe wird außerdem im Zusammenhang mit der Wohnzimmergestaltung in Kapitel 6 erörtert.)

Kristalle

Runde, facettierte Glaskristalle, wie der auf Abbildung 4D, regulieren den Chi-Fluss um extreme bauliche Komponenten. Sie sind klein und kompakt und werden daher häufig dort eingesetzt, wo für andere Verbesserungsmaßnahmen kein Platz vorhanden ist. Man kann beispielsweise Kristalle an der Decke aufhängen in der Nähe einer scharfen Ecke oder Kante, die aggressiv in den Raum vorsteht, und so die Schärfe der Ecke abschwächen und zugleich die Zirkulation des Chi ausgleichen.

Traditionell hängt man Kristalle an neun Zoll (oder einem Vielfachen von 9 Zoll = 22,86 cm) langen roten Schnüren auf. Hier im Westen wählt man häufig Länge und Farbe der Schnur so aus, wie es für die jeweilige Anwendung am passendsten ist. Manche wollen keine rote Schnur verwenden, weil sie so auffällig ist, also wählen sie stattdessen einen durchsichtigen Kunststofffaden. Andere wollen einen Kristall bloß drei bis fünf Zentimeter weit von der Decke herunterhängen lassen, damit niemand versehentlich dagegen stoßen kann. Handeln Sie nach Ihrem Ermessen, in dem Bewusstsein, dass der Kristall seine Funktion auf jeden Fall erfüllen wird. Die Kristallgrößen reichen von 1 bis 7,5 Zentimeter, wobei 2,5 bis 3 Zentimeter die für Feng-Shui-Zwecke bewährteste Größe ist.

In Badezimmern neutralisieren Kristalle die Energie entziehende Wirkung der Abflussrohre von Waschbecken, Toilette und Badewanne, indem sie das Chi anheben und zirkulieren lassen. Hängen Sie einen Kristall an der Decke auf halbem Weg zwischen Toilette und Tür auf, oder in der Mitte der Decke, wenn man (wie in Abbildung 4E) die Toilette von der Badtür aus sehen kann.

Kristalle können auch das dahinrasende Chi in langen Korrido-

Abb. 4D: Geschliffene Glaskristalle regulieren den Chi-Fluss und werden in Dielen, Fenstern und bei baulich bedingten Problemen wie etwa scharfen Kanten, Ecken, Korridoren und Treppenhäusern eingesetzt.
Abb: 4E: Ein in der Mitte der Decke aufgehängter, rund facettierter Kristall hebt in diesem kleinen Bad das Chi an und lässt es zirkulieren.

ren regulieren. Hängen Sie sie in etwa drei Meter Abstand ein gutes Stück über Kopfhöhe auf, oder verwenden Sie einen oder mehrere Beleuchtungskörper aus facettiertem Kristallglas, um die gleiche Wirkung zu erzielen. Hängen Sie zur Mäßigung des »Wasserfalls« von Chi, der eine lange Treppe hinabflutet, einen Kristall oder kristallenen Beleuchtungskörper über der untersten Treppenstufe auf.

Fenster mit einer Aussicht, die einen quer durch das Zimmer zieht, haben die gleiche Wirkung auf das Chi. Hängen Sie als Hilfsmittel zum Einfangen und Zirkulierenlassen des Chi einen Kristall vor jedes große Fenster, besonders vor eines mit einer prächtigen Aussicht. Hängen Sie zum Ausbalancieren des Chi-Flusses zwischen zwei Türen bzw. zwischen einer Tür und einem Fenster, die einander direkt gegenüberliegen, einen Kristall auf halbem Weg zwischen beiden an der Decke auf.

Bitte beachten Sie: Kristalle, die vor Fenstern hängen, die dem Sonnenlicht zugewandt sind, können Brände verursachen. Ist Ihr Fenster direkter heißer Sonneneinstrahlung ausgesetzt, dann hängen Sie den Kristall in sicherer Höhe und Entfernung auf, oder wählen Sie eine andere Verbesserungsmaßnahme.

Ist das Chi in einem Raum allem Anschein nach träge oder reinigungsbedürftig, dann hängen Sie einen Kristall in der Mitte des Raumes auf. Das funktioniert am besten, wenn dies der einzige Kristall in dem Raum ist, weil er dann durchgängig eine einzige unvermischte, reine Chi-Welle zirkulieren lässt. Hüten Sie sich davor, zu viele Kristalle in einem einzelnen Raum oder Bereich zu verwenden. Zu viele Wellen, die von mehrfach vorhandenen Kristallen ausgehen, können einen ausgeglichenen Chi-Fluss eher behindern als verbessern.

Ihre Kristalle symbolisieren das gesunde, unbeeinträchtigte Zirkulieren des Chi durch Ihren Körper, Ihr Gemüt und Ihren Geist. Sie repräsentieren Ihre Fähigkeit, Ihr Tempo selbst zu bestimmen. Wenn das Leben Ihrem Empfinden nach zu schnell oder zu langsam verläuft, müssen Sie den Fluss regulieren. Nehmen Sie sich einige Zeit, um sich kristallklar darüber zu werden, welche Veränderungen im Lebensstil Sie vornehmen können, die Ihr Tempo genau richtig einstellen werden.

Beleuchtung

Beleuchtung ist eine einfache Möglichkeit, das Chi in Ihrem Haus oder Ihrer Wohnung zu verbessern. Dazu gehören elektrische Lampen (Glühbirnen und Halogenleuchten) ebenso wie Kerzen, Öllampen, offene Kamine und natürliches Sonnenlicht. Beleuchtung kann Licht in eine dunkle Ecke bringen (wie in Abbildung 4F), eine niedrige Decke anheben, eine scharfe Kante kaschieren oder einen düsteren Raum aufhellen. Da wir immer nach Ausgewogenheit streben, wollen wir keinen Bereich zu stark oder zu schwach beleuchten. Bauen Sie in Ihr Beleuchtungssystem Dimmer ein, so dass Sie jederzeit die von Ihnen jeweils gewünschte Stimmung erzeugen können. Versehen Sie außerdem einige Ihrer Lampen mit Zeitschaltern, so dass Sie beim Heimkommen nie ein dunkles Zuhause vorfinden. Sollten Sie gerade den Bau Ihres eigenen Hauses in Angriff nehmen, dann überlegen Sie sich gut, welche speziellen Bedürfnisse Sie hinsichtlich der Beleuchtung haben, und installieren Sie Wandleuchten sowie auch indirekte Beleuchtung, Lichtquellen, die Akzente setzen, solche, die spezielle Gegenstände oder Raumbereiche ins rechte Licht rücken, und die passende Wegbeleuchtung samt den entsprechenden Anschlüssen. Wie andere grundlegende Verbesserungsmittel des Chi kann man auch Beleuchtung gezielt so einsetzen, dass sie die einer Bagua-Zone zugeordneten Farben oder das ihr zugeordnete Element repräsentiert (wie etwa die Tischlampe auf Abbildung 4G). Wenn Sie zur energetischen Kräftigung einer Bagua-Zone eine Lampe verwenden, sollten Sie erwägen, sie die meiste Zeit oder dauernd anzulassen, bis Sie eine positive Veränderung spüren.

Im Idealfall ist Ihre Beleuchtung Kunst. Wählen Sie Beleuch-

Abb. 4F: Reizvolle Beleuchtung verbessert das Chi und wird im Feng Shui oft dazu verwendet, Ecken weicher zu machen und aufzuhellen.

Abb. 4G: Diese kunstvolle Lampe mit ihrem Hafenthema wurde gezielt in der Zone für hilfreiche Menschen und Reisen platziert.

tungskörper und Lampen aus, die Ihrer Einrichtung persönlichen Charakter verleihen. Arrangieren Sie Ihre Lampen mit anderen hoch geschätzten Gegenständen, und lassen Sie das Licht, das Ihr Zuhause erfüllt, Ihre Kreativität und Ihr inneres Licht widerspiegeln. Gibt es einen dunklen Bereich in Ihrem Zuhause, dann achten Sie darauf, mit welchem Teil der Bagua-Karte er in Beziehung steht. Oft entsprechen dunkle Bereiche der Umgebung verdüsterten Bereichen in Ihrem Leben. Ziehen Sie die Bagua-Karte (Kapitel 2) als präzise Orientierungshilfe zurate, wie Sie Ihre Innenwelt »er-leucht-en« können, während Sie Ihre häusliche Umgebung mit schöner Beleuchtung ausstatten.

Leuchtstofflampen: Normale Leuchtstoffröhren und Neonlampen sind zwar rationell im Energieverbrauch, aber sie summen hörbar, flackern und strahlen nur einen Teil des Lichtspektrums ab. Sie sind berühmt für den unnatürlichen, grellblassen Schein, den sie über alles und jeden werfen, und sie können das Chi vermindern, besonders wenn sie sich direkt über dem Kopf befinden. Bei Leuchtstoffröhren mit vollem Lichtspektrum stellt sich dieses Problem nicht mehr, aber auch sie summen, flackern und sind daher in Räumen, wo man viel Zeit verbringt, beispielsweise in Küchen und Arbeitszimmern, nicht zu empfehlen. Verlassen Sie sich stattdessen auf die Wärme von Glühbirnen- oder Halogenlampenbeleuchtung. Ich habe viele Küchen besichtigt, wo sich die über dem Kopf installierten Leuchtstofflampen letztlich als Hauptquelle für Ärger im Leben der betreffenden Familie herausstellten. Sobald sie durch wärmere Beleuchtung ersetzt waren, wurde die Küche ein behaglicher, anziehender Ort, wo man sich gemütlich mit Freunden und Familienmitgliedern beim Zubereiten der Mahlzeiten aufhalten kann. Entfernen Sie im Büro die direkt über dem Kopf befindlichen Leuchtstoffröhren und installieren Sie Arbeitsbeleuchtung in nächster Nähe. Sie werden überrascht sein, wie sehr sich Ihr Energiepegel verbessert.

Nachtlichter: Beseitigen Sie die Risiken des Herumtappens im Dunkeln, indem Sie Nachtlichter verwenden. Es gibt sie in vielerlei ansprechenden Formen und Farben, und sie können in Korridoren, Treppenhäusern, Badezimmern, Dachböden, Kellern, begehbaren Wandschränken und anderen dunklen Räumlichkeiten ganz entscheidend zur Sicherheit beitragen.

Offene Kamine und Kerzen: Offene Kamine können eine wunderbare Wärme- und Lichtquelle sein und repräsentieren auf kraftvolle Weise das Feuer-Element. Da sie jedoch häufig sehr groß sind, können sie zu feurig werden und tatsächlich das Chi in dem betreffenden Raum verbrennen. Sie können das Feuer-Potenzial eines offenen Kamins ausgleichen, indem Sie ein Symbol des Wasser-Elements in der Nähe platzieren, beispielsweise eine Schale mit Wasser, einen Miniaturbrunnen, einen Spiegel, Glastüren vor der Feuerstelle oder irgendeine Art Kristallverzierung. Halten Sie die Feuerstelle sauber, bestückt mit frischen Holzscheiten für Ihr nächstes Feuer. Stellen Sie gesunde Pflanzen, frische Blumen oder eine kunstvolle Abschirmung vor den offenen Kamin, wenn er nicht benutzt wird.

Die Abbildungen 4H und 4I veranschaulichen, wie man einen offenen Kamin in Balance bringen kann. Abbildung 4H zeigt eine »feurige« künstlerische Darstellung über einem ungepflegten offenen Kamin. Altes, getrocknetes Pflanzenmaterial rund um die Feuerstelle erinnert an Zunder, der jeden Moment in Flammen aufgehen kann, und fördert so Reizbarkeit und ein Gefühl des

Abb. 4H: Vor den Feng-Shui-Verbesserungsmaßnahmen ließen die »feurige« künstlerische Darstellung über dem Kamin, das um die Kaminöffnung gruppierte getrocknete Pflanzenmaterial und die verkohlten Holzscheite an eine ausgedörrte Umgebung denken, die ständig Gefahr läuft, in Flammen aufzugehen.

Abb. 4I: Die ausgleichenden Einflüsse des Spiegels, des Zierschirms, der lebenden Pflanzen und der bedeutungsvollen Dinge aus der Natur kühlen den Kaminbereich und bringen ihn in Balance. Weitere Feng-Shui-Verbesserungsmaßnahmen sind die Umstellung des Fernsehers in einen verschließbaren Wandschrank (den man im Spiegel erkennen kann) sowie eine neue Anordnung der Möbel; beides soll Gespräche und familiäre Interaktion begünstigen.

Abb. 4J: Während der Sommermonate wird aus diesem offenen Kamin ein »Kerzenort«. Eine Sandschicht bedeckt den Boden der Feuerstelle und trägt die ganze warme Jahreszeit über Arrangements aus Kerzen in verschiedenartigen Haltern. (Auch in Farbe.)

Gefährdetseins. Die Familie hatte hier viele hitzige Meinungsverschiedenheiten und Gefühlsausbrüche, Symptome für das überreichliche Vorhandensein des Feuer-Elements. Abbildung 4I zeigt eine ausgewogenere Wohnumgebung: Das »feurige« Kunstobjekt und der die Feuerstelle umgebende Zunder sind durch einen Spiegel, einen Fächerschirm und lebende Pflanzen ersetzt. Von den in einem erholsamen Urlaub gesammelten Kiefernzapfen wurden zwei an ihrem Platz belassen; sie sollten die Familie daran erinnern, sich zu entspannen und das Leben zu genießen. Diese einfachen Veränderungen glichen das Chi aus und brachten damit dem Haushalt das unschätzbare Geschenk des Friedens und der Harmonie.

Wenn sie nicht benutzt werden, eignen sich offene Kamine als Grotten, in denen man schöne Arrangements von Dingen aus der

Natur, skulpturale Objekte oder Kerzen zur Schau stellen kann (wie auf Abbildung 4J).

Kerzen, eine weitere Beleuchtungsquelle, die das Chi verbessert, bringen Licht und Wärme in einen Raum und lassen sich recht einfach zum Experimentieren mit neuen Farben und Formen verwenden. Man kann Sie einsetzen, um eine Bagua-Zone zu kräftigen oder eines bzw. mehrere der fünf Elemente zu symbolisieren. Kerzen sind auch wundervolle Stimmungsmacher, egal ob es sich um eine introspektive Stimmung im Refugium handelt, eine intime Stimmung im Schlafzimmer oder eine Atmosphäre der Warmherzigkeit und guten Laune in Wohn- und Esszimmern. Die qualitativ besten Kerzen tropfen nicht und sind entweder geruchlos oder mit natürlichen Duftstoffen versetzt.

Lebewesen

Lebewesen, zu denen gesunde Pflanzen, Blumen, Haustiere sowie wild lebende Tiere zählen, sind Träger von Lebensenergie. Sie bringen den Zauber der Natur in den Wohnbereich, fügen ihm Leben und Farbe hinzu und vertiefen unser Lebensverständnis.

Pflanzen: Pflanzen eignen sich hervorragend zur Verbesserung des Chi, wenn sie gesund und voller Leben sind. Sie liefern ein Muster der Vielfalt und Schönheit der Natur und helfen uns, mit dem Wunder der natürlichen Welt verbunden zu bleiben. Außerdem bringen sie den ganz elementaren Nutzen mit sich, dass sie die uns umgebende Luft reinigen. Wählen Sie Pflanzen, die freundlich wirken, beispielsweise solche mit breiten, gerundeten

Blättern oder einer sanften, anmutigen Gesamterscheinung. Es gibt viele Pflanzenarten in dieser Kategorie; dazu gehören das Lackblatt/die Strahlenaralie, das Fensterblatt/Philodendron, der Pothos, der Jadewein, der Krotonbaum, der Efeu, der Kolbenfaden, das Einblatt/Scheidenblatt, der Ficus und die meisten Drachenlilien und Palmen.

Pflanzen, die aufgrund scharfer, spitzer oder stachliger Komponenten unfreundlich wirken, werden nicht empfohlen, es sei denn, man stellt sie außer Reichweite von Menschen auf. Hierzu gehören der Drachenbaum, die Sagopalme, die Yuccapalme und die meisten Kakteen und Bromeliazeen. Wenn Sie solche Pflanzen haben und sie behalten wollen, dann gruppieren Sie sie zusammen mit anderen freundlicheren Pflanzen in sicherer Entfernung von Menschen.

Als mich Klienten, die in ihrem Haus ein Geschäft hatten, dorthin einluden, wurde ich von stachligen Kakteen begrüßt, die in ihren Töpfen den Fußweg zum Hauseingang säumten. Die überreichlich vorhandenen Stacheln brachten nicht zum Ausdruck, dass meine Klienten ihren Kundenstamm und ihre geschäftlichen Möglichkeiten erweitern wollten. Sie stellten ihre Kakteensammlung in einiger Distanz vom Wegrand neu auf, noch nah genug, dass man sich an ihr erfreuen konnte, und gestalteten den Weg effektvoll mit Blumen und Kräutern in Töpfen. Das Geschäft verbesserte sich schlagartig. Die freundlichen neuen Pflanzen, Symbole des Willkommens, ebneten den Weg dafür, dass Kunden und Gelegenheiten durch ihre Tür strömten.

Pflanzen werden im Feng Shui häufig dazu benutzt, die scharfen Ecken und Kanten an Einrichtungsgegenständen oder von baulichen Gegebenheiten weicher zu machen. Kletterpflanzen wie Pothos und Efeu können scharfe Kanten an Möbeln kaschieren, während üppige Bodenpflanzen sich hervorragend dazu eignen, Ecken auszufüllen oder Kanten weicher zu machen, die in einen Raum hineinragen. Eine einzige gut gewählte Pflanze kann einen Raum verwandeln – Designzeitschriften demonstrieren das immer wieder. Vergewissern Sie sich beim Auswählen der richtigen Pflanze für Ihre Bedürfnisse, dass die Wachstumseigenschaften und der Lichtbedarf der Pflanze zu dem für sie vorgesehenen Platz passen. Viele Arten von speziell gezüchteten Zimmerpflanzen, die bei schlechten Lichtbedingungen gedeihen, wachsen langsam, beispielsweise die meisten Drachenlilien, Aglaonema und Farne. Andererseits brauchen viele Zimmerpflanzen, die Blüten tragen, sehr helles Licht, um sich wohl zu fühlen. Installieren Sie nötigenfalls zusätzliche Beleuchtung, um ihre Gesundheit und Vitalität sicherzustellen.

Wenn eine Pflanze krank oder unansehnlich wird, ist es am besten, sie zu ersetzen. Verbringen Sie nicht zu viel Zeit mit dem Versuch, eine Pflanze wieder gesund zu pflegen, es sei denn, Sie haben ein Gewächshaus oder einen Bereich, der speziell als Pflanzenhospital eingerichtet ist. Gesunde, lebensprühende Pflanzen verbessern das Chi, kränkliche nicht.

Vergessen Sie nicht, Ihre Pflanzen in Übertöpfe oder Behälter zu setzen, die angenehm für das Auge und den Geist sind. Verlassen Sie sich darauf, dass Ihnen die fünf Elemente und die Bagua-Karte helfen werden, Behälter in Farben, Formen und Material zu wählen, die der Bagua-Zone oder dem Element entsprechen, mit der bzw. dem Sie sich gerade befassen.

Pflanzen aus Seide kann man in Bereichen verwenden, die zu dunkel oder zu hoch sind oder über lange Zeit von niemandem aufgesucht werden. Solange sie gesund und lebendig aussehen, sind sie ein durchaus tauglicher Ersatz für lebendes Pflanzenmaterial. Biegen und formen Sie Zweige und Blätter, um ihnen ein natürlicheres Aussehen zu geben. Seidenpflanzen halten im Allgemeinen länger als Seidenblumen, ungefähr 18 bis 24 Monate. Stauben Sie sie mit einem Föhn ab und säubern Sie sie regelmäßig mit Seidenpflanzenreiniger. Da getrocknete Äste und Pflanzen oft abgestorben aussehen, werden sie zur Verbesserung des Chi nicht empfohlen.

Blumen: Frische Blumen fügen jedem Raum Farbe und Sinnlichkeit hinzu. »Blumen sind die Kurtisanen der Natur«, sagt Ilse Crawford in *The Sensual Home.* »Sie heben die Stimmung, erfüllen die Luft mit Duft und sind zum Teil essbar und heilkräftig.« Ein Blumenstrauß in vielen Farben verkörpert den lebendigen Tanz der fünf Elemente, während Blumen in einer einzigen Farbe ein einzelnes Element hervorheben können. Rote Tulpen, Nelken oder Rosen entflammen das Feuer-Element, während weiße Chrysanthemen oder Margeriten das Metall-Element stärken. Sie können Blumen auch geschickt zur Verbesserung der Bagua-Zonen Ihres Zuhauses auswählen, beispielsweise zwei rosa Rosen in Ihrer Zone für Liebe und Partnerschaft oder tiefpurpurne Schwertlilien in Ihrer Zone für Beruf und Karriere.

Bitte beachten Sie: Blumen können das Chi nicht nur anheben; sie können es auch senken, wenn man sie nicht richtig pflegt. Behalten Sie Ihre Blumen, solange sie lebensprühend und frisch aussehen. Versorgen oder ersetzen Sie sie unverzüglich, sobald sie Anzeichen des Verfalls zeigen.

Getrocknete Blumen, in Form von Kränzen, Girlanden und Arrangements, sind eine Alternative zu frischen Blumen, aber ihre »Lebensdauer« ist nicht so lange, wie man meist annimmt. Viele Feng-Shui-Praktiker raten deshalb vom Gebrauch getrockneter

Abb. 4K: Dies ist ein perfektes Beispiel für »abgestorbene« getrocknete Blumen; es befand sich gleich neben dem auf Abbildung 4H gezeigten Kamin.
Abb. 4L: Diese »frischen« getrockneten Blumen schmücken ein Gästecottage und werden jahreszeitlich ausgetauscht.

Blumen ab. Getrocknete Blumen verlieren ihre vitale Schwingung – ihr Chi – nach drei bis vier Monaten. Und sie können, genau wie frische Blumen auch, eine Umgebung energetisch erschöpfen, wenn man sie über ihre Zeit hinaus dort belässt. Ich habe Wohnungen und Häuser besichtigt, wo die getrockneten Blumen schon seit Jahren »abgestorben« waren (wie die auf Abbildung 4K) und das Chi eher verminderten als verbesserten. Erfreuen Sie sich, unter diesem Vorbehalt, an getrockneten Blumen (wie denen auf Abbildung 4L) wie an einem lang haltenden Arrangement aus frischen Blumen; sie sind einfach keine Dauerdekoration.

Potpourris werden oft im Feng Shui aus den gleichen Gründen missbilligt wie getrocknete Blumen. Die Leute neigen dazu, sie zu behalten, nachdem sie längst ihre das Chi verbessernden Eigenschaften verloren haben. Sollten Sie Potpourris lieben, dann wählen Sie eine aus natürlichen Bestandteilen hergestellte Mischung, und vergessen Sie nicht, sie auszutauschen, sobald sie ihren Duft verliert, also eventuell schon nach einer Woche. Potpourri, das mit ätherischen Ölen parfümiert ist, ist am besten. Sie können selbst eines herstellen, indem Sie frisch getrocknete Blütenblätter, Fruchthüllen und Blätter mit Ihren Lieblingsduftölen mischen.

Seiden- und Kunststoffblumen sind Alternativen zu frischen und getrockneten Blumen. Sie haben eine längere Lebensdauer als die frischen oder getrockneten Blumen und behalten ihre vitale Schwingung normalerweise etwa ein Jahr lang. Vergessen Sie nicht, sie regelmäßig zu säubern.

Haustiere: Tiere, beispielsweise Garfield auf Abbildung 4M, sind natürliche Chi-Batterien, und sie können in fast jedem eine liebevolle Einstellung zutage fördern. Es ist bekannt, dass Tiere in Krankenhäusern und Altenheimen die Gesundheit und das Wohlbefinden von Patienten und von Bewohnern stärken. Wie immer beim Feng Shui ist auch hier Achtsamkeit die Lösung. Wenn man seine Haustiere mit Liebe und Respekt behandelt, bringen sie gewaltige Energie ins Haus.

Sollten Ihre Tiere sich zumindest zeitweise drinnen aufhalten, dann sorgen Sie dafür, dass sie einen besonderen Platz in Ihrem Zuhause haben. Hunde und Katzen brauchen ein Bett, einen Vorleger oder eine Matte, die ihnen ganz allein gehört, während kleinere Tiere ihren eigenen Käfig oder Behälter brauchen, der Ihnen viel Raum lässt, damit sie wachsen und ein glückliches, gesundes Leben führen können. Halten Sie alles frisch und sauber,

Abb. 4M: Ein lebender Chi-Verbesserer in Höchstform – wenn Sie Katzen mögen. Garfield wird von seiner Familie geliebt und vergöttert, und er hält mit seinen Possen das Haus lebendig.

um die Gesundheit und Vitalität Ihrer Haustiere wie auch die gute Qualität des durch Ihr Zuhause fließenden Chi sicherzustellen. Bitte lassen Sie nicht zu, dass jemand - ein Kind oder ein Erwachsener - ein Tier misshandelt oder vernachlässigt. Das ist nicht nur gefühllos, sondern es erschöpft die gesamte häusliche Energie. Bringen Sie Kindern bei, für ihre Heimtiere zu sorgen, und vergewissern Sie sich, dass sie Ihrer Anleitung folgen. Das ist bei jeder Art von Haustier wichtig, also beispielsweise auch bei Fischen, Hamstern und Reptilien. Halten Sie Katzenklos einschließlich der Streu peinlich sauber; platzieren Sie sie verdeckt und relativ abgelegen in der Garage, dem Bad oder in einem Wandschrank mit einer Katzenklappe. Wenn Ihre Tiere im Freien leben, brauchen Sie ebenfalls eine saubere, trockene Behausung und genügend Bewegungsfreiheit. Hundeausläufe und Pferdeställe müssen geräumig sein und gleichfalls sauber gehalten werden.

Wild lebende Tiere: Dadurch dass Sie frei lebende Vögel dazu verlocken, Ihren Garten, Balkon oder Ihr Fenster zu besuchen, wird in Ihrem Zuhause und darum herum das Chi verbessert. Je städtischer Ihr Domizil ist, desto wichtiger ist das. Unser Vorstadtgarten enthält drei Vogeltränken, einen kleinen Teich, einen Vogelfutterautomaten und einen Korb mit Erdnüssen. Zwei Blauhäher »besitzen« den Erdnusskorb, während überall im Garten eine Unmenge anderer Vögel baden, fressen und herumhüpfen. Jedes Jahr bringen die Häher ihre Jungen zum Erdnusstraining hierher. Wir haben auch zwei Waschbären, die uns mehrmals in der Woche besuchen, um im Teich herumzulümmeln. Wir bieten diesen Geschöpfen ein Refugium, indem wir einen Teil unseres Gartens in seinem natürlichen Zustand belassen. Tun Sie Ihr Möglichstes, um die Natur mit all ihrem nährenden Chi so nahe an Ihr Zuhause heranzuholen, dass Sie sich täglich daran erfreuen können.

Spiegel

Spiegel sind ein bevorzugtes Mittel zur Verbesserung des Chi, weil sie auf so effektive Weise überall in unserem Zuhause das Chi aktivieren und zirkulieren lassen. Sie bringen Licht in dunkle Bereiche, vermitteln ein Gefühl der Sicherheit und reflektieren schöne Anblicke. Außerdem können sie bauliche Problemherde, beispielsweise Pfosten, Ecken und Kanten, »kurieren« oder tilgen sowie auch kleine Räume wie Flure und Dielen, in denen man sich sonst sehr beengt fühlen würde, visuell vergrößern.

Da Spiegel das Chi aktivieren, macht ihr Vorhandensein einen Raum lebendiger. Für Ihr Wohnzimmer, Familienzimmer, Arbeitszimmer und Ihre Küche ist das wundervoll. Je größer der Spiegel, desto besser! Aber Spiegel können Räume übermäßig beleben, die eigentlich ruhig und entspannend sein sollen, etwa das Esszimmer und Schlafzimmer.

Eine der schnellsten Möglichkeiten, ein Schlafzimmer und seine Benutzer zu beruhigen, besteht darin, dass man die Spiegel entfernt oder verhüllt. Große Spiegel, etwa verspiegelte Wandschranktüren, kann man wie Fenster behandeln, mit Vorhängen oder Rollos, die sich öffnen, um das Tageslicht hereinzulassen, und sich dann abends schließen, um das Zimmer ruhig zu stellen, wie auf den Abbildungen 4N und 4O veranschaulicht. Diese Fotos wurden im Schlafzimmer eines Jungen im Teenageralter aufgenommen. Einen Monat nach dem Einzug der Familie in ihr neues Heim bemerkte seine Mutter, dass er zum Schlafen nachts ein Licht anließ. Als sie ihn nach dem Grund fragte, sagte er ihr ziemlich verlegen, dass es ihm in seinem Zimmer unheimlich sei. Er wache mitten in der Nacht auf und habe das Gefühl, jemand sei in seinem Zimmer, außer wenn er das Licht brennen lasse. Der »Jemand« war das schlaflose Chi der großen Spiegel. Seine Mutter machte Vorhänge, die gut zu seiner Bettwäsche passten, und schon am ersten Abend, an dem die Vorhänge vor die Spiegel gezogen wurden, verschwanden die unheimlichen Gefühle, und seitdem schläft er immer friedlich.

Weitere Alternativen wären, die verspiegelten Wandschranktüren dauerhafter mit maßgearbeiteten Verkleidungen aus Tuch oder Holz zu bedecken oder sie durch einen anderen Türtyp zu ersetzen. Sie können auch auf Kommoden aufgesetzte Spiegel abends mit schönen Umhängetüchern oder Stoffen drapieren und sie zum täglichen Gebrauch wieder freilegen. Wenn man vom Bett aus die Tür nicht sehen kann, sollte man einen kleinen

Abb. 4N: Dieser große verspiegelte Wandschrank hielt das Schlafzimmer tatsächlich die ganze Nacht über »wach« und brachte so einen Jungen um seinen guten Schlaf.

Abb. 4O: Ein Vorhang, den man tagsüber auflassen und abends zuziehen kann, löst das Problem. Jetzt kann der Junge seine Spiegel haben und seinen Schlaf obendrein.

Spiegel (oder ein Kunstwerk hinter reflektierendem Glas) gezielt so aufhängen, dass sich darin die Tür spiegelt.

Es ist wichtig, Spiegel zu wählen, die ganze, unzerteilte Bilder reflektieren. Klare, strahlend helle Spiegel reflektieren klares, strahlend helles Chi. Daher sind Spiegel aus einem einzigen klaren Stück Glas am besten. Facettierungsarbeiten rund um die Außenkanten sind annehmbar, aber ausgefallene zusätzliche Abschrägungen, die die Spiegelfläche aufbrechen, trübe oder gesprungene antike Spiegel und verspiegelte Fliesen oder Kacheln sind nicht zu empfehlen.

Im Haus meiner Klientin Sally stieß ich auf einen großen Paravent aus einem Dutzend langer, schmaler Spiegeltafeln mit abgeschrägten Kanten. Direkt hinter dem Wohnzimmersofa platziert, beherrschte er den Raum. Der Raum selbst war schön, aber die im Spiegel reflektierten zerbrochenen Bilder erweckten in mir das Gefühl, als hätte ich mich in einem »Spiegelhaus« verirrt. Als ich die Wirkung des Spiegels erläuterte, klärte sich damit für Sally eine große Frage. Sie hatte sich gewundert, warum ihre Verabredungen oft so abrupt endeten: Sie bat ihren Kavalier herein, die beiden setzten sich ins Wohnzimmer – und schon, ganz unversehens, stritten sie. Folglich bestand Sallys Liebesleben ihrem Gefühl nach nur aus Brüchen. Sally ersetzte den Paravent unverzüglich durch einen einzigen großen Spiegel, der ein einziges prachtvolles Bild des Raumes reflektierte. Innerhalb eines Monats hatte sie sich glücklich in eine romantische Beziehung eingelebt.

Wie auf Abbildung 4Q verdeutlicht, sollten Ihre sämtlichen Spiegel Ihren ganzen Kopf reflektieren, und zwar so, dass darüber noch gut eine Handbreit bis zum oberen Rand frei bleibt. Selbstverständlich müssen in einem gemeinsamen Domizil die

Spiegel so groß gewählt sein, dass sie den Kopf der kleinsten und der größten erwachsenen Bewohner reflektieren. (Winzige Spiegel, die nicht dazu gedacht sind, dass man sein Gesicht darin betrachtet, bilden eine Ausnahme von dieser Regel.) Der Anblick eines vollen klaren Spiegelbildes Ihrer selbst trägt zur Verbesserung Ihrer Selbstachtung bei, während Spiegel, die Ihr Gesicht kappen oder in Stücke schneiden (wie auf Abbildung 4P) die entgegengesetzte Wirkung haben.

In einem speziellen Fall hatte ein Klient, dem es gelungen war, seinen Alkoholismus zu überwinden, nach dem Einzug in ein neues Domizil wieder zu trinken angefangen. Im Schlafzimmer, das er mit seiner Frau teilte, befand sich ein großer Spiegel, der aus vielen kleinen, an den Kanten abgeschrägten Teilen zusammengesetzt war, die das Bild seines Körpers jedes Mal, wenn er sich anzog, in Stücke zerbrachen. Da sich der Wandschrank seiner Frau in einem anderen Raum befand, hatte sie nicht bemerkt, welcher Irritation man ausgesetzt war, wenn man diesen Spiegel benutzte. Und was noch wichtiger ist: Der Spiegel war niedrig aufgehängt und schnitt dem Mann den größten Teil des Kopfs ab, beschenkte ihn also jeden Tag mit einem verbogenen und zerbrochenen Bild seiner selbst. Das Paar ersetzte den kränkenden Spiegel durch ein heiter-ruhiges Kunstwerk und brachte am Wandschrank des Mannes auf der Innenseite der Tür einen Ganzkörper-Garderobenspiegel an. Weniger als zwei Wochen nach der Durchführung dieser Veränderungen nahm der Mann bereits an einem Rehabilitationsprogramm teil und ist mittlerweile wieder absolut trocken.

Es ist auch wichtig, dass Ihre Spiegel die Schönheit und Harmonie im Raum verbessern, indem sie eine angenehme Ansicht reflektieren. Sollten Sie feststellen, dass ein Spiegel etwas Un-

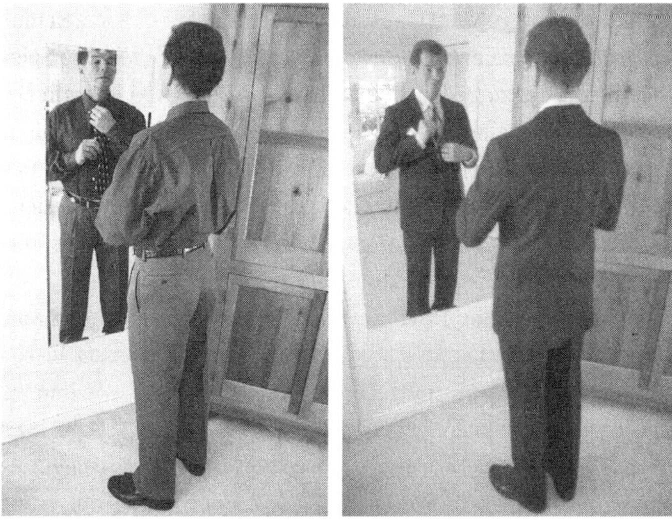

Abb. 4P: Dieser Spiegel ist zu tief aufgehängt, denn er kappt die oberste Kopfpartie dieses Herrn und wirkt sich negativ auf dessen Selbstbild aus.
Abb. 4Q: Er ersetzte den ursprünglichen Spiegel durch einen größeren und hängte ihn in der richtigen Höhe auf, so dass er sich bequem vollständig darin sehen kann.

schönes reflektiert, dann verändern Sie entweder die Platzierung des Spiegels, oder fügen Sie im reflektierten Bereich eine gefällige Komponente hinzu, die das Spiegelbild und damit den Raum verschönert. Vermeiden Sie es, Spiegel direkt einander gegenüber aufzuhängen, weil die scheinbar endlosen Reflexionen sehr verwirrend sein können.

Im Feng Shui benutzt man gelegentlich kleine Spiegel dazu, Probleme zu ihrem Ursprung zurückzuspiegeln. Wenn Sie eine hässliche Aussicht auf Starkstromleitungen, scharfe Kanten und Ecken von anderen Gebäuden – oder einen unausstehlichen Nachbarn – haben, können Sie einen kleinen Spiegel aufhängen, der mit seiner Oberfläche *in Richtung* des Problems weist und es an die Stelle zurücklenkt, von der es herkommt. Das kann man an der Außenseite eines Fensters oder einer Tür mit störender Aussicht machen. Oder man kann, je nachdem, an welcher Stelle sich das Problem genau befindet, kleine Spiegel hinter einem Gemälde, unter einem Vorleger oder an der Decke platzieren. Oft sieht man den Spiegel nicht einmal, sobald er angebracht oder aufgestellt ist. Vergessen Sie nur nicht, die reflektierende Seite des Spiegels zum Problem hin auszurichten.

Ein so eingesetzter Spiegel wirft die aggressiv vordringende Energie symbolisch auf sich selbst zurück und zieht eine Grenze zwischen Ihnen und dem verletzenden Faktor. Es ist äußerst wichtig, dass Sie, auf die Verbesserung des Chi abzielend, den Spiegel mit ihren Segenssprüchen und Ihrer klaren Absicht aufladen. Dies ist ein Akt klarer Grenzsetzung, keine Verwünschung. Wenn Ihr bislang unangenehmer Nachbar plötzlich wegzieht oder Ihnen Plätzchen bringt, wissen Sie, dass Ihr Spiegel funktioniert! Kleine, für diesen Zweck angefertigte Spiegel sind in einschlägigen, auf fernöstliche Traditionen spezialisierten Geschäften erhältlich, oder Sie können Taschenspiegel verwenden, die man in Kosmetikläden bekommt.

Spiegel symbolisieren das Selbstbild. Machen Sie eine tägliche Übung daraus, sich selbst als strahlend glücklich, gesund und erfolgreich zu visualisieren. Diese Übung bildet und stärkt beständig Ihre Anziehungskraft und Ihr Selbstgefühl. Spiegel können nur Ihr äußeres Bild zeigen; Ihr innerer Spiegel hingegen reflektiert Ihren Geist und erhält ihn aufrecht.

Gegenstände aus der Natur

Natürliche Dinge wie Steine, Kiefernzapfen, Samenhülsen, Treibholz, Vogelnester und Muscheln können wirkungsvolle, pflegeleichte Chi-Verbesserer sein. Wenn mit ihnen eine persönliche Bedeutung verknüpft ist, können diese Gegenstände heilig werden und mächtige Erinnerungen an bestimmte Erlebnisse oder Aufenthalte in der Natur wachrufen. Ein schöner, während eines Urlaubs gefundener Stein wird die Erinnerung an Ihre Urlaubstage im Gebirge für künftige Jahre am Leben erhalten. Während eines Gesundheitsretreats gesammelte Kiefernzapfen können kraftvolle Gesundheit symbolisieren, und am Meeresstrand gefundene Muscheln können das Chi eines magischen Moments enthalten, wo Sie sich völlig entspannt und revitalisiert fühlten.

Gegenstände aus der Natur können Ihre Ziele, Wünsche und Bestrebungen räumlich festhalten. Abbildung 4R zeigt eine Sammlung Steine, die Eigenschaften symbolisieren, an die die Besitzerin beim Arbeiten immer denken möchte. In der Zone für Reichtum und Wohlstand ihres Arbeitstischs aufgestellt, erinnert dieses Arrangement zart und deutlich an die reichlich vorhandenen Glücksgüter des Lebens.

Ich habe eine Hickorynuss, die ich vor vielen Jahren im Wald fand. Zu diesem Zeitpunkt war ich schon wochenlang auf Wohnungssuche und hatte nichts gefunden, was meinen Bedürfnissen entsprach. Frustriert saß ich unter einem riesigen Hickorybaum und betete darum, dass mir der Weg zum perfekten Domizil gezeigt werde. Neben mir auf dem Boden lag die Hickorynuss, und ich steckte sie ein als ein Symbol für meine Suche. An jenem Nachmittag fand ich, mit der Nuss in meiner Tasche, die

Abb. 4R: Diese Sammlung frei geformter und geschliffener Edelsteine hält symbolisch die Eigenschaften des Dienstes, der Klarheit, der Empfänglichkeit, der Liebe und des Mitgefühls am Platz und stärkt zugleich die Reichtum-und-Wohlstand-Zone eines Arbeitstischs.

perfekte Wohnung. Bis zum heutigen Tag erinnert mich die Nuss daran, wie dankbar ich war, dass ich ein Zuhause gefunden hatte.

Massige Gegenstände aus der Natur wie etwa Felsblöcke und Holzklötze können gleichfalls in die Gestaltung Ihres Zuhauses integriert werden. Steinbrocken und Felsblöcke gelten als hervorragende Speicher natürlicher Energie, und sie stärken das Chi in jeder Bagua-Zone. Holzklötze, Treibholz oder Steinbrocken können in die Anordnung Ihres Mobiliars integriert werden oder im Garten als wichtigste oder Akzente setzende Komponenten platziert werden. Sehen Sie sich die einzigartigen Formen und Merkmale gut an, und platzieren Sie sie dann so, dass ihre inspirierenden Eigenschaften besonders hervortreten.

Klangkörper

Klangkörper rufen und verbessern den Chi-Fluss. Windklangspiele, Glocken, Perlenvorhänge, Musikinstrumente, Gongs und überhaupt alles, was einen schönen Klang erzeugt, gilt als Chi-Verbesserer. Wählen Sie immer einen Resonanzklangkörper, der jedes Mal Ihre Stimmung hebt, wenn Sie ihn hören.

Der klassische Klangkörper im Feng Shui ist das Windklangspiel (siehe Abbildung 4S), das häufig beim Haupteingang aufgehängt wird, um positive Energie hereinzurufen. In ihrem Buch *Cultivating Sacred Space* sagt Elizabeth Murray, dass Windklangspiele »dem Wind Musik entlocken; einen universalen harmonischen Klang, den die Natur spontan ertönen lässt«. Windklangspiele können Sie in jeder beliebigen Bagua-Zone platzieren, die Sie aktivieren wollen. Melodische Klangkörper stimulieren auch die Energie in einem Bereich, der einen beklemmenden und irgendwie lähmenden Eindruck macht. Sie reinigen den Raumbereich und versetzen ihn wieder in einen ausgeglicheneren, energiegeladeneren Zustand, Stress, Krankheit und Teilnahmslosigkeit minimierend. Wie Klangkörper kann man auch Musik und die Klänge der Natur einsetzen, um einen Raum und die Menschen darin zu beruhigen oder zu kräftigen. Wählen Sie Klänge – beispielsweise romantische, entspannende oder anre-

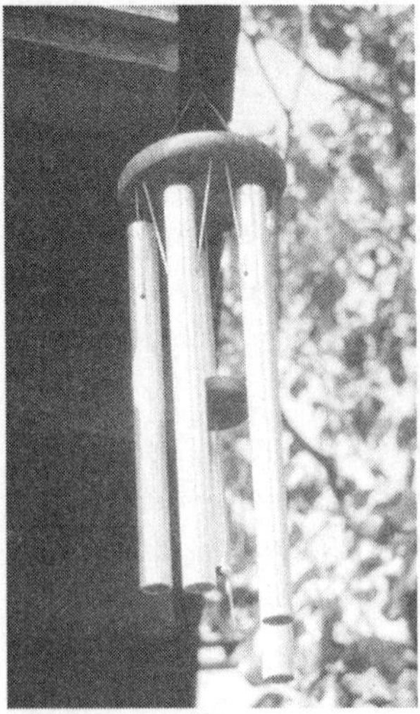

Abb. 4S: Windklangspiele sind klassische Verbesserungswerkzeuge, die mit ihren Resonanztönen das Chi hereinrufen. Diese Klangröhren markieren die Ecke der Zone für Wissen und persönliches Wachstum des Hauses.
Abb. 4T: Der Flügel in diesem Wohnzimmer verbessert die Kinder-und-Kreativität-Zone des Hauses. Fotografien von Kindern und Freunden sind demonstrativ auf dem Flügel aufgestellt. Das Originalgemälde von Lynn Hays wurde durch den Garten rund um das Haus angeregt.

gende Musik –, die die Gedanken und Gefühle hervorrufen, die Sie empfinden möchten.

Klangkörper können auch das Sicherheitsgefühl verbessern, weil sie sich nähernde Besucher ankündigen. Mit Hilfe der von Perlenvorhängen, Glocken oder Klangröhren erzeugten Klänge lassen sich die Grenzen zwischen zwei Bereichen festlegen, wie etwa dem Wohnzimmer und dem Esszimmer oder Haupteingängen und Dielen. Wie alle Klangkörper können auch Musikinstrumente, beispielsweise Gitarren, Flöten und Klaviere (Abbildung 4T), das Chi in bestimmten Bagua-Zonen verbessern, wenn man Sinn für sie hat und sie regelmäßig spielt.

Wasser-Merkmale

Wasser-Merkmale ziehen vitales Chi an und bauen solches auf. Wasser, das sich bewegt, etwa in Springbrunnen und Wasserfällen, hat sowohl eine sichtbare als auch eine hörbare Komponente und bietet zugleich einen angenehmen Ruhepol zur Entspannung von Auge und Ohr. Springbrunnen und Wasserfälle für Haus und Garten sind in großer Auswahl und allen Preisklassen erhältlich, oder Sie können sich selbst einen bauen. Aquarien gelten als ausgezeichnete Chi-Verbesserer, weil sie die fünf Elemente – Holz (Pflanzen), Feuer (Fische), Erde (Sand), Metall (Steine) und Wasser – zu einem einzigen dynamischen Merkmal zusammenschließen.

Regulieren Sie den Klang Ihres Wasser-Merkmals so, dass es sich wie das natürliche Plätschern eines Bachs oder kleinen Wasserfalls anhört – und nicht wie die Spülung in einer Toilette. Bestimmte Geräusche fließenden Wassers können sehr ablenkend sein. Beispielsweise gab eine Klientin ein festliches Diner, kurz nachdem sie einen Springbrunnen in ihrem Esszimmer installiert hatte. Sie bemerkte, dass keiner es bis zum Ende der Mahlzeit schaffte, ohne sich zu entschuldigen, die Toilette aufsuchen zu müssen – sie selbst auch nicht! Sie regulierte das Geräusch des Springbrunnens, und das unbezwingliche Bedürfnis, mitten im Diner auf die Toilette zu laufen, verschwand.

Ein Wasser-Merkmal ist oft das Hauptstück eines Altars (wie auf Abbildung 4U) oder eines Naturrefugiums. Viele Menschen haben entdeckt, dass ein kleiner, auf ihrem Schreibtisch platzierter Tischspringbrunnen ihnen hilft, während eines hektischen Tages durchgehend ruhig und zentriert zu bleiben. Außerdem verleihen Springbrunnen der Diele ein wunderbares einladendes

Abb. 4U: Ein kleines Wasser-Merkmal schmückt einen Altar in einem häuslichen Refugium. Links und rechts vom Brunnen befinden sich weitere Chi-Verbesserer mit persönlicher Bedeutung, nämlich ein gerahmtes Zitat und eine gerahmte Fotografie, eine Statue, eine Muschelkerze und inspirierende Bücher. Das Arrangement umfasst Repräsentationen von jedem der fünf Elemente.

Fluidum und wirken im Zimmer eines Kleinkindes beruhigend durch ihr Geräusch. Eine begeisterte Klientin hat in jedem Raum ihres Hauses ein Wasser-Merkmal, und sie glaubt, dass jedes von ihnen den reichlichen Fluss an Arbeit, Ruhe und Spiel in ihrem Leben steigert.

Springbrunnen, Wasserfälle und Aquarien für den Innenbereich eignen sich ganz vorzüglich zur Verbesserung des Chi in jeder beliebigen Bagua-Zone, die innerhalb des Hauses oder der Wohnung liegt. Sie gelten als besonders wirkungsvoll in den Zonen für Reichtum und Wohlstand sowie für Beruf und Karriere, weil das Element Wasser einen direkten Bezug zum reichlichen Fluss von Geld und Ressourcen hat.

Wasser-Merkmale eignen sich auch vorzüglich zur Stärkung fehlender, also außerhalb des baulichen Grundrisses liegender, Bagua-Zonen. Sie fungieren als Auffüller an der Stelle, wo die Ecke oder Außenwand des Gebäudes »fehlt«, indem sie dessen Grundriss symbolisch vervollständigen, und sorgen zugleich dafür, dass das Chi beständig fließt und zirkuliert. In allen Fällen sollten Wasser-Merkmale, sofern sie nicht mehr oder minder gleichmäßig nach allen Seiten fließen, mit ihrer Flussrichtung *auf das Haus hin bzw. in das Zimmer hinein* weisen, damit eine korrekte Ausrichtung der Energie gewährleistet ist.

Bei allen Wasser-Merkmalen sind regelmäßige Reinigung und Wartung erforderlich. Verwenden Sie destilliertes Wasser für Ihre Springbrunnen im Innenbereich; das vergrößert die Zeitspanne zwischen den unerlässlichen Reinigungen ganz beträchtlich. Und vergewissern Sie sich, dass in unmittelbarer Nähe befindliche Möbel und Stoffe nicht durch Spritzwasser beschädigt werden.

Schwimmbecken, Whirlpools und Heißwasserbottiche im Außenbereich gelten auch als Wasser-Merkmale. Man muss sie sauber und in gutem Zustand halten, darauf achten, dass sie ordentlich ausgeleuchtet sind, und sie in vielen Fällen aus Sicherheitsgründen einzäunen. Sollten Sie sich für diese Merkmale entscheiden oder vorhaben, sie zu gestalten, dann »verstärken« Sie sie, indem Sie einen Wasserfall integrieren, der mit seiner Flussrichtung auf Ihr Haus weist, und fügen Sie Verbesserungen hinzu, beispielsweise eine schöne Gartenanlage, angenehme Beleuchtung und bequeme Sitzgelegenheiten in unmittelbarer Nähe.

Vergessen Sie beim Genießen Ihres Wasser-Merkmals nicht, dass es Wohlstand symbolisiert, der in Ihr Leben strömt. Reichtum kommt in tausenderlei Formen – von der Liebe, die Ihnen Familienmitglieder und Freunde entgegenbringen bis zu den sich Ihnen bietenden Gelegenheiten, zu wachsen und zu gedeihen. Zählen Sie Ihre existenziellen Glücksgüter, und schreiben Sie sie auf – so bringen Sie das Unsichtbare ins Sichtbare –, und schauen Sie zu, wie Ihre Glücksgüter sich vermehren.

Gegenstände, die sich im Wind bewegen

Gegenstände, die sich im Wind bewegen – beispielsweise Mobiles, Windräder, Transparente, Gebetsfahnen und Wetterfahnen – rufen, heben und beleben das Chi. Im inneren Wohnbereich kann man sie dazu benutzen, an der Decke verlaufende Balken leichter zu machen, Räume abzugrenzen und zu verbessern und Bagua-Zonen zu verstärken, wie auf Abbildung 4V veranschaulicht.

Mobiles sind auf keine bestimmte Größe festgelegt und lassen sich aus den unterschiedlichsten Materialien herstellen. Eine Klientin machte ein Mobile aus ihren Lieblingspostkarten, die sie von Freunden erhalten hatte, und hängte es in der Zone für Gesundheit und Familie ihres Schlafzimmers auf. Falls Sie vorhaben, ein Mobile zu kaufen oder selbst zu machen, dann wählen Sie leichte Materialien, wenn es über den Köpfen von Leuten hängen soll. Sie könnten auch ein Mobile aus Materialien machen, die für Sie eine besondere Bedeutung enthalten, beispielsweise Gegenstände aus der Natur, Fotografien oder Schmuck.

Im Außenbereich ziehen Gegenstände, die sich im Wind bewegen, durch ihre Dynamik und visuelle Wirkung das Chi an und lassen es zirkulieren. Als freundliches, einprägsames Grenzzei-

Abb. 4V: Diese Gebetsfahne von Geri Scalone vereinigt die Farben der fünf Elemente zu einer einzigen dynamischen Komposition; sie hängt vor dem Fenster eines Meditations- und Heilraumes und verbessert dessen Zone für Ruhm und Anerkennung. (Auch in Farbe.)

chen im Garten vorm Haus oder in der Nähe des Haupteingangs heben Spruchbänder und Fahnen Ihren Wohnsitz hervor und lenken Energie ins Haus. Einen Fahnenmast, ein Transparent oder ein Windrad kann man auch benutzen, um eine fehlende Bagua-Zone zu markieren und so den Gebäudegrundriss des betreffenden Hauses symbolisch zu vervollständigen. Man kann einen Gegenstand, der sich im Wind bewegt, beispielsweise eine Fahne oder ein Windrad, einsetzen, um extreme bauliche Bedingungen visuell zu korrigieren und auszugleichen. Die Farbe und Bewegung solcher Gegenstände kann schwere Komponenten wie etwa Dachtraufen und Obergeschossterrassen anheben. Am Fuß steiler Hänge platziert, heben sie die Neigung, während sie auf dem Dach eines Hauses, das unterhalb des Niveaus der an ihm vorbeiführenden Straße liegt, das Gebäude insgesamt erhöhen.

Windspiele sind Symbole dafür, dass von einer festen Grundlage Bewegung ausgehen kann. Sie versinnbildlichen unsere Fähigkeit, uns dem Fluss des Augenblicks anzupassen und uns mit ihm zu verändern, und sie können Freude, Kreativität und jede andere Eigenschaft symbolisieren, die sich nach Ihrem Wunsch entfalten und »den Wind einfangen« soll. Wählen Sie ein Windspiel, das Ihre Stimmung hebt, während es spielerisch die Brise einfängt.

Kapitel 5

Der Haupteingang und die Diele – Orte des Willkommens

Ein Sitzplatz, eine Armlehne, ein angenehm handlicher Türgriff, eine gegen die Hitze abgeschirmte Terrasse, eine gleich neben dem Zugang wachsende Blume, zu der ich mich im Vorbeigehen hinunterbeugen kann, um dran zu riechen ... und schon weiß ich, mit einem kleinen Freudensprung des Herzens, dass ich wieder da bin ... Christopher Alexander

Ihr Haupteingang – der Bereich, der zu Ihrer Haustür hinführt, die Schwelle selbst und der Innenbereich direkt hinter der Tür – ist aus zwei Gründen bedeutsam. Das ist die Zone der ersten Eindrücke, wo sich *Ihnen,* Ihren Freunden, Nachbarn und Mitmenschen unmittelbar und nachhaltig Vorstellungen darüber einprägen, wer Sie sind. Er ist auch die wichtigste Passage, durch die Lebensenergie in Ihr Domizil gelangt. Wenn er frei und offen, freundlich und einladend ist, vermittelt Ihr Haupteingang Ihren Wunsch und Ihre Bereitschaft, hilfreiche Erfahrungen, Menschen und Gelegenheiten aufzunehmen. Ist er überwuchert, ungepflegt, vollgestopft oder unfreundlich, dann drückt er das Gegenteil aus. Betrachten Sie Ihren Haupteingang als den Zugang für das Glück, der hilfreiche Menschen und Gelegenheiten in Ihr Domizil lockt. Rollen Sie die Empfangsfußmatte aus, und machen Sie ihn einladend.

Ein einladender Zugang

Integrieren Sie bei der Gestaltung Ihres Haupteingangs einen kurvig verlaufenden Fußweg zur Haustür, der breit genug ist, dass zwei Personen sich nebeneinander nähern können. Der Fußweg sollte sich von der Einfahrt unterscheiden, frei von Hindernissen und übermäßig gewachsenem Laubwerk sowie nachts gut beleuchtet sein. Eine reizvolle Pforte, Laube oder Brücke kann Ihrer Gestaltung Bedeutsamkeit und Schönheit verleihen, wie auf Abbildung 5A veranschaulicht. Ein entweder kühles und stilles oder (wie auf Abbildung 5C) in der Nähe plätscherndes Wasser-Merkmal für den Außenbereich kann zusätzlich eine entspannende oder opulente Atmosphäre schaffen. Nutzen Sie die

Abb. 5A: Um zu diesem Haus zu gelangen, muss man eine Brücke in die verzauberte Welt auf der anderen Seite überqueren. Unter der Brücke fließt ein leise rauschender Bach samt Wasserfällen, Koi-Fischen und Wasserpflanzen. (Auch in Farbe.)

Abb. 5B: Eine »unbeschriebene Tafel«, die auf den Landschaftsgärtner wartet. Feng-Shui-Richtlinien helfen neuen Besitzern bei der Entscheidung, wie sie ihren Haupteingang gestalten sollen. (Auch in Farbe.)

Abb. 5C: Ein großer kreisförmiger, mit roten Geranien akzentuierter Springbrunnen verbessert die Beruf-und-Karriere-Zone des Hauses und Grundstücks. Breite Wege führen rings um den Springbrunnen herum zur Haustür. Zwei gesunde, immergrüne, mit jahreszeitlichen Blumen akzentuierte »Begrüßer« verbessern beide Seiten der Haustür. (Auch in Farbe.)

ganz spezielle Schönheit jeder einzelnen Jahreszeit für das Erscheinungsbild Ihres Haupteingangs, beispielsweise durch eine Farbensinfonie von leuchtenden Blumen, üppige immergrüne Pflanzen oder silbrige Sukkulenten und Kräuter. Welche konkrete Form Ihr Zugang auch annimmt: Die Schönheit und Anmut der Gaben der Natur schaffen die Fassung für das Juwel, für Ihr Haus. Fügen Sie besondere Akzentuierungen und Schönheitszeichen hinzu wie etwa Sitzgelegenheiten für den Außenbereich, Gartenmauern, Statuen, Gegenstände aus der Natur, duftende Pflanzen und Klangspiele.

Eine feierlich-festliche Schwelle

Gestalten Sie Ihren Türschwellenbereich in Farbe und Formgebung besonders einladend, damit Sie immer den Eindruck haben, daheim freundlich empfangen zu werden. Im Feng Shui wird Rot herkömmlicherweise einbezogen, um Wohlstand und Gründe zum Feiern anzuziehen; daher streichen viele Leute ihre Haustür rot. Leuchtendes Zinnoberrot ist zwar der klassische Favorit, aber es eignet sich grundsätzlich jeder beliebige Rotton, der Ihnen zusagt, einschließlich Rosa, Terrakottarot, Burgunderrot, Purpur oder Magenta. Oder wählen Sie eine Tür mit künstlerischer Ausstrahlung, beispielsweise so eine wie auf Abbildung 5D, und akzentuieren Sie den Bereich darum herum mit roten, purpurnen oder rosa Blumen, Bäumen mit roter Rinde oder roten Beeren oder Übertöpfen, Fußmatten und Skulpturen in Rottönen.

Zur Verbesserung der Sicherheit sollten Sie von der Tür oder einem daneben befindlichen Fenster aus sehen können, wer da

Abb. 5D: Hier hat der Künstler James Hubbell eine Haustür in ein Kunstwerk verwandelt. Die Buntglaseinlage der Tür gibt Besitzern Sicht nach draußen, aber Besucher können nicht hineinsehen. Außerdem verbessern rote Blumen und ein Gong (statt der Türklingel) den Schwellenbereich und locken Chi zur Tür. (Auch in Farbe.)

ist, bevor Sie öffnen. Im Idealfall können Sie hinaussehen, aber Ihr Besucher kann erst hineinsehen, wenn Sie die Tür geöffnet haben. Türen, die größtenteils aus Glas sind, kann man mit Vorhängen versehen, um die Privatsphäre zu sichern.

Selbst unter den bescheidensten oder beschränktesten Umständen kann ein Topf mit leuchtenden Blumen, ein Windklangspiel oder ein jahreszeitlicher Kranz an der Tür Sie und Ihre Besucher freundlich empfangen. Sollten Sie außerhalb Ihrer Wohnungstür nichts tun können, wie dies oft in Mietshäusern der Fall ist, dann konzentrieren Sie sich drinnen darauf, Ihren Dielenbereich freundlich, einladend und geschmackvoll zu gestalten.

Eine freundlich-einladende Diele

Hinter der Eingangstür setzt nun eine einladende Diele den freundlichen Empfang fort. Traditionell hängte man das beste Gemälde im Hause in die Diele oder in die Nähe der Haustür als »Begrüßer«, um so Gäste zu ehren und einen ersten gefälligen Eindruck zu erzeugen. In einem Fall war mein erster Eindruck von einer Klientin ein in ihrer Diele hängendes großes Gemälde von einer nackten Frau. Es war zwar wunderschön, aber zu intim, um einen idealen Begrüßer abzugeben, also hängte es meine Klientin in ihr Schlafzimmer um. Interessanterweise hing in ihrem Schlafzimmer ein Landschaftsbild, das für die Diele genau richtig war! Ganz gleich, was für ein Kunstwerk Sie für Ihre Diele auswählen: Vergewissern Sie sich, dass es eine hinreichend einladende Botschaft vermittelt. In größeren Dielen wie der auf Abbildung 5E kann man Komponenten wie ein Aquarium, eine Skulptur, eine Pflanze, Möbel, Beleuchtung oder ein Wasser-Merkmal als Arrangement zusammenstellen.

Ist Ihre Diele klein, dann passen Sie auf, dass Sie sie in Ihrem Bemühen, sie freundlich einladend zu gestalten, nicht überfüllen! Entfernen Sie jeden Einrichtungsgegenstand, der die volle Funktion der Eingangstür oder von WC- bzw. Wandschranktüren irgendwie beeinträchtigt, und wählen Sie einen Spiegel oder ein für die Wand geeignetes Kunstwerk mit Raumtiefe aus, denn dadurch wirkt die Diele dann geräumiger.

Ganz gleich, wie klein Ihr Dielenbereich ist: Gestalten Sie eine als solche »definierte« Empfangszone. Und sollten Sie gar keine reguläre Diele haben, dann arrangieren Sie Ihre Einrichtungsgegenstände so, dass sie eine andeuten, und platzieren Sie Symbole des freundlichen Empfangs in der Nähe der Eingangstür,

Abb. 5E: Diese Diele befindet sich in der Wissen-und-persönliches-Wachstum-Zone des Hauses. Das Aquarium vereinigt die fünf Elemente, während die stehende Buddhastatue und die Orchideen innere Weisheit und Schönheit repräsentieren. Die Fische auf dem Originalgemälde von Lynn Hays schwimmen in einem Kreis, der sich nach rechts öffnet und so den Fluss des Chi sacht ins Wohnzimmer lenkt. (Auch in Farbe.)

wie auf Abbildung 5G veranschaulicht. Tun Sie Ihr Möglichstes, um Ihre Gäste – und sich – mit einem warmherzigen und willkommen heißenden ersten Eindruck zu beschenken.

Halten Sie die häusliche Diele frei von herumirrenden Dingen wie etwa Spielsachen, Sportausrüstung und Post. Bringen Sie diese Gegenstände in nahen Wandschränken und Möbeln unter. Erwägen Sie außerdem, Ihr Domizil zu einem schuhfreien Zuhause zu machen. Richten Sie einen Abstellplatz für Schuhe in der Nähe der Eingangstür ein, und sorgen Sie dafür, dass Pantoffeln und Socken für Gäste vorhanden sind. Das trägt zur Sauberhaltung Ihrer Umgebung bei und symbolisiert, dass Sie Ihre weltlichen Sorgen an der Türschwelle zurücklassen.

Abb. 5F: Wenn wir auf dieser Türschwelle stehen, werden wir von der Rückwand der Couch und ein paar zusammenhanglosen Gegenständen an der gegenüberliegenden Wand begrüßt. Obwohl durch die Couch ansatzweise ein Dielenbereich abgegrenzt wird, macht ihre Rückwand keinen freundlichen ersten Eindruck, und wer auf ihr sitzt, hat keine Sicht auf die Tür.

Was für Neigungen und Vorlieben Sie in Bezug auf Farben, Stile und Design auch haben: Schenken Sie Ihrem gesamten Haupteingangsbereich die Beachtung, die nötig ist, um ihn so freundlich und einladend zu gestalten wie nur möglich. Dadurch werden Sie dann eine Fülle großartiger Beziehungen und Erfahrungen in Ihr Leben locken.

Wie Sie Ihre Verbesserungsmaßnahmen mit Hilfe der Bagua-Karte verdoppeln

Die Bagua-Karte (Kapitel 2) kann Ihre Dielen-Verbesserungen doppelt bedeutungsvoll machen (siehe Abbildung 5E und 5G). Wenn Ihr Haupteingang unansehnlich, chaotisch oder in irgendeiner Weise unfreundlich ist, beeinträchtigt er Ihre Lebensqua-

Abb. 5G: Nach der Anwendung von Feng-Shui-Prinzipien werden wir von einer roten Tür und Vorlegern begrüßt, die uns ins Haus führen. Ein Regal grenzt einen einladenden Dielenbereich ab, und darauf steht ein kleiner Springbrunnen zur Verbesserung der Beruf-und-Karriere-Zone des Hauses. Das Regal enthält auch einen Abstellplatz für Schuhe sowie einen Korb voll Socken für Gäste – zwei klare Erfordernisse in diesem »schuhfreien« Haus. Ein reizvolles Arrangement aus Begrüßern, einschließlich einer Vase von Alex Long und einem Gemälde von Louise Hoffman, wurde an der gegenüberliegenden Wand gruppiert zum freundlichen Empfang von Menschen und um Energie in den Raum zu ziehen.

lität. Beispielsweise stellte eine sehr erfolgreiche Schriftstellerin, die einen gewaltigen Erfolg gehabt hatte, fest, dass ihre beruflichen Chancen während der letzten paar Monate beträchtlich geschwunden waren. Ihre Haustür war so zurückgesetzt, dass die Zone für Beruf und Karriere den Weg zum Eingang und die vorgelagerte Terrasse umfasste, die mit stachligem Laubwerk und Töpfen voll abgestorbener und eingehender Pflanzen überfüllt war. Die ramponierte Fliegengittertür war noch durch weitere trostlose Pflanzen und rostige Gartengeräte teilweise blockiert. Der ganze Schauplatz zeigte deutlich, wodurch sie ihre Karriere gebremst hatte.

Als ihr klar wurde, dass ihr ausgedörrter und stachliger Haupteingang ihre gegenwärtige berufliche Durststrecke symbolisierte, gestaltete sie die Terrasse völlig um; sie fügte Windklangspiele, gesunde Pflanzen, Gartenmöbel und einen Springbrunnen hinzu, der, wie sie es ausdrückte, ihrem Haupteingang etwas »Saftigkeit« verschaffte. Sie reparierte auch die Fliegengittertür und strich die Haustür in einem satten Violettton. Drinnen kreierte sie einen freundlich einladenden Dielenbereich mit einem Tisch, einer Lampe, Blumen und einem inspirierenden Leitspruch, den sie verfasst und veröffentlicht hatte. Innerhalb einer Woche begannen tolle Möglichkeiten zur Tür hereinzuströmen, einschließlich der Chance, eine Fernsehshow zu moderieren. Durch die qualitative Aufbesserung ihres Haupteingangs hatte sie ihre Karriere revitalisiert.

Abb. 2I: Das ist eine Ansicht der Zone für Liebe und Partnerschaft des Hauses, dessen Grundrisszeichnung Abbildung 2B, S. 56, wiedergibt, aufgenommen kurz nach dem Einzug der neuen Besitzer.

Abb. 2J: Um die Zone für Liebe und Partnerschaft zu verankern, beschloss das Paar, einen Olivenbaum zu pflanzen, der Stärke und Beständigkeit der Liebe symbolisiert. Ein großer eingelassener Umfassungsring mit Blumenbesatz betont zusätzlich die Zone. Außerdem fügten sie beiden Stockwerken Außenwohnbereiche hinzu, um die Schönheit und Zweckmäßigkeit der Zone zu steigern.

Abb. 3B (links): Diese einladende Dieleneinrichtung enthält sämtliche Elemente. Das Blumenarrangement repräsentiert Holz. Die großen roten Blüten und kleinen Vögel fügen Feuer hinzu. Die rechteckige Form und Detailgestaltung des Spiegels bringen das Erd-Element herein. Der halbrunde Tisch und die weiße Schale fangen das Metall-Element ein, und der Wasser repräsentierende Spiegel vervollständigt die Zusammenstellung der Elemente.

Abb. 4B (oben): Wenn sich die Zone für Gesundheit und Familie im Schlafzimmer befindet, kann das passende Kunstwerk anders aussehen. Jeff Kahns Gemälde zweier lebensprühend gesunder Menschen ist intimer und passt gut in ein Schlafzimmer.

Abb. 4A (rechts): Kunstwerke können gezielt zur Verbesserung spezieller Bagua-Zonen im Haus oder in der Wohnung eingesetzt werden. Dieses Gemälde lebensprühender Blumen von Monte deGraw stärkt Gesundheit und Vitalität in der Zone für Gesundheit und Familie, die sich im Wohnzimmer befindet.

Abb. 4J (oben): Während der Sommermonate wird aus diesem offenen Kamin ein »Kerzenort«. Eine Sandschicht bedeckt den Boden der Feuerstelle und trägt die ganze warme Jahreszeit über Arrangements von Kerzen in verschiedenartigen Haltern.
Abb. 4V (rechts): Diese Gebetsfahne von Geri Scalone vereinigt die Farben der fünf Elemente zu einer einzigen dynamischen Komposition. Sie hängt vor dem Fenster eines Meditations- und Heilraumes und verbessert dessen Zone für Ruhm und Anerkennung.
Abb. 5A (unten): Um zu diesem Haus zu gelangen, muss man eine Brücke in die verzauberte Welt auf der anderen Seite überqueren. Unter der Brücke fließt ein leise rauschender Bach samt Wasserfällen, Koi-Fischen und Wasserpflanzen.

Abb. 5B (oben): Eine »unbeschriebene Tafel«, die auf den Landschaftsgärtner wartet. Feng-Shui-Richtlinien helfen neuen Besitzern bei der Entscheidung, wie sie ihren Haupteingang gestalten sollen.
Abb. 5C (unten): Ein großer kreisförmiger, mit roten Geranien akzentuierter Springbrunnen verbessert die Beruf-und-Karriere-Zone des Hauses und Grundstücks. Breite Wege führen rings um den Springbrunnen herum zur Haustür. Zwei gesunde immergrüne, mit jahreszeitlichen Blumen akzentuierte »Begrüßer« verbessern beide Seiten der Haustür.
Abb. 5D (rechts): Hier hat der Künstler James Hubbell eine Haustür in ein Kunstwerk verwandelt. Die Buntglaseinlage der Tür ermöglicht den Besitzern eine gute Sicht nach draußen, aber Besucher können nicht hineinsehen. Ferner verbessern rote Blumen und ein Gong (statt der Türklingel) den Schwellenbereich und locken Chi zur Tür.

Sie bekommen genau das, was Sie sehen

Ganz gleich, welchen Raum man als ersten sieht, wenn man durch Ihre Eingangstür eintritt: Er stellt mehr oder minder den zentralen Blickwinkel für das ganze Domizil ein. Das Wohnzimmer gilt als sehr günstig, weil es auf soziale Interaktion und auf Entspannung hindeutet. Ist hingegen der erste ins Blickfeld rückende Raum die Küche, das Esszimmer, das Schlafzimmer, das Badezimmer oder der Wäscheraum, dann kann er die Hauptperspektive des Wohnbereichs jeweils auf andere Tätigkeiten ausrichten, beispielsweise auf das Essen, Schlafen oder Erledigen von Hausarbeiten.

Wenn Sie in einem Zuhause leben, wo das der Fall ist, können Sie Möbel umstellen oder Paravents hinzufügen, damit man nicht als Erstes einen dieser Räume sieht. Beispielsweise war das Esszimmer eines Paares der erste Raum, den die beiden vom Haupteingang aus sahen. Am meisten beklagten Sie sich darüber, dass sie beide seit ihrem Einzug vor einem Jahr einige unerwünschte Pfunde zugenommen hätten. Sie verzehrten ständig irgendwelche Snacks, wenn sie zu Hause waren, und konnten keinerlei vernünftige Diät einhalten. Als ihnen klar wurde, dass Speisen der zentrale Blickwinkel des Hauses war, tauschten sie das Esszimmer und das Freizeitzimmer gegeneinander aus. Wenn sie jetzt heimkommen, gelangen sie zuerst ins Freizeitzimmer, was eher Entspannung und Gespräche fördert als das Verzehren von Nahrung, und sie besitzen ein Esszimmer, das jenseits des Eingangsbereichs liegt.

Wenn wir als Erstes von einem Schlafzimmer oder Badezimmer begrüßt werden, sollten wir am besten die Tür zu dem betreffenden Raum geschlossen lassen. Weder Toiletten noch Betten machen einen idealen ersten Eindruck. Versehen Sie die jeweilige Tür mit einer relativ lockeren Zugfeder, damit sie sich sacht und leicht hinter Ihnen schließt. Zur Verbesserung der Tür selbst sollten Sie sie mit einem Spiegel oder einem Lieblingsstoff ausstatten.

Ein weiteres Feng-Shui-Problem liegt dann vor, wenn man von der Diele aus mehrere Räume sieht. Das kann auf neue Besucher und gleicherweise auf Bewohner verwirrend wirken. In solchen Fällen ist es wichtig, dass man einen Raum hervorhebt, wie etwa das Wohnzimmer, indem man einen deutlichen Weg dorthin anlegt, und zwar unter gekonnter Verwendung von entsprechend platzierten Paravents, Skulpturen, Bildern, Pflanzen und Möbeln. Ein dekorativer Paravent, der so platziert ist, dass er den Eingang zu einem Esszimmer teilweise verdeckt, kann die Leute direkt ins Wohnzimmer führen. Ähnlich effektiv wird auch eine im Wohnzimmer befindliche Skulptur mit Licht- oder Bewegungskomponenten die Aufmerksamkeit direkt in diesen Raum lenken.

Sämtliche Eingänge stärken

Die Vordertür zu Ihrem Domizil gilt als der größte und wichtigste Mund für das Chi, selbst wenn Sie häufig einen anderen Eingang benutzen. Öffnet sich der Eingang, den Sie am häufigsten benutzen, in einen Wäscheraum, einen Flur oder einen Treppenschacht, dann sorgen Sie dafür, dass diese Räumlichkeiten freundlich einladend, gut beleuchtet und komplett zugänglich sind. Vergewissern Sie sich, dass Sie von Schönheit und Licht und nicht von Dunkelheit und Wirrwarr begrüßt werden, damit

Ihr Zuhause als Erstes und als Letztes einen guten Eindruck hinterlässt. Ein einziges Lieblingsposter im Wäscheraum oder ein einziger stilvoller Wandteppich in einem Treppenschacht können absolut ausschlaggebend dafür sein, wie freundlich empfangen Sie sich beim Nachhausekommen fühlen. Manche verwandeln diese Bereiche in spaßige Kunstgalerien, indem sie Fotografien, Collagen und persönliche Erinnerungsstücke ausstellen, die nirgendwo sonst im Haus hinpassen. Andere integrieren exquisite Besitztümer in der Nähe ihres Standardeingangs, beispielsweise ein Ölgemälde oder einen Spiegel mit Goldrahmen. Was immer Sie wählen: Ihre Verbesserungen sind tatsächlich gut platziert, wenn sie Sie freundlich daheim empfangen.

Schnell-Ratgeber für den Haupteingang

- Schaffen Sie drinnen wie draußen einen einladenden Haupteingangsbereich.
- Sorgen Sie für sichere Beleuchtung, guten Zustand und Aufgeräumtheit des gesamten Bereichs.
- Integrieren Sie in Außenbereichen kurvig verlaufende Wege, Wasser-Merkmale, Sitzgelegenheiten und andere »Schönheitszeichen«.
- Platzieren Sie in der Diele oder dem Bereich direkt an der Haustür bzw. Wohnungstür einen oder mehrere einladende »Begrüßer«.
- Verschönern Sie den Dielenbereich gemäß der Bagua-Karte.
- Verbessern Sie sonstige häufig benutzte Eingänge.

Kapitel 6

Das Wohnzimmer – mit der Welt teilen, wer man ist

Ein Innenraum ist die natürliche Projektion der Seele. Coco Chanel

Das Wohnzimmer, beispielsweise wie das auf Abbildung 6A, ist als erster Raum, den man von der Diele aus betritt, gut platziert. Da es ein sozialer und aktiver Raum ist, wird im Feng Shui das Wohnzimmer dem Feuer-Element zugeordnet. Der Raum ist prädestiniert dafür, dass Sie »sich dort selbst zeigen« und die Kunstwerke, Farben und Sammlungen, die Sie lieben, zur Schau stellen. Ein Wohnzimmer spricht Bände über Ihre Persönlichkeit und Ihre Auffassung von der Welt, machen Sie es also zu einer zutreffenden Darstellung. Hier geht es darum, Ihre Individualität zum Ausdruck zu bringen, die Sie zufrieden stellt, und dabei Ihre Einrichtungsgegenstände und Schätze so zu arrangieren, dass ein harmonischer Chi-Fluss gewährleistet ist.

Behaglich und sicher wohnen

Wie in Kapitel 1 ausgeführt, sind Bequemlichkeit und Sicherheit zwei wesentliche Gesichtspunkte, wenn Sie vorhaben, Ihr Wohnzimmer einzurichten. Kaufen Sie nur solche Sitzmöbel, die Sie in

Abb. 6A: Yin und Yang sind in diesem Wohnzimmer im Gleichgewicht. Es enthält bequeme, gut platzierte Sitzgelegenheiten und abgerundete, von dem Künstler Brett Hesser angefertigte Tische. (Auch in Farbe.)

ihren bequemen Arm(lehn)en umfangen, und Einrichtungsgegenstände, die keinerlei lästige oder gefährliche Detailgestaltung aufweisen. Möbel, die Zehen oder Kleidung packen oder »beißen«, und Sitzmöbel, die keinen Halt bieten, haben in Ihrem Wohnbereich nichts zu suchen. Tische mit scharfen Ecken können gefährlich sein, und energetisch stoßen sie Personen und das Chi eher weg, statt sie hereinzuziehen – besonders, wenn sie auf Türen oder Sitzmöbel zeigen. Falls Sie Wohnzimmertische und -stühle mit scharfen Ecken oder Kanten, gefährlichen Details oder herausstehenden Beinen haben, müssen sie weicher gemacht, umgestellt oder ersetzt werden. Benutzen Sie Stoff, Tischläufer, Pflanzen oder andere Gegenstände, um sie weicher zu machen, oder drehen Sie das betreffende Möbel diagonal, so dass seine Ecken nicht mehr auf Menschen gerichtet sind.

Sollten Sie sich gerade nach neuen Einrichtungsgegenständen

umsehen, dann achten Sie auf Sicherheit und Bequemlichkeit genauso wie auf Schönheit. Suchen Sie nach Formgebungen mit freundlicher Detailgestaltung und abgerundeten Kanten, selbst wenn die Gesamtform rechteckig ist. Da jeder Körper anders ist, sollten Sie nicht vergessen, Sofas und Stühle tatsächlich »Probe zu sitzen«. Ein Gegenstand mag in einem Prospekt oder Magazin gut aussehen, aber Ihr Körper wird Ihnen sagen, ob er wirklich für Sie taugt.

Auf die Aussicht Acht geben

Platzieren Sie zur Förderung von Geselligkeit und Entspannung das wichtigste Stück der Wohnzimmereinrichtung – häufig ein Sofa – so, dass man von ihm aus Sicht auf die Tür hat, wie auf Abbildung 6B veranschaulicht. Ist das nicht möglich, dann hängen Sie einen Spiegel so auf, dass man vom Sofa aus das Spiegelbild der Tür sehen kann. Sorgen Sie nach der Platzierung Ihres wichtigsten Möbels dafür, dass man möglichst von den übrigen Sitzgelegenheiten aus die Tür ganz, teilweise oder gespiegelt sehen kann. Durch dieses sorgsame Beachten, welche Aussicht man von jedem einzelnen Sitzmöbel aus hat, gelingt es weitgehend, jedem die Befangenheit zu nehmen sowie den Raum reizvoll und gleichzeitig behaglich zu gestalten. Arrangieren Sie zur Intensivierung des Gefühls der Behaglichkeit und zur Steigerung des guten Chi-Flusses Ihre Wohnzimmereinrichtung so, dass sie Inseln bildet, um die man sich mühelos herumbewegen kann.

Überprüfen Sie bei jedem Sitzmöbel im Wohnzimmer, welche Aussicht man von ihm aus hat, und beseitigen Sie alle unschönen Anblicke. Um sicherzustellen, dass man überall im Raum eine

Abb. 6B: In diesem Wohnzimmer hat jeder, auch der Hund, Sicht auf die Tür. Beachten Sie die gerundete Form von Sofa, Sessel und Couchtisch. Das Gemälde der Künstlerin Karen Haughey verbessert die Gesundheit-und-Familie-Zone des Raumes; der Flügel, die Lampe und Fotos von geliebten Personen verankern die Zone für Reichtum und Wohlstand.

möglichst angenehme Aussicht hat und die Energie durchgängig optimal fließt, sollten Sie die Ecken in Ihrem Wohnzimmer unbedingt von Unordnung freihalten. Statten Sie Ecken mit beliebig zusammenstellbaren Chi-Verbesserungen aus, beispielsweise Pflanzen, Skulpturen, Beleuchtung und Mobiliar – oder machen Sie sie mit Stoffen weicher.

Der offene Kamin – ein Herd der Wohnlichkeit

Der Kamin, ein archetypisches Symbol der Behaglichkeit und Sicherheit, ist in einem Wohnzimmer natürlich gut platziert. Manchmal jedoch dominiert er das Zimmer durch seine Größe und Lage. Wenn das der Fall ist, können Sie auf die fünf Elemen-

Abb. 6C: Der Spiegel über dem Kamin stellt ein dynamisches Gleichgewicht zwischen den Elementen Wasser und Feuer her und bringt zugleich mehr Licht in den Raum.

te (Kapitel 3) zurückgreifen und das Wasser-Element einführen, um das Feuer-Element auszugleichen. Beliebt ist hier die Lösung, einen Spiegel, der ja Wasser repräsentiert, über dem Kamin anzubringen, wie auf Abbildung 6C und Abbildung 4I, S. 125, veranschaulicht. Man kann Wasser auch durch Bilder von Meeren, Seen, Bächen und Flüssen einführen oder durch Kunstwerke mit frei fließender oder asymmetrischer Formgebung. Dinge aus schwarzem oder sehr dunkelfarbigem Material sowie auch Kristall- oder Glasgegenstände können gleichfalls das Wasser-Element symbolisieren. Ein Glasschirm vor der Feuerstelle, Kristallvasen auf dem Kaminsims oder ein Wasser-Merkmal in Kaminnähe – das alles sind Möglichkeiten, wie Sie Wasser einführen und Feuer ausgleichen können.

Zu viel des Guten

Viele Wohnzimmer sind von einer überwältigenden Anzahl dekorativer Gegenstände bevölkert. Bei der Beratung eines Paares, das sein Haus nicht verkaufen konnte und mich gebeten hatte, der Sache auf den Grund zu gehen, stieß ich im Wohnzimmer auf über hundert Kristallobjekte. Sie waren in Glasregalen aufgereiht und gaben dem Zimmer eher das Aussehen eines exquisiten Kristallwarenladens als eines Wohnraums. Der Anblick von so vielen glitzernden Gegenständen stieß mich eher aus dem Raum hinaus, statt mich in ihn hineinzulocken; und ebenso erging es – dem Immobilienmakler zufolge – potenziellen Käufern. Für die meisten war der bloße Umfang des zur Schau gestellten Kristallglases einfach zu viel. Da die beiden ihre komplette Sammlung behalten wollten, kamen wir auf die Lösung, ein Drittel ihrer Sammlung im ganzen Haus zu verteilen und den Rest zu verpacken. So machten sie die Erfahrung, wie aus einem Zuviel die genau richtige Menge wurde, und konnten damit ihr Haus fast auf der Stelle verkaufen.

Viele Menschen glauben, sie müssten, um Feng Shui zu praktizieren, den »Zen«-mäßigen oder minimalistischen Look übernehmen, doch das stimmt einfach nicht. Feng Shui und materielle Fülle schließen einander nicht aus! Feng Shui strebt immer nach dem perfekten Gleichgewicht zwischen Extremen, und jeder Einzelne von uns hat eine andere Meinung darüber, worin das Zuviel oder Zuwenig besteht. Sollten Sie so viele Dinge haben, dass deren komplette Zurschaustellung zu viel wäre, dann zeigen Sie Ihre Sammlungen abwechselnd, indem Sie einige zur Schau stellen und die übrigen zwischenzeitlich lagern. Dann bekommt jeder Ihrer Schätze die Chance, in seinem besten Licht zu glänzen, und muss sich nicht die Bühne mit Hunderten anderer »Prachtdinge« teilen.

Auch Kissen können ein Wohnzimmer übervölkern. In zahlreichen Wohnungen liegen so viele Kissen auf den Sofas und Sesseln, dass es den Anschein hat, als seien sämtliche Sitzgelegenheiten besetzt. Kissen sind dazu da, Ihre Sitzmöbel zu akzentuieren und den darauf Sitzenden den Rücken zu stützen. Alles, was darüber hinausgeht, ist zu viel des Guten. Wenn Sie Kissen zum Akzentuieren verwenden möchten, dann wählen Sie Stoffe, die »verschleiß-würdig« sind, das heißt: die nicht so extrafein sind, dass sie bei der Benutzung kaputtgehen.

Betrachten Sie Ihre Kissen und sonstigen schönen Raritäten als Juwelen für Ihr Wohnzimmer. Vielleicht haben Sie eine riesige Sammlung, aber das Wohnzimmer braucht nicht immerzu jedes einzelne Stück davon zu »tragen«. Dekorieren Sie Ihr Wohnzimmer mit einer Auswahl Ihrer schönen Dinge, so wie Sie ein besonderes Kostüm oder Kleid mit Schmuck und sonstigen Accessoires ergänzen würden. Und wechseln Sie sie nach Belieben. Ihre überschüssigen Extras sollten Sie in »Schmuckkästchen« oder an Orten aufbewahren, wo Sie sie nach Bedarf mühelos hervorholen können. Dies gewährleistet, dass das Chi in Ihrem Wohnzimmer überall gut fließt, und es ermöglicht Ihnen, all Ihre geliebten Kostbarkeiten mit freudigem Vergnügen immer wieder neu zu entdecken und zu genießen.

Kontemplative Übung

Stellen Sie sich vor, Sie würden ohne Ihre Sammlungen leben. Sind Sie imstande, mit Ihrem Sinn für Glück, für Fülle und Inspiration verbunden zu bleiben? Besitztümer kommen und gehen ihrer wahren Natur gemäß; Ihre inneren Qualitäten hingegen treten mit der Zeit immer deutlicher zu Tage. Ihre bedeutendste Sammlung, und diejenige, die im Laufe eines Lebens an Wert zunehmen wird, ist Ihre Sammlung innerer Ressourcen und positiver Charakterzüge. Entscheiden Sie, welche Eigenschaften Sie zu der Sammlung hinzufügen könnten, mit der Sie ein Leben lang leben werden.

Gesprächige Kabinettschränke

Während meiner Arbeit an *Home Design with Feng Shui A-Z* machte ich eine sehr interessante Erfahrung. Im Wohnzimmer unseres Hauses befindet sich eine Wand mit eingebauten Kabinettschränken, worin wir einen Großteil unserer »Hausjuwelen« aufbewahren. Einer davon enthält ausschließlich Ziergegenstände, beispielsweise Vasen, dekorative Kästchen und Kerzenleuchter. Nach einem Tag, an dem ich darüber geschrieben hatte, wie unsere Besitztümer zu uns sprechen, sobald wir in ihrer Nähe sind, öffnete ich diesen Schrank. Was ich da beim Aufmachen erblickte, war nicht eine Anzahl hübscher Dinge, sondern eine Menschenansammlung. Jeder einzelne Gegenstand rief eine Erinnerung an eine Person wach, an die ich mich wahrscheinlich aus keinem anderen Anlass erinnert hätte – manche davon großartig, manche weniger großartig. Und, einen Moment lang im Hier und Jetzt, standen die betreffenden Personen auf meinem Schrankfach und redeten mit mir.

Eine der Stimmen kam von einem handbemalten Holzkästchen, das ich vor Jahren für eine Freundin gekauft und ihr nie gegeben hatte. Es gefiel mir, ich kaufte ihr etwas anderes und behielt das Kästchen. Und trotzdem schien es so, als ob ihr Name darauf geschrieben stünde. So stand sie nun dort und erinnerte mich abermals daran, dass ich ihr das Kästchen geben müsste. Ich verspürte das gleiche jähe Schuldgefühl, das ich jedes Mal empfand, wenn ich es ansah. Gleich neben »ihr« stand ein Behälter für Stifte, den mein Großvater aus einem Stück Brennholz geschnitzt hatte. Da stand er nun stolz auf meinem Schrankfach und sagte mir, dass er aus so ziemlich allem etwas Schönes machen könne. Jede »Person« hatte etwas zu sagen, und zum ersten Mal nahm ich mir wirklich die Zeit zuzuhören. Die Folge war, dass ich meiner Freundin (der meine Geschichte von dem »sprechenden« Kabinettschrank sehr gefiel) schließlich ihr Holzkästchen gab und den Stiftbehälter meines Großvaters auf meinen Schreibtisch stellte. Außerdem löste ich mich von einer Anzahl gesprächiger Gegenstände, die zwar schön waren, aber nicht zu der Sippschaft von Erinnerungen gehörten, mit denen ich gerne zusammenwohne. Wenn ich jetzt diesen Kabinettschrank öffne, sind die Stimmen, die ich höre, angenehm und rufen wundervolle Gefühle und Erinnerungen hervor.

Kontemplative Übung

Sehen Sie sich Ihre »Hausjuwelen« gut an, und sortieren Sie die Dinge aus, die unangenehme Erinnerungen, Gefühle oder Assoziationen wachrufen. Hören Sie sich die Geschichte an, die jeder einzelne Gegenstand zu erzählen hat, und entscheiden Sie, ob Sie ihn wirklich in Ihrem Wohnbereich haben wollen. Treten Sie voll in die Gegenwart ein, in Ihren Ort der Kraft, und lösen Sie sich von allem, was nichts Erfreuliches zu sagen hat. Dadurch wird Ihre Energie, wie auch die Energie in Ihrer Umgebung, rapide ansteigen.

Farben unseres Lebens

Farbe ist ein persönliches und wirkungsvolles Werkzeug zur Verbesserung Ihres Zuhauses. Ein vorheriger Besitzer mag ja Tapeten in blassem Rosérot oder avocadogrüne Wände geliebt haben, aber bei Ihnen lösen diese Muster und Farben vielleicht automatisch Beklemmungszustände oder Ekelgefühle aus. Machen Sie es sich zu einer vordringlichen Aufgabe, widerwärtige Farben zu entfernen, und umgeben Sie sich mit den Farben, die Sie nähren und aufbauen.

Ihre persönliche Farbskala kann völlig neutral sein oder aus einer Reihe zarter oder kräftiger Farbtöne bestehen. Vergessen Sie nur nicht, dass Sie die Farbe Ihres Wohnzimmers nicht so leicht wechseln können wie Ihre Garderobe. Sie müssen mit den von Ihnen gewählten Farben schon eine Zeit lang leben. Damit will ich nicht sagen, dass Sie bei Farbe zaghaft sein sollen – nur gescheit.

Experimentieren Sie, bevor Sie bunte Wandfarbe, Möbelbezugsstoffe oder Einrichtungsgegenstände bestellen. Drapieren Sie beispielsweise vor dem Kauf eines purpurnen Sessels purpurnes Papier oder solchen Stoff dort, wo der Sessel hinkäme, und leben Sie zirka eine Woche lang damit. Einrichtungsgegenstände, Wände oder Böden in leuchtenden Farben können im Wohnbereich von anderen Menschen oder in Designermagazinen sicher gut aussehen, aber testen Sie die Farbe, bevor Sie zugreifen. Beachten Sie, wie das Licht mit der Farbe, mit der Sie eventuell leben möchten, morgens, mittags und abends zusammenspielt. Viele Farben sehen bei natürlichem Licht völlig anders aus als in künstlichem. Vergewissern Sie sich, dass Sie sämtliche Stimmungen und Untertöne mögen, die die Farben Ihrer Wahl in Ihren Wohnbereich bringen. Sollten Sie mit anderen Menschen zusammenleben, dann finden Sie heraus, ob diese die betreffende Farbe mögen. Sollten Sie am Ende der Testwoche von der Farbe weniger angetan sein, dann probieren Sie eine andere aus, und seien Sie dankbar, dass Sie es gemerkt haben, bevor Sie sich auf eine große Investition einließen.

Gut gewählt, fügen Farben Ihrem Zuhause eine wirkungsvolle, heilsame Eigenschaft hinzu. Und da Sie sich fortwährend verändern, werden sich auch die von Ihnen für Ihr Zuhause gewählten Farben von Zeit zu Zeit ändern müssen, damit sie jeweils Ihr neues Selbst widerspiegeln. Für Ihre Wand-, Teppich- und Sofafarben sind in erster Linie neutrale oder zarte Töne zu empfehlen, weil sie Ihnen die Freiheit geben, eine Reihe zusätzlicher Farben gestalterisch einzubeziehen, die Sie sooft ändern können, wie Sie wollen.

Es gibt noch andere Möglichkeiten, wie Sie Farbe zur Verbesserung Ihrer Umgebung einsetzen können. Unter Berücksichtigung des Kontrollkreislaufs der fünf Elemente (Kapitel 3) können Sie Farben zur »Schnellreparatur« einsetzen, wenn ein Raum für Ihren Geschmack augenscheinlich zu einfarbig ist. Wählen Sie Rot- und Purpurtöne, um eine hauptsächlich weiße Umgebung wärmer zu machen. Integrieren Sie gelbe Farben und Erdtöne, um Räume ins Gleichgewicht zu bringen, die eine Menge Schwarz oder sehr dunkle Farben enthalten. Fügen Sie einer zu blauen oder zu grünen Umgebung Weiß und sehr helle Pastellfarben hinzu. Dunkle Farben und Schwarz helfen, ein Übermaß an feurigen Farben wie Rot oder Purpur auszugleichen.

Eine weitere wirksame Methode, Farbe zur Verbesserung Ihrer Umgebung zu verwenden, besteht im Gruppieren von Gegenständen, die alle Farben der fünf Elemente in sich vereinigen.

Mehrfarbige Stoffe, Bilder, Sammelobjekte und Kerzen (Abbildung 18A im Farbteil) bieten unerschöpfliche Möglichkeiten.

Sie können beim Verbessern des Chi in den verschiedenen Zonen der Bagua-Karte (Kapitel 2) Farbe einsetzen, aber verwenden Sie die den Zonen zugeordneten Farben nur, wenn Sie sie reizvoll finden. Fühlen Sie sich nicht dazu gedrängt, Schwarz in Ihrem Gua für Beruf und Karriere einzusetzen, oder Rot in Ihrem Gua für Ruhm und Anerkennung, es sei denn, Sie haben ein Faible für diese Farben. Farben verbessern das Chi nur, wenn sie Sie jedes Mal bei ihrem Anblick erheben und anregen.

Die wilden elektronischen Biester bändigen

Bringen Sie Fernseher und sonstige elektronische Geräte in Schränken mit Türen unter, so dass man sie unsichtbar machen kann, wenn sie nicht benutzt werden. Diese simple Maßnahme kann die Lebensqualität drastisch verbessern, weil sie eine Reihe von geselligen und familiären Aktivitäten sowie Zeiten der Besinnlichkeit und Ruhe fördert.

Der große Fernseher eines Paares stand auf einem offenen Bord im Wohnzimmer der beiden. Als ich vorschlug, sie sollten ihn in einem Gehäuse oder Schrank unterbringen, waren sie ein bisschen perplex. Die Fernseher ihrer meisten Freunde waren voll zu sehen, und je größer desto besser! Warum sollten sie ihren verstecken? Ich schlug ihnen vor, zu experimentieren und den Fernseher probeweise ein paar Wochen lang einfach mit einem hübschen Tuch zu bedecken, wenn sie ihn nicht benutzten. Danach könnten sie ja feststellen, ob sich dadurch ihre Lebensqualität verändert habe. Zwei Wochen später kauften sie eine

Fernsehtruhe mit Türen. Sie hatten entdeckt, dass sie weniger fernsahen, seit der Fernseher nicht mehr dauernd vollkommen sichtbar dastand. Das Beste daran war für sie, dass sie nur noch selten in Versuchung kamen, »vor der Glotze« zu essen. Jetzt gesellten sich nicht mehr allabendlich die Fernseh-Nachrichtensprecher(innen) zu ihnen zum gemeinsamen Essen, sondern sie gesellten sich zueinander, um miteinander den Tag aufzuarbeiten. Dadurch entspannten sie sich mehr und hatten weniger Verdauungsstörungen. Monate später hatte ihre Entdeckung auf viele ihrer Freunde übergegriffen, die gleichfalls ihre Fernsehgeräte hinter geschlossene Türen beförderten.

Zimmerdecken – Himmel und Erde am rechten Platz

Die Deckenhöhe von Räumen variiert beträchtlich, je nach Alter und Baustil des Hauses. Feng Shui macht darauf aufmerksam, dass sich die meisten Menschen in Räumen mit einer relativ moderaten Deckenhöhe von normalerweise 2,5–3 m wohl fühlen. Liegt die Raumhöhe wesentlich darüber oder darunter, lädt der betreffende Raum weniger zum Entspannen ein. Wenn Ihr Wohnzimmer oder irgendein anderes Zimmer eine besonders niedrige oder hohe Decke hat, gibt es Möglichkeiten, wie Sie den Raum behaglicher machen können.

Niedrige Decken: Eines der wirksamsten Hilfsmittel zur Ausbalancierung eines Raums mit niedriger Decke ist Beleuchtung, die zur Decke *hinauf*strahlt. Sie können die Decke auch weiß oder in einer hellen Pastellfarbe streichen. Das hebt die wahrge-

Abb. 5E (links): Diese Diele befindet sich in der Zone für Wissen und persönliches Wachstum. Das Aquarium vereinigt die fünf Elemente, während die stehende Buddhastatue und die Orchideen innere Weisheit und Schönheit repräsentieren. Die Fische auf dem Originalgemälde von Lynn Hays schwimmen in einem Kreis, der sich nach rechts öffnet und so den Fluss des Chi sacht ins Wohnzimmer lenkt.

Abb. 6A (oben): Yin und Yang sind in diesem Wohnzimmer im Gleichgewicht. Es enthält bequeme, gut platzierte Sitzgelegenheiten und abgerundete, von dem Künstler Brett Hesser angefertigte Tische.

Abb. 7A (rechts): Dieser runde Esstisch ist auf zwei Personen zugeschnitten und ideal für eine genussvolle gemeinsame Mahlzeit. Kerzen und Tischwäsche machen den Tisch aus Stein und Metall wärmer, und bequeme Stühle geben dem Arrangement den letzten Schliff. Ein Originalgemälde von Lynn Hays fügt Farbe und pulsierende Lebendigkeit hinzu, Blumen verbessern die Ecke und machen sie weicher.

Abb. 10A: Das war das häusliche Büro eines Marketingberaters vor den Verbesserungsmaßnahmen. Er saß mit dem Rücken zur Tür, und der Raum war sehr unordentlich. Das Feuer-Element, manifestiert in dem roten Stuhl, dem Teppich und dem großen Tigerbild, dominierte den Raum. Dies entsprach den damaligen Problemen des Mannes, die mit unbeständigen und unangenehmen Kunden zusammenhingen.
Abb. 10B: Bei den Verbesserungen wurde der Schreibtisch so umgestellt, dass er die beherrschende Position im Raum einnahm und die Sicht auf die Tür gewährleistet war. Die Mattglasplatte des Schreibtischs, sein schwarzes Gestell und die schwarze Schreibtischunterlage repräsentieren den kühlenden Einfluss des Wasser-Elements. Der Teppich wurde entfernt, um das Feuer-Element zu reduzieren und die Beweglichkeit des Schreibtischstuhls zu verbessern. Die Organisationsutensilien wurden in Übereinstimmung mit dem Stil des Mannes gestaltet. Bald nach der Durchführung dieser Veränderungen erhielt er von seinem Lieblingskunden den Auftrag zu einem lang andauernden Ganztagsprojekt.

Abb. 11Q: Dieses Schlafzimmer ist zwar in vielerlei Hinsicht ansprechend, aber es hält den Single-Status einer Frau räumlich fest. Das einzelne Pferd galoppiert in der Liebe-und-Partnerschaft-Zone des Raumes immerzu davon. Die Puppe und die Zierkissen »schützen« das Bett und deuten darauf hin, dass es schon besetzt ist. Der Teddybär auf dem Sessel, die Statue der einzelnen Frau auf der Spiegelkommode, der eine Nachttisch und die Lampe symbolisieren allesamt Alleinsein. Und der weiße gazeartige Vorhang deutet darauf hin, dass hier Verbände für Verletzungen aus früheren Liebesaffären benötigt werden.

Abb. 11R: Das Schlafzimmer lädt nun zu romantischer Liebe ein. Die feinen Zierkissen, die Puppe, der Teddybär, das Pferd, die Statue und der Gazevorhang wurden entfernt. Paarweise Kerzen, Blumen, ein zweiter Nachttisch mit Lampe, tiefrote Bettwäsche und ein Vorleger wurden hinzugefügt. Außerdem wird, als Optimum des Ganzen, die Zone für Liebe und Partnerschaft jetzt durch eine sinnliche Skulptur von Erté verbessert.

Abb. 11T: Dieses Single-Schlafzimmer enthält viele Feng-Shui-Probleme: Die Platzierung des Betts, die Fitnessgeräte, das einen einsamen Mann darstellende Kunstwerk auf dem Einzelnachttisch, die einzelne Lampe, eine Partner fressende Pflanze und ein genereller Mangel an Ordnung. Das große weiße Gemälde von Richard Haeger geht in einem weißen, vom Metall-Element dominierten Raum unter.

Abb. 11U: Zu den Veränderungen zählt das Umstellen des Betts an eine solide Wand; außerdem wurden ein farbenprächtiges Bild von Sally Pearce, rote Brücken und ein zweiter Nachttisch mit Lampe hinzugefügt. Luxuriöse Wäsche gibt dem Bett Wärme; zugleich verbessern eine rote Kerze, ein Tisch von Charles Thomas und eine Skulptur von Karin Swildens die Zone für Liebe und Partnerschaft. Eine gesunde neue Palme akzentuiert die Zone für Reichtum und Wohlstand.

Abb. 11S (rechts): Eine sinnliche Skulptur von Erté bringt ein Flair romantischer Liebe in das Schlafzimmer und passt außerordentlich gut in die Zone für Liebe und Partnerschaft.

Abb. 13A (links): Chi-Verbesserer wie rote Wände, eine Pflanze, ein Kunstwerk, luxuriöse Handtücher und eine Niedrigwattlampe, die immer an ist, halten in diesem fensterlosen Bad das Chi in Schwung.
Abb. 17C (oben): Eine für den Garten bestimmte Plastik sowie Pflanzen schaffen draußen vor einem Fenster eine inspirierende Ansicht.
Abb. 18A (nächste Seite): Diese Kerzen wurden so zu einer Gruppe zusammengestellt, dass sie die fünf Elemente repräsentieren und die Energie in dem Raum reinigen und läutern.

nommene Höhe der Decke an, besonders wenn Ihre nach oben gerichteten Lampen oder Strahler eingeschaltet sind.

Verwenden Sie im ganzen Raum helle und leuchtende Farben, Spiegel (sofern es passt) und möglichst wenig dunkle Farben. Niedrige Einrichtungsgegenstände entsprechen den Raumproportionen und lassen die Decke höher erscheinen. Da eine niedrige Decke als Yin gilt, eignen sich Räume mit niedrigen Decken am besten für Yin-Zwecke, beispielsweise als Schlafzimmer oder als Räume für Yoga und Meditation.

Hohe Decken: Viele westliche Häuser haben hohe Decken im Wohnzimmer-, Esszimmer- oder Schlafzimmerbereich. Eine hohe Decke gilt zwar als architektonisch spannend, aber sie kann zu »himmlisch« oder Yang sein und bewirken, dass einem der Raum eher wie eine prächtige Galerie oder Bühne vorkommt und weniger wie ein heimeliger, behaglicher Ort zum Wohnen. Hohe Decken tendieren dazu, die Menschen »nach oben und aus sich heraus« zu ziehen, was in öffentlichen Gebäuden großartig sein kann. Zuhause jedoch möchten die meisten Menschen »unten und in sich« sein, wo sie sich gehen lassen, entspannen und ihre Energie regenerieren können.

Um den bei einer hohen Decke vorhandenen Überschuss an Yang-Chi auszugleichen, können Sie eine »Linie zwischen Himmel und Erde ziehen«: Damit umschreibt Feng Shui, dass man rings an den Wänden im Raum eine starke horizontale Linie zieht. Diese Linie definiert, wo die horizontale »Erde« des Wohnbereichs endet und der vertikale »Himmel« der hohen Decke beginnt. Wenn eine Linie die heimelige Erde unten und die himmlischen Sphären oben deutlich abgrenzt, wird der Raum viel reizvoller und behaglicher.

Die Linie zwischen Himmel und Erde kann man rings an den Wänden im Raum ziehen, indem man diese 1,8–3 m über dem Boden liegende waagrechte Grenze mit Hilfe von Stuck- oder Putzdekor, halbhoher Wandverkleidung, Schablonenmalerei (Abbildung 11M, S. 247), Tapetenbordüren oder Wandbrettern anlegt. Bei der genauen Bestimmung der zu wählenden Höhe können Sie sich an der Oberkante eines großen Möbelstücks oder eines Tür- oder Fensterpfostens orientieren. Die verwendeten Materialien können die gleiche Farbe haben wie die Wände, so dass sie die Linie zart andeuten; oder Sie können die unterhalb und oberhalb der Linie liegenden Wandpartien jeweils unterschiedlich mit verschiedenen Farben, Tapeten oder Oberflächenstrukturen dekorieren. Sollten Sie zu diesem Zweck ein Wandbrett montieren, dann akzentuieren Sie es nur mit leichten Gegenständen, beispielsweise Körben, Stoffen oder Seidenpflanzen.

Sie können eine Linie auch visuell andeuten, indem Sie Ihre Bilder rings an den Wänden im Raum auf gleiche Höhe hängen, wie dies Abbildung 6D veranschaulicht. Der Geist wird dann »die Lücken auffüllen«. Ähnlich wie bei einer halbhohen Wandverkleidung können Sie Ihre Kunstwerke so aufhängen, dass deren Oberkante mit der von Möbeln, Fenstern und Türen übereinstimmt. Aus dem Gesamteffekt ergibt sich dann eine rings an den Wänden des Raums verlaufende starke horizontale Linie. Hängen Sie große Gemälde so auf, dass sich die oberen Rahmenleisten alle auf der gleichen Höhe befinden, oder gruppieren Sie kleinere Bilder zusammen, um so die gleiche Wirkung zu erzielen. In einem Fall wurde ein wenig benutztes Wohnzimmer zum Lieblingsplatz im Hause, nachdem die Bewohner ihre gesamten Kunstwerke rings an den Wänden des Raums in gleicher Höhe aufgehängt hatten. Ihre einfache Änderungsmaßnahme er-

Abb. 6D: Die Decke in diesem Wohnzimmer ist über 4,5 Meter hoch. Um »die Linie zwischen Himmel und Erde zu ziehen«, wurden vom Besitzer stammende Gemälde auf gleicher Höhe aufgehängt, die rings im Raum eine starke horizontale Linie bilden. Außerdem definieren Stellfächer den »Erde«-Anteil des Raumes.

dete den Raum und definierte ihn so klar und eindeutig, dass daraus ein behaglicher Aufenthaltsort wurde.

In manchen Fällen empfiehlt es sich, die Linie zu ziehen, indem man ein emporenartiges, offenes Obergeschoss in den betreffenden Raum einbaut und so zwei anheimelnde Wohnzonen schafft. Sie können die Bewohner möglicherweise wesentlich adäquater zufrieden stellen als ein einziges nach oben geräumiges Zimmer. Baldachinartig arrangierte Stoffe können gleichfalls eine starke horizontale Linie ziehen und dabei intime Nischen schaffen. Seien Sie kreativ und arbeiten Sie an dem Raum, bis sie sich dort wirklich wohl fühlen.

Erwägen Sie auch, den himmlischen Bereich über der Linie mit »Himmelskunst« oder Gegenständen zu verschönern, die die himmlischen Mächte versinnbildlichen, und verleihen Sie dem

Raum zusätzlich eine inspirierende Qualität. Klassisch wäre zum Beispiel ein über einem Tisch aufgehängter funkelnder Kristallkronleuchter. Sollten Sie Gegenstände für diesen Zweck auswählen, dann sorgen Sie dafür, dass sie nicht über Sitzmöbeln hängen oder zumindest leicht sind, wie etwa Spruchbänder, Mobiles oder Stoffe. Die sichtbare Stärke Ihrer Linie zwischen Himmel und Erde sowie die oberhalb dieser Grenze eventuell hinzugefügte Kunst geben Räumen mit hohen Decken den Reiz und die Heimeligkeit, die sie brauchen, wenn man sich als Bewohner in ihnen täglich wohl fühlen soll.

Bei Decken, die nur auf einer Seite überhöht sind, muss man gleichfalls eine starke horizontale Linie ziehen, um den Höhenunterschied des Deckengefälles auszugleichen. Ziehen Sie die Linie zwischen Himmel und Erde gemäß den vorausgehenden Anweisungen, um so den betreffenden Raum ins Gleichgewicht zu bringen.

Balken – die Last leichter machen

Frei liegende Balken sind in der westlichen Architektur ein beliebtes Strukturelement, und man ist vielfach der Meinung, dass sie einem Raum zusätzlich Charakter verleihen. Sie können aber auch zusätzlich das irritierende Gefühl einer über dem Kopf lastenden Schwere hervorrufen, besonders wenn man direkt unter ihnen sitzt oder schläft. Je größer, dunkler und niedriger die Balken sind, desto bedrängender können sie wirken; kleinere, leichtere und höher verlaufende Balken sind hingegen relativ unproblematisch. Daher wollen wir große, dunkle oder niedrige Balken leichter machen und anheben, um so das unbehagliche Ge-

Abb. 6E: Der Balken in diesem Wohnzimmer wurde mit Bambusflöten ausgeglichen, einem klassischen Feng-Shui-Verbesserungsmittel. Viele weitere Verbesserungen vervollkommnen den Raum, insbesondere Kerzen, Pflanzen, Blumen, Kunstwerke, ein Aquarium und natürlich Garfield, der Kater.

fühl des über unserem Kopf lastenden Gewichts der Welt zu verringern.

»Verschmelzen« Sie Balken mit der Decke, indem Sie sie in einem zur Deckenfarbe passenden Ton streichen oder einfärben. Weiß oder in einer sehr hellen Pastellfarbe gestrichen, wirken sie leichter. Man kann Balken auch weicher machen, indem man mit Bändern oder Stoffbahnen Rundungen hinzufügt, die an beiden Enden einen sich fortsetzenden Bogen andeuten. Oder Sie können Balken durch die gekonnte Verwendung von Beleuchtung »anheben«. Installieren Sie an der Längsseite der Balken aneinander gereihte winzige Halogenlampen, oder verwenden Sie eine nach oben gerichtete Beleuchtung.

Im traditionellen Feng Shui brachte man zwei Bambusflöten in einem Winkel von 45 Grad an dem Balken an, um dessen dominanten Einfluss in dem betreffenden Raum symbolisch zu durchbrechen (Abbildung 6E). Diese Flöten wurden so angebracht, dass das Mundstück nach unten zeigte, um so die hinaufströmende Musik zu symbolisieren, die den Balken anheben sollte. In westlichen Häusern und Wohnungen können wir die Bambusflöten durch jederlei Art von Holzstücken ersetzen oder diese angewinkelten Kraftlinien zart andeuten, indem wir sie auf die Balken malen.

Weitere reale oder künstlerisch angedeutete Gegenstände zum Verbessern von Balken sind unter anderem Federn, Blumengirlanden, Kletterpflanzen, Vögel und Engel. Oder lassen Sie schöne leichte Gebetsfahnen, seidene Spruchbänder oder Mobiles von dem Balken herunterhängen. Wählen Sie immer Dinge aus, die wirklich leicht sind, damit sie das drückende Gefühl der Schwere über Ihrem Kopf nicht noch verstärken.

Das Beste aus Ihrem Wohnzimmer herausholen

Denken Sie beim Arbeiten an Ihrem Wohnzimmer stets an die Bagua-Karte (Kapitel 2) und die fünf Elemente (Kapitel 3). Es gibt tausenderlei Möglichkeiten, wie Sie Ihrem Wohnzimmer mit Hilfe dieser beiden Bezugssysteme Energie verleihen können. Beispielsweise kann man Kunstwerke für ein Wohnzimmer, das in der Zone für Kinder und Kreativität liegt, wegen ihrer spielerischen und lebhaften Eigenschaften auswählen, während Kunstwerke in einem Wohnzimmer, das sich in der Zone für Gesundheit und Familie befindet, blühend und kerngesund aussehende Menschen oder Gärten und Wälder darstellen könnten.

Jedes der fünf Elemente sollte in Ihrem Wohnzimmer vorhanden sein – *wie,* liegt ganz bei Ihnen. Vielleicht verlassen Sie sich am liebsten auf Farbe oder bringen buchstäblich die Elemente herein in Form von Pflanzen, Kerzen, Keramikobjekten, Kunstwerken aus Metall und einem Wasser-Merkmal. Sie könnten auch beschließen, die Elemente mit Holztischen (Holz), Tierplastiken (Feuer), gefliesten Böden (Erde), runden Kissen (Metall) und einem Spiegel (Wasser) auf subtile Weise ins Gleichgewicht zu bringen. Ihre Alternativen, einzigartige Kombinationen zusammenzustellen, sind unbegrenzt. Lassen Sie sich von dem leiten, was Sie lieben, und erfreuen Sie sich an den Ergebnissen.

Kontemplative Übung

Setzen Sie sich in Ihr Wohnzimmer und nehmen Sie sich einige Momente Zeit für eine stille Betrachtung. Schauen Sie sich um und stellen Sie fest, ob der Raum ein genaues Spiegelbild Ihrer Persönlichkeit bietet. Sollten Sie mit anderen Leuten zusammenleben, dann bedenken Sie, ob Ihr Wohnzimmer eine harmonische Mischung aus den Neigungen und Interessen jedes Einzelnen widerspiegelt. Achten Sie darauf, ob Ihnen wohl ist bei dem, was Sie sehen, und wie Sie sich in dem Raum fühlen. Sollte es Merkmale geben, die Sie beunruhigend finden, dann bestimmen Sie, was Sie jetzt tun müssen, um sie zu beheben oder zu korrigieren. Vielleicht müssen Sie mit einem Ehepartner über das Umhängen eines Gemäldes reden, mit einer Zimmergenossin einen Kompromiss schließen, ein Möbel neu beziehen lassen, ein Ihnen liebes, wichtiges Erinnerungsstück zur Schau stellen, das Mobiliar umräumen oder eine vollgestopfte Ecke ausmisten. Was es auch sei: Machen Sie Ihr Wohnzimmer zu einem möglichst genauen Ausdruck Ihrer selbst – zu einem Ort, an dem Sie sich wirklich mit Vergnügen aufhalten.

Schnell-Ratgeber für das Wohnzimmer

- Bringen Sie Ihr Selbst zum Ausdruck und zeigen Sie den Menschen, wer Sie sind.
- Arrangieren Sie Ihr Mobiliar so, dass dadurch der Chi-Fluss verbessert wird.
- Stellen Sie Ihr wichtigstes Möbelstück, beispielsweise Ihr Sofa, so auf, dass man von dort aus die Tür sieht.
- Beseitigen Sie scharfe Ecken und Kanten oder machen Sie sie weicher.
- Bestimmen Sie hinsichtlich der Zahl dekorativer Gegenstände, die Sie jeweils zur Schau stellen, eine »genau richtige« Dosis.
- Wägen Sie erst ab, bevor Sie sich in die Farbskala hineinwagen.
- Wählen Sie Einrichtungsgegenstände aus, die sicher und bequem sowie auch schön sind.
- Öffnen und verbessern Sie die Ecken im Raum.
- Befördern Sie den Fernseher und andere elektronische Geräte hinter geschlossene Türen.
- Gleichen Sie Deckenhöhen und schwere Balken aus.
- Berücksichtigen Sie die Bagua-Karte und die fünf Elemente.

Kapitel 7

Das Esszimmer – Leib, Herz und Seele nähren

Speisen ist und war schon immer eine großartige künstlerische Chance.
Frank Lloyd Wright

Das Essensritual neu kultivieren

Das Esszimmer – was für ein wundervoller Ort zum Verweilen und Zeitunglesen beim Frühstück, zum Sich-Zurücklehnen und zeitweiligen Tagträumen während des Mittagessens und zum Entspannen, Auftanken und vergnüglichem Gedankenaustausch beim Abendessen! Klingt das nach einem typischen Tag in Ihrem Esszimmer? Die meisten meiner Klienten sagen, dass sie diese Situationen selten erleben. In vielen Häusern und Wohnungen bleibt der Esstisch samt den Stühlen die meiste Zeit über leer. Und in manchen gibt es kein eigentliches Esszimmer, sondern eher einen Ess*platz,* beispielsweise eine Nische oder einen Bereich innerhalb eines größeren Zimmers, wo man essen kann. Aber ob es nun ein Essplatz oder ein Esszimmer ist: Aller Wahrscheinlichkeit nach wird davon selten Gebrauch gemacht.

Im Feng Shui steht das Esszimmer mit dem Erd-Element in Beziehung. Es ist der Ort, wo wir an den großzügigen Gaben der Erde teilhaben und unseren Körper mit lebenserhaltendem Chi auf-

Abb. 7A: Dieser runde Esstisch ist auf zwei Personen zugeschnitten und ideal für eine genussvolle gemeinsame Mahlzeit. Kerzen und Tischwäsche machen den Tisch aus Stein und Metall wärmer, bequeme Stühle geben dem Arrangement den letzten Schliff. Ein Originalgemälde von Lynn Hays fügt Farbe und pulsierende Lebendigkeit hinzu, Blumen verbessern die Ecke und machen sie weicher. (Auch in Farbe.)

füllen können. Nach unserer kulturellen Prägung neigen wir dazu, Mahlzeiten in aller Eile hinter uns zu bringen. Vor der Küchenanrichte hockend, mampfen wir unser Essen hinunter, oder wir essen im Stehen, beim Fahren oder beim Fernsehen. Fastfood jeder Art und Beschreibung dient unserem Iss-im-Laufschritt-Lebensstil, während endlose Ablenkungen von uns verlangen, dass wir uns beeilen und schneller essen. Der Haken dabei ist, dass wir uns energetisch aushungern, weil die schöne Kunst des Essens zum gelegentlichen besonderen Ereignis reduziert ist. Indem wir uns die Zeit nehmen, langsam und bedächtig zu essen, bekommen wir die volle Lebenskraft unserer Nahrung und nähren uns in jederlei Hinsicht.

Eine nahrhafte Atmosphäre

Machen Sie es sich wie das Paar auf Abbildung 7A zum Prinzip, eine dem Essen förderliche Atmosphäre zu schaffen – einen Ort mit einem besonderen intimen, friedlichen Fluidum. Da Ernährung für unsere Gesundheit und unser Wohlbefinden so überaus wichtig ist, ermuntert uns Feng Shui, eine angenehme und heiter-ruhige Essensumgebung zu gestalten. Stellen Sie das Telefon leise und den Anrufbeantworter an, spielen Sie sanfte Musik, decken Sie den Tisch, zünden Sie Kerzen an, und speisen Sie gemächlich, ohne Hast. Arrangieren Sie Möbel, Pflanzen, Vorleger und sonstige Chi-Verbesserer so, dass Sie damit ein Esszimmer gestalten, das Reflexion, Eindrucksverarbeitung und intimen Gedankenaustausch begünstigt. Je hektischer Ihre Tage sind, desto wichtiger ist das Essensritual für Ihre Gesundheit und innere Zufriedenheit. So ein Ort stimmt Sie innerlich wieder ruhig genug, um die Chi-Qualitäten in Ihrem Essen wahrzunehmen. Und er bringt Sie in Einklang mit der lebenswichtigen Vitalkraft, die Ihnen bei jeder Mahlzeit gereicht wird. Sie erhalten auch das unschätzbare Geschenk, mit sich selbst Verbindung aufzunehmen, und mit anderen Menschen, die möglicherweise das Brot mit Ihnen brechen. Machen Sie Ihr Esszimmer zu einer Oase, in der Sie sowohl den Körper als auch den Geist nähren können.

Ein köstlicher Stuhl

Da Bequemlichkeit so wichtig ist, spielt Ergonomie – das Studium der physiologischen und strukturellen Bedürfnisse des menschlichen Körpers – im Feng Shui eine sehr bedeutende Rolle. Ergonomisch einwandfreie Esszimmerstühle geben Ihrem Körper bequemen Halt und laden Sie zum Entspannen ein. Leider gibt es sehr viele Stuhltypen auf dem Markt, die ergonomisch fehlerhaft sind und die strukturelle Ausrichtung und Vitalität des Körpers sowie auch den Essensgenuss negativ beeinflussen. Diese Stuhlmodelle hält man für die »hohen Hacken« des Mobiliars. Wie schön sie auch aussehen mögen: Sie sind unbequem und nehmen einem den festen Halt, wenn und solange man sie »trägt«. Wie hochhackige Schuhe können sie Ihr Chi eher erschöpfen als verbessern.

Egal, wie hübsch, teuer oder stilvoll Ihre Stühle im Esszimmer sind – sie müssen den Sicherheits- und Bequemlichkeitstest bestehen. Nur dann erfüllen sie ihren Zweck. Sie sollten stabil sein und Ihr Gewicht tragen, ohne zusammenzubrechen oder umzufallen. Stühle mit herausstehenden Beinen oder dekorativen Lehnen, an denen Sie sich stoßen oder schneiden können, sollten Sie im Ausstellungsraum des Möbelhauses stehen lassen. Suchen Sie nach Stühlen mit wohlgeformten, kissenbeschichteten oder gepolsterten Sitzflächen und mit Lehnen, die sich dem Umriss Ihres Körpers anschmiegen. Das heißt, dass man die meisten Holz-, Kunststoff- oder Metallstühle mit Kissen versehen muss, wenn sie bequem sein sollen.

Sorgen Sie dafür, dass Ihre sämtlichen Esszimmerstühle gleich bequem sind; darin zeigt sich Ihr Wunsch, zu erreichen, dass sich jeder respektiert und willkommen fühlt (Abbildung 7B). Vermeiden Sie »Privilegierten-Stühle«, die augenscheinlich auf Ungleichheit hindeuten, schon allein deswegen, weil dann andere Speisende mit unbequemeren Sitzgelegenheiten vorlieb nehmen müssen (siehe Abbildung 7C). Esszimmerstühle, die sowohl zweckmäßig als auch schön sind, erfüllen am besten ihre Funk-

Abb. 7B: Dieses Esszimmer veranschaulicht ein exzellentes Feng Shui. Alle Stühle sind sehr bequem und vermitteln damit den Eindruck, dass alle Speisenden in gleicher Weise respektiert werden. Die abgerundeten Ecken und die gesamte Formgebung des Tischs stellen keine Gefahr dar. Eine hoch geschätzte Silbergeschirrsammlung, Pflanzen und andere Ausstattungsgegenstände wurden ausgewählt, um einen angenehmen, friedlich-heiteren Ort zum Speisen zu schaffen.

Abb. 7C: Dieses Esszimmer enthält einige Feng-Shui-Probleme. Die »Privilegierten-Stühle« an beiden Enden des Tischs vermitteln ein Gefühl der Ungleichheit unter den Speisenden. Die scharfen Ecken, herausstehenden Metallbeine und aggressiv vordringenden Verstrebungen des Metalltischs sind allesamt gefährliche Merkmale. Der Spiegel trägt dazu bei, dass sich Speisende eher gehetzt als dazu eingeladen fühlen, sich zu entspannen und ihre Mahlzeit zu genießen.

tion, nämlich die, im Esszimmer einen nährenden Energiefluss in Gang zu halten.

Sitzen Sie immer auf einem Stuhl, bevor Sie ihn kaufen. Sollten Sie sich in einschlägigen Geschäften nach Stühlen umsehen, dann nehmen Sie ein Notizbuch mit, und wenn Sie einen Stuhl finden, der Ihnen gefällt, dann sitzen Sie eine Zeit lang darauf, um sich zu vergewissern, dass Ihr Körper ihn mag. Egal wie perfekt ein Stuhl in einer Broschüre oder einem Katalog aussieht, er kann den Sicherheits- und Bequemlichkeitstest erst bestehen, wenn Sie tatsächlich darauf sitzen. Stellen Sie *als Erstes* fest, ob Sie mögen, wie sich der betreffende Stuhl anfühlt. Und sollte dies dann bei einem bestimmten Exemplar der Fall sein, so stellen Sie *anschließend* fest, ob Ihnen sein Aussehen gefällt. Wenn ja, ist der Stuhl die richtige Wahl.

Eine pikante Aussicht

Nehmen Sie sich ein paar Augenblicke Zeit und setzen Sie sich auf jeden Ihrer Esszimmerstühle, um zu prüfen, was man von dort aus sieht. Viele Leute haben einen Lieblingsstuhl mit einer erfreulichen Aussicht – und zugleich wirklich keine Ahnung, was man von den anderen Stühlen aus sieht, die an ihrem Esstisch stehen. Vergewissern Sie sich, dass Sie nicht selbst eine Variante des in einem Restaurant stehenden Stuhls haben, von dem aus man in die hektisch betriebsame, von Neonlicht erhellte Küche sieht. In einem Fall entdeckte eine Frau, dass man von zwei ihrer Esszimmerstühle aus direkt in die nackten Glühbirnen einer in der Nähe befindlichen Lampe schaute – eine grelle Aussicht, die sie von ihrem Stuhl aus nicht hatte. Versehen Sie Ihre gesamte

Beleuchtung mit Dimmern, damit Sie je nach Bedarf die ideale Atmosphäre schaffen können. Entfernen Sie außerdem Hässlichkeiten, beispielsweise gestapelte Post. Ihr Ziel ist es, einen Ort heiterer Ruhe zu schaffen, wo gute Verdauung und ergiebiger Gedankenaustausch gewährleistet sind.

Ein erlesener Tisch

Stellen Sie fest, ob Ihr Esstisch und die dazugehörigen Stühle gut zusammenpassen. Sitzen Sie zu hoch oder zu niedrig, um sich an dem Tisch wohl zu fühlen? Je nach Ihrer Größe und Ihren Körperproportionen kann es selbst dann zu einem unbequemen Missverhältnis kommen, wenn Sie Ihren Esstisch und die dazugehörigen Stühle als Set kaufen. Können Sie mit Ihrem Stuhl mühelos an den Tisch heranrücken, ohne an eine Verstrebung oder den Sockel des Tischs zu stoßen? Bei den Tischen auf den Abbildungen 7E und 7F könnten Sie das sicher nicht. Die meisten von uns haben sich schon einmal bei dem bloßen Versuch, an einem Esstisch Platz zu nehmen, am Mobiliar verletzt. Ich erinnere mich noch, wie ich mir an einer reich verzierten Säule, dem Sockel des Esstischs einer Freundin, heftig das Knie anschlug – eine sehr unangenehme Erfahrung für uns beide.

Treffen Sie ebenso bei der Form Ihres Tischs eine kluge Wahl. Feng Shui favorisiert runde und ovale Esstische, die man je nach Bedarf kleiner oder größer machen kann. Das fördert Flexibilität, Gleichheit und guten Chi-Fluss. Sollten Sie einen rechteckigen Tisch vorziehen, dann wählen Sie einen mit abgerundeten Kanten und Ecken. Glasecken wie auf Abbildung 7F gelten wegen ihrer gefährlichen Schärfe als »Giftpfeile«.

Abb. 7D: Die abgerundeten Ecken und unaufdringlichen Beine dieses Tischs sowie bequeme Stühle begünstigen angenehmes, entspanntes Speisen.

Abb. 7E: Versetzen Sie sich einen Moment lang auf den rechts stehenden Stuhl. Die Tischverstrebung wird Sie sicher während der ganzen Mahlzeit stark beschäftigen. Außerdem droht der Tisch mit scharfen Ecken sowie Beinen, die sich nach außen aufrollen, auf der Suche nach nichts ahnenden Zehen und Füßen. Der links stehende Stuhl ist größer, auch im Rücken gepolstert und bietet mehr Beinfreiheit als der andere Stuhl, was einen Rangunterschied zwischen den Speisenden anzeigt.

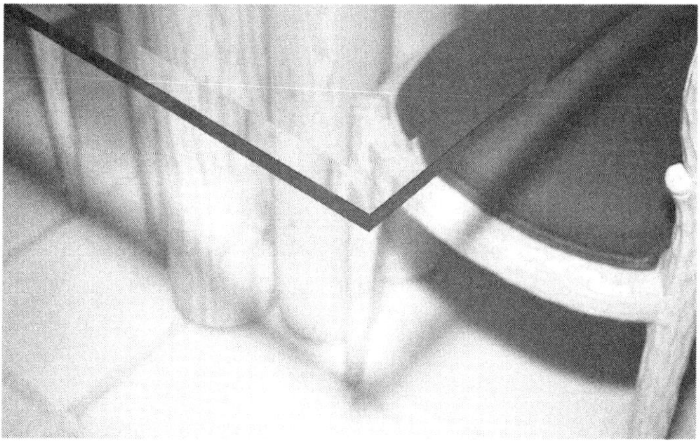

Abb. 7F: Zwei unmittelbare Gefahren – die scharfen Glasecken und der große Holzsockel des Tischs – gefährden sowohl die Sicherheit als auch die Behaglichkeit von Speisenden.

Kontemplative Übung

Suchen Sie eine scharfe Ecke an einem Möbelstück und setzen Sie sich direkt davor. Spüren Sie die Energie, die von dieser Ecke ausgeht. Drapieren Sie sie mit Stoff oder lassen Sie eine Kletterpflanze darüber hängen. Setzen Sie sich wieder direkt vor die Ecke und stellen Sie fest, ob Sie einen Unterschied spüren. Denken Sie daran: Im Feng Shui sind Ihr Sicherheits- und Ihr Behaglichkeitsgefühl ausschlaggebend.

Auch die Größe Ihres Alltagsesstischs ist wichtig. Ein Paar braucht die einladende Intimität eines kleinen Tischs für den täglichen Gebrauch, eine Familie hingegen benötigt einen größeren Tisch. Falls erforderlich, können Sie großen Tischen ein intimeres Flair geben, indem Sie einen Abschnitt zum Speisen decken und den restlichen Teil als Stellfläche für Arrangements aus schönen Blumen, Früchten, Skulpturen oder sonstigen reizvollen Gegenständen benutzen. In einem italienischen Gutshaus sah ich ein wundervolles Beispiel für diese Möglichkeit. Der Esstisch der Familie bot problemlos Platz für 18 Personen, aber wir speisten, uns beide eingerechnet, nur zu sechst daran. Das eine Ende des Tischs war für sechs Personen gedeckt, und der restliche Teil war mit kleinen Bronzeskulpturen, Efeugirlanden, Kerzen und frischen Blütenblättern von weißen Rosen geschmückt. Die Wirkung war fantastisch und sie schuf trotz der Größe des Tischs eine intime Atmosphäre.

Deckenventilatoren – die Atmosphäre beruhigen

Deckenventilatoren sind in manchen Gegenden unerlässlich, aber wenn sie direkt über Esstischen angebracht sind, wirken ihre Flügel bedrohlich nahe und schwer. Wenn ein Deckenventilator in einem Essbereich unbehaglich nahe herunterreicht, kann er bewirken, dass sich Speisende verärgert und streitlustig fühlen und ihre Mahlzeit hastig hinter sich bringen.

Eine Familie, die offenbar noch nie friedlich zusammen gegessen hatte, besaß einen großen kirschroten Ventilator, der drohend direkt über dem Esstisch herabhing. Der Vater entfernte ihn, und bald danach berichtete er, es komme ihm vor, als hätte seine Familie einen Persönlichkeitswandel durchgemacht – zum Besseren. Seine Kinder beruhigten sich und hörten auf, unablässig zu streiten. Er und seine Frau konnten sich entspannen und mit ihren Kindern sowie miteinander tatsächlich ein Gespräch führen. Jeder verbrachte mehr Zeit an dem Tisch. Die großen roten Ventilatorflügel wurden durch eine hübsche Lampe (mit Dimmer) ersetzt, und ein weniger aufdringlicher Ventilator wurde in der Nähe installiert, wo er seine Arbeit verrichten konnte, ohne den Frieden zu stören.

Bringen Sie einen Deckenventilator so hoch wie möglich an – und nicht direkt über Möbeln. Eine einfache Bauart in neutraler Farbe und ohne Beleuchtungskörper ist am besten.

Die schöne Kunst des Speisens

Ihre Kunstwerke können die nährende Qualität Ihres Esszimmers positiv oder negativ beeinflussen. Gemälde, die Früchte, Gemüse und Blumen darstellen, gefallen den meisten Menschen, während totes, an den Hinterbeinen aufgehängtes Wild dies nicht tut. Landschaften, Seestücke und vergnügte Menschen bei einem Picknick sind ebenfalls eine gute Wahl. Vermeiden Sie Kunstwerke, die in Farbgebung oder Inhalt unheimlich, wenig reizvoll oder überwältigend sind. Wenn Ihr Esszimmer klein ist, sollten Sie eher Bilder mit Raumtiefe statt Spiegel benutzen, um die wahrgenommene Größe des Zimmers auszudehnen. Ein Spiegel kann in ein Esszimmer übermäßige Aktivität hineinbringen, besonders wenn er groß ist und die Speisenden reflektiert. Wie Sie vielleicht bemerkt haben, verwenden viele Restaurants leuchtende Farben, lebhafte, dynamische Kunstwerke und große Spiegel, um die Menschen durch ihre Mahlzeiten zu hetzen.

Ehren Sie Ihre Sinne bei jeder Mahlzeit, indem Sie Farben, Strukturen, Düfte, Klänge und Geschmacksrichtungen wählen, die Sie als häufige »Gäste« an Ihrem Tisch haben möchten. Nehmen Sie Kerzen, Blumen, Tischwäsche, sanfte Musik und sonstige Verbesserungen hinzu, die Ihr Esserlebnis bereichern. Berücksichtigen Sie beim Auswählen die fünf Elemente und die Bagua-Karte. Bringen Sie Symbole des Guten im Leben – die Früchte der Erde – auf Ihren Tisch. Lehnen Sie sich dann zurück, entspannen Sie sich, und trinken Sie auf Ihre Glücksgüter.

Kontemplative Übung

Ihr Esszimmer repräsentiert das Nähren Ihres Körpers, Herzens und Geistes. Denken Sie darüber nach, wie Sie nicht nur Ihren Körper, sondern ebenso Ihre seelischen Bedürfnisse und geistigen Bestrebungen nähren. Sollten Sie auf irgendeiner Ebene Hunger verspüren, dann bestimmen Sie, wie Sie eine nährende Atmosphäre schaffen können, die dem betreffenden Teil von Ihnen Nahrung zuführt. Das Leben ist ein Festmahl! Sorgen Sie dafür, dass Sie jeden Bissen genießen.

Schnell-Ratgeber für das Esszimmer

- Schaffen Sie eine friedlich-heitere Atmosphäre.
- Vergewissern Sie sich, dass Ihr Tisch und die dazugehörigen Stühle sicher und bequem sind.
- Sorgen Sie dafür, dass man von jedem Stuhl aus eine angenehme Aussicht hat.
- Wählen Sie Kunstwerke aus, die heiter-ruhig und appetitanregend sind.
- Entfernen Sie Deckenventilatoren, die direkt über dem Esstisch hängen.
- Nehmen Sie Verbesserungen hinzu, die sämtliche Sinne befriedigen.
- Berücksichtigen Sie beim Verbessern Ihres Esszimmers die fünf Elemente und die Bagua-Karte.

Kapitel 8

Die Küche – Geburtsort der Ernährung

Kochen ist wie die Liebe, man sollte sich mit Hingabe darauf einlassen, oder gar nicht.

Piet van Home

Achten Sie einmal darauf, wie überaus gern Ihre Freunde und Familienmitglieder sich in der Küche versammeln. Die Leute werden unwiderstehlich zu der Nahrung hingezogen, die man dort findet. Da könnten Sie sich doch gleich diese natürliche Anziehungskraft voll zunutze machen und eine Küche schaffen, die Ihre Kreativität fördert – einen glücklichen, aktiven Ort, wo Sie die reichlichen Nahrungsmittelgaben in schöne, nahrhafte Mahlzeiten verwandeln. Da die Küche mit dem Holz-Element in Beziehung steht, können Sie sie leicht mit Nahrungsmitteln aus dem Garten und dem Obstgarten verbessern, beispielsweise mit Schalen voll frischem Obst, Tellern voll Nüssen und Gebäck, Knoblauchsträngen, Töpfen voll Kräutern, Körben voll frischem Gemüse und Vasen voller Blumen.

Es ist interessant zu beobachten, dass sich, genauso wie Menschen, auch Dinge in der Küche versammeln – Dinge aller Art – von Spielsachen und Schuhen bis zu Schularbeiten und Aktentaschen. Fügen Sie zu dem Mischmasch die vielen Utensilien hinzu, die wir zur Nahrungszubereitung benötigen, und schon kann

Abb. 8A: Freundinnen kommen in einer angenehmen, aufgeräumten Küche zum Mittagessen zusammen. Die Kochinsel bietet Platz zum Sitzen sowie auch einen guten Standort für den Herd, von dem aus die Köchin mühelos die Tür sehen kann. Die Früchte in der dreischichtigen Schale repräsentieren das Holz-Element und sind zwischen dem Herd und der kleinen Spüle gut platziert; so gleichen sie das Verhältnis zwischen Feuer und Wasser aus.

die Küche durchaus in Unordnung geraten. Um einen beständigen Chi-Fluss sicherzustellen und Ihr Kochverlangen zu erhalten, sollten Sie mühelos in der Lage sein, Ihre Küche nach jeder Mahlzeit wieder in eine unbeschriebene Tafel zu verwandeln.

Küchen-Anrichten, keine Kuddelmuddel-Anrichten

Inspizieren Sie Ihre Küchenanrichte. Suchen Sie nicht nur nach Post und sonstigen hier zufällig liegen gebliebenen Dingen, sondern auch nach wenig benutzten Utensilien, die den Bereich voll stopfen. Belassen Sie auf den Anrichteflächen in Ihrer Küche die

Abb. 8B: Die Anrichte in dieser kleinen Küche ist derart vollgestopft, dass die Köchin praktisch keine ordentliche freie Arbeitsfläche für die Nahrungszubereitung zur Verfügung hat. Da vergehen einem leicht die Begeisterung und das Interesse am Kochen.

Abb. 8C: Dinge, die täglich gebraucht werden, bleiben auf der Anrichte (mit Ausnahme der Messer, die sicherheitshalber in eine leicht zu erreichende Schublade weggeräumt wurden). Jetzt haben die Familienmitglieder viel Platz, um mit Vergnügen die nächste Mahlzeit zuzubereiten.

Utensilien, Geräte und Lebensmittel, die Sie *täglich* einsetzen, und entfernen Sie alles Übrige!

Das Motto lautet: »Gebrauche es täglich oder räume es auf.« Wenn Sie sämtliche »unberechtigten Ansiedler« von Ihren Arbeitsflächen wegräumen, erfrischen und kräftigen Sie die ganze Küche und schaffen jede Menge Platz für eine kreative, vergnügliche Essenszubereitung.

Schränke und Speisekammern – hinter geschlossenen Türen

Durcheinander kennt keine Grenzen. Während Sie Ihre Anrichteflächen davon freiräumen, müssen Sie sich unweigerlich dem Wirrwarr zuwenden, auf den man hinter geschlossenen Türen und in Schubladen stößt. In der Speisekammer und den Schränken Ihrer Küche kann sich leicht ein überquellender Haufen Dinge ansammeln, beispielsweise leere Gläser, Plastikbehälter, kaputte Geräte, angeschlagenes Geschirr sowie Lebensmittel, deren Verfallsdatum abgelaufen ist oder die nicht benötigt werden. Verschenken oder recyceln Sie diese Gegenstände, oder werden Sie sie anders los, damit Sie jede Menge Platz für die Lagerung der Dinge haben, die Sie in Ihrer Küche *tatsächlich* brauchen.

Am besten bringt man Behälter für normalen und für recycelbaren Müll so unter, dass sie nicht zu sehen sind. Der Geruch oder Anblick von Abfällen ist ja keineswegs angenehm, wenn man gerade frische Nahrung zubereitet. In den meisten Küchen lassen sich die Schränke oder Speisekammern so einrichten, dass Müllbehälter hineinpassen. Damit bleiben sie leicht erreichbar, sind aber nicht zu sehen.

In unserer Küche gibt es sechs Behälter für unterschiedlichen Müll. Vier Recyclingcontainer für Papier, Metall, Kunststoff und Glas sind im Speiseschrank untergebracht. Unseren kompostierbaren Müll sammeln wir auf der Anrichte in einer Keramikkasserolle mit Deckel, die einmal täglich auf den Kompost geleert wird. In einen kleinen Mülleimer im Unterschrank unter der Spüle kommen alle sonstigen Abfälle. Da unsere Küche klein ist, nimmt jede Müllstelle Raum ein, der vorher für andere Dinge genutzt wurde. Aber sobald wir uns des gesamten überflüssigen Küchenkrams entledigt hatten, war für die Unterbringung reichlich Platz.

Ein Auge auf die Sicherheit

Sollten Sie die Möglichkeit dazu haben, dann gestalten Sie Anrichteflächen, die kurven- oder wellenförmig rings an den Küchenwänden verlaufen. Sollte die Gesamtform der Anrichte rechteckig sein, dann runden Sie die Ecken ab. Das trägt zum Ausgleichen der spitzen, kantigen Partien an Küchenutensilien und -geräten bei und gibt Ihrer Küche eine sicherere, einladendere Atmosphäre.

Messer sind zwar notwendige Werkzeuge, aber scharf und potenziell gefährlich. Machen Sie Ihre Küche friedlicher, indem Sie Messer und andere scharfe Klingen so unterbringen, dass man sie nicht sieht.

Ebenso können frei von der Decke hängende Regale gefährlich sein. Das trifft vor allem dann zu, wenn sie sich über Zonen wie etwa Kochinseln und Hackklötzen befinden, wo Leute sitzen oder stehen. Häufig sammelt sich auf ihnen ein Durcheinander schwerer Gegenstände an, so dass man nur mit Mühe an Dinge herankommt, die da über einem im »All verschollen« sind. Wenn Sie Töpfe und Pfannen unbedingt sichtbar unterbringen müssen, dann sollten Sie erwägen, sie an eine Wandstange zu hängen, wo sie keine Bedrohung darstellen und leichter herauszufischen sind. Verwenden Sie ein bereits vorhandenes Deckenregal als dekorative Komponente, und platzieren Sie dort ein paar handverlesene Gegenstände als Verbesserungen und Stücke, die zu Gesprächen Anlass geben.

Der Herd – Zentrum der Küche

Im Feng Shui ist Nahrung Gesundheit und Reichtum zugeordnet. Wenn wir wohlhabend sind, können wir es uns leisten, die Nahrungsmittel zu kaufen, die unsere Gesundheit aufbauen, festigen und erhalten. Sind wir es nicht, ist unser Potenzial, uns die beste Nahrung zu leisten, eingeschränkt, und folglich kann unsere Gesundheit Schaden leiden. Indem wir möglichst die besten, nahrhaftesten Lebensmittel kaufen, erhalten wir einen unserer größten Reichtümer – gute Gesundheit.

Da Nahrung ein Bindeglied zwischen Gesundheit und Reichtum symbolisiert, schenkt man dem Ort, wo die Nahrung gekocht, gebraten oder gebacken wird, besondere Beachtung. Halten Sie Ihren Herd sauber, und benutzen Sie regelmäßig sämtliche Brenner (bei Gasherden) oder Kochplatten (bei Elektroherden). Damit symbolisieren Sie den üppigen Umlauf von Reichtum in Ihrem Leben.

Herde sind in einer Kochinsel gut platziert (Abbildung 8A). Dadurch hat die Köchin eine beherrschende Sicht, und die Nah-

Abb. 8D: Hier hat die Köchin keine Sicht auf das, was sich hinter ihr befindet. Daher fühlt sie sich isoliert und unbehaglich. Außerdem wird sie durch Unordnung auf den Anrichteflächen behindert.

Abb. 8E: Nach der Montage eines Spiegels hinter dem Herd kann die Köchin jetzt sehen, was und wer sich hinter ihr befindet. Die rechts von ihr stehende Vase voller Blumen repräsentiert das Holz-Element, zur Ausbalancierung von Spiegel (Wasser) und Herd (Feuer).

rungszubereitung erfolgt an zentral gelegener Stelle. Stehen Sie beim Kochen mit dem Rücken zur Tür, dann bringen Sie hinter oder neben dem Herd einen Spiegel wie auf Abbildung 8E oder sonstige reflektierende Verbesserer an, beispielsweise ein Tablett oder einen Utensilienhalter aus blankem Metall. Das schließt den Raum auf und ermöglicht Ihnen, beim Kochen zu sehen, was sich hinter Ihnen befindet.

Der Herd selbst steht in Beziehung zum Feuer-Element. Spülen und Spiegel hingegen sind dem Wasser-Element zugeordnet. Nach der Theorie von den fünf Elementen (Kapitel 3) löscht Wasser Feuer. Wenn sich Ihr Herd neben Ihrer Spüle befindet oder Sie einen Spiegel hinter dem Herd anbringen, dann platzieren Sie in der Nähe ein Symbol des Holz-Elements, um den Erzeugungskreislauf der fünf Elemente zu aktivieren und das Verhältnis zwischen Wasser und Feuer auszugleichen. Es gibt viele Gegenstände, die Holz symbolisieren können; dazu zählen Löffel, Schalen und Schneidebretter aus Holz sowie – wenn sie frisch sind – Früchte, Gemüse, Blumen und Pflanzen.

Harmonische Beleuchtung und Sitzgelegenheiten in der Küche

Sitzgelegenheiten für Besucher dürfen in keiner Küche fehlen. Sollte in Ihrer Küche für einen Tisch und Stühle zu wenig Platz sein, dann stellen Sie einen oder zwei Hocker in eine Ecke, oder platzieren Sie Stühle in Küchennähe, die man bei Bedarf leicht hereinholen kann. Statt irgendwo im Gespräch herumzustehen, können Familienmitglieder und Gäste sich in der warmen Küche niederlassen und dort gemütlich plauschen.

Zum Kochen und zur Essenszubereitung ist gute Beleuchtung erforderlich, aber möglichst nicht von Leuchtstofflampen! So energieeffizient sie auch sind: Leuchtstoffröhren geben ein kaltes weißes Licht, in dem Menschen gespenstisch – oder gar abstoßend – aussehen. Sie machen die Küche zu einem viel ansprechenderen Aufenthaltsort, wenn Sie Leuchtstofflampen durch normale Glühlampen oder Halogenbeleuchtung ersetzen. Sollte dies nicht möglich sein, dann verwenden Sie Leuchtstoffröhren mit Tageslichtspektrum.

Die Bagua-Karte in der Küche

Sehen Sie nach, in welchem Bereich der Bagua-Karte Ihre Küche liegt, und sollte sie sich in einer Zone befinden, die Sie energetisch stärken wollen, dann seien Sie kreativ. Als ein Paar herausfand, dass seine häusliche Zone für Liebe und Partnerschaft in

Abb. 8F: Diese Fotografie von Jan Gordon steht bei einem Paar in der Küche, die in der Liebe-und-Partnerschaft-Zone des Domizils der beiden liegt.

der Küche lag, verbesserten die beiden die Zone mit dem auf Abbildung 8F gezeigten Kunstobjekt. Eine Ästhetikerin, deren Küche in ihrer Zone für Beruf und Karriere lag, wählte eine pfirsichfarbene Obstschale für ihre Küchenanrichte, um so Gelegenheiten mit einem »Pfirsich-in-Sahne-Teint« zu symbolisieren. Lassen Sie sich etwas einfallen, und wählen Sie den küchengemäßen Gegenstand, der für die Verbesserung der in Ihrer Küche liegenden Bagua-Zone passend ist.

Schnell-Ratgeber für die Küche

- Halten Sie Ihren Herd sauber, benutzen Sie alle Brenner bzw. Heizplatten, und sorgen Sie dafür, dass man beim Kochen am Herd eine beherrschende Sicht hat.
- Bringen Sie Ihre Anrichteflächen und Schränke in Ordnung.
- Wählen Sie Formen, die kurvig verlaufen oder abgerundete Ecken haben.
- Integrieren Sie Sitzgelegenheiten in die Küche.
- Verwenden Sie zur Beleuchtung keine Leuchtstoffröhren, oder halten Sie deren Gebrauch möglichst gering.
- Beziehen Sie die fünf Elemente ein und verbessern Sie die Küche gemäß der Bagua-Karte.

Kapitel 9

Das Familienzimmer – Ihr häuslicher Spielplatz

Spielen ist ein elementarer animalischer Trieb. Im Spiel zeigen wir uns von unserer reizvollsten Seite. Ilse Crawford

Das Familienzimmer ist oft der vielseitigste Raum im Haus. Als ein für Spiel und Entspannung gedachtes Zimmer erfüllt er seine Funktion am besten, wenn er den Bedürfnissen jedes Einzelnen entgegenkommt. Das magische Familienzimmer muss rasch die Gestalt wechseln können und sich flugs in das Zimmer zum Toben eines Kindes, die Lounge eines Teenagers, einen Bereich zum Speisen, ein Fitness-Studio, einen Tanzsaal und ein Heimkino verwandeln können. Damit das gelingt, brauchen Familienmitglieder Raum, um ihr Selbst zum Ausdruck bringen zu können, sowie auch benutzerfreundlichen Platz zum Verstauen.

Wenn in einem Familienzimmer kein Stauraum vorhanden ist, herrscht sehr bald ein furchtbares Durcheinander. Sowohl Erwachsene wie Kinder räumen ihr Zeug viel schneller auf, wenn sie es *im selben Zimmer* wegräumen können und es nicht erst woandershin verfrachten müssen. Je einfacher sich die jeweiligen Sachen hervorholen und wegräumen lassen, desto wahrscheinlicher wird die Ordnung die Oberhand gewinnen. Geben Sie jedem Familienmitglied einen Kasten, einen Koffer, eine Schubla-

Abb. 9A: Familienzimmer brauchen Bereiche, wo man Bücher und sonstige Schätze zur Schau stellen kann, sowie auch Platz zum Verstauen der Sachen jedes einzelnen Familienmitglieds.

de oder einen Schrank, beispielsweise so einen wie auf Abbildung 9A, wohin es seine jeweiligen Sachen rasch und problemlos wegpacken kann.

Klienten mit zwei Töchtern im Alter von sechs und neun Jahren hatten ein Familienzimmer, das aussah wie ein Spielwarengeschäft, durch das gerade ein Orkan gefegt ist. Alles, einschließlich des Fernsehers und der vielen Spielsachen der Mädchen, lag oder stand die ganze Zeit unaufgeräumt herum und machte den Raum zu einem beständig chaotischen Spielzimmer. Die Eltern unternahmen drei Schritte. Als Erstes gaben sie jedem Kind eine große leichte »Schatztruhe« aus Korb, worin es seine Spielsachen bis zum nächsten Herumtollen verstauen konnte. Die Truhen passten nebeneinander an eine Wand, wo die Kinder leicht an sie herankommen konnten. Zweitens räumten sie für die größeren Spielsachen der Mädchen einen nahe gelegenen Wandschrank aus. (Das setzte in Gang, was ich den Feng-Shui-Domino-Effekt nenne. Räume *einen* Wandschrank aus, und schon werden unversehens sämtliche Wandschränke zur Inspektion und Ausmistung aufgestoßen.) Und drittens kauften sie für ihren Fernseher einen Schrank mit Türen. Nachdem nun Räumlichkeiten vorhanden waren, worin man Spielsachen und sonstige Gegenstände verstauen konnte, solange man sie nicht gebrauchte, wurde das Familienzimmer ein für jeden einzelnen »spaßgerechter« Raum, der die Harmonie in der Familie steigerte und die durch das Haus fließende glückliche und gesunde Energie erhöhte.

Wie Sie Ihre natürlichen Rhythmen schützen

Viele Feng-Shui-Berater halten elektronische Geräte für eine Verbesserung. Und das *sind* sie, wenn die Besitzer sie richtig gebrauchen, gut darauf aufpassen und Gefallen daran finden. Die meisten Familienzimmer sind voll von elektronischen Geräten, vor allem Computern, Stereoanlagen und Fernsehern. Sie können eine fabelhafte Quelle der Information und Unterhaltung sein, andererseits können sie Familienzeit, romantische Zwischenspiele und friedliches Alleinsein zunichte machen.

Verbergen Sie Ihre Geräte in Einbauschränken (Abbildung 9B) oder in Kommoden mit Türen. Oder bedecken Sie Geräte mit darauf zugeschnittenen Tüchern oder Stoffen, die zur Ausstattung des Raumes passen. Unser Bekenntnis zur Balance lautet: »Aus den Augen, aus dem Sinn.« Normalerweise ist ein Fernse-

Abb. 9B: Elektronische Geräte wie etwa Fernseher bringt man am besten in Schränken mit Türen unter.

her, der dauernd sichtbar ist, auch dauernd angestellt – und so wird aus einem wundervollen Gehilfen ein verhängnisvoller Gebieter. Widmen Sie ihr Familienzimmer den natürlichen Rhythmen Ihrer Familie, denen Ihr Fernseher oder sonstige derartige Geräte *hin und wieder* dienlich sind.

Familienmobiliar

Wählen Sie für Ihr Familienzimmer vernünftige Möbel, gegen die man heftig stoßen, über die man etwas schütten und die man sonst wie malträtieren kann, ohne Schaden anzurichten. So gäbe beispielsweise ein runder oder ovaler, »leidgeprüfter« Holztisch mit mehreren Ausziehplatten – damit man ihn zu besonderen Anlässen größer machen kann – einen guten Familienzimmertisch ab. Gestalten Sie diesen Raum freundlich und robust, indem Sie sehr strapazierfähige, flexible Stoffe, Bodenbeläge und Möbel verwenden. Das Chi des Familienglücks fließt am besten, wenn Ihr Familienzimmer so unverwüstlich ist wie nur möglich. Verwenden Sie zur Anordnung Ihrer Familienzimmer-Möbel die im Wohnzimmer-Kapitel (S. 164) dargelegten Richtlinien.

Fröhlich stimmende Verbesserungen

Das Familienzimmer ist der Ort für aufheiternde, fröhlich stimmende Kunstobjekte und Farben. Ein Verbrecheralbum aus Familienfotos, Kinder-Kunstwerke, Anschlagtafeln, die über die neuesten Familienereignisse informieren, humorige Spielzeug- und Spielesammlungen, überhaupt alle Dinge, die verspielt und spaßig sind, eignen sich prima fürs Familienzimmer. Stellen Sie fest, in welchem Bereich der Bagua-Karte Ihr Familienzimmer liegt (Kapitel 2), und wählen Sie Bilder, Farben und andere Einrichtungsgegenstände, die der betreffenden Zone entsprechen. Auch Bücherregale, mit einem dazugehörigen behaglichen Platz zum Lesen und entsprechender lesefreundlicher Beleuchtung passen gut ins Familienzimmer.

Kontemplative Übung

Sinnen Sie über die Beziehungen nach, die Sie zu Ihren Familienmitgliedern und Freunden haben. Stellen Sie fest, ob jede Beziehung so ist, wie es Ihrem Wunsch entspricht. Ist die jeweilige Beziehung nicht liebevoll und förderlich, dann entscheiden Sie, was Sie zu ihrer Verbesserung tun können. Denken Sie darüber nach, was Sie durch diese Beziehung gelernt haben und welche »verborgenen Geschenke« sie dank ihr bekommen haben. Möglicherweise haben Sie mit ihrer Hilfe gelernt, Grenzen zu setzen, Herausforderungen zu bewältigen oder gegenüber Widerstand stark zu sein. Wenn Sie Versöhnlichkeit entwickeln und sich vom Vergangenen lösen, können Sie jetzt ungehindert liebevolle Beziehungen anziehen und eingehen.

Schnell-Ratgeber für das Familienzimmer

- Sorgen Sie für viel Platz zum Verstauen der Sachen eines jeden Familienmitglieds.
- Befördern Sie elektronische Geräte hinter geschlossene Türen.
- Denken Sie beim Einrichten stets an Unverwüstlichkeit und Behaglichkeit.
- Ziehen Sie die Vorschläge für Wohnzimmer, Kapitel 6, zurate.
- Integrieren Sie fröhliche, heiter stimmende Kunstwerke – und Regale für Bücher der ganzen Familie.
- Berücksichtigen Sie die Bagua-Karte und die fünf Elemente.

Kapitel 10

Das Arbeitszimmer – ein Kraftwerk der Produktivität

Eine Büroumgebung kann den menschlichen Geist nähren und stärken, aber auch ebenso sehr negieren und unterdrücken. Sind Ihre Büros menschenfreundlich, liebevoll und geheiligt, dann wird das in diesen Büros Erzeugte eine Dimension der Menschlichkeit und Integrität aufweisen … Die Handlung, durch die wir die Orte, wo wir arbeiten, in Orte umgestalten, die wir lieben, kann unser eigenes Leben verwandeln, was wiederum das Leben jedes Einzelnen in unserem Umfeld positiv beeinflussen wird. Denise Linn

Machen Sie Ihr Arbeitszimmer zu Ihrem Kraftort. Was Sie hier tun, führt direkt zu Ihrem Wohlstand und Erfolg. Ob Ihre Arbeit aktionsgeladen oder introspektiv, eine Ganztags- oder eine Teilzeitbeschäftigung ist: Zur Verbesserung Ihrer Disziplin, Kreativität und Ihres Erfolges muss Ihr Büro ganz speziell strukturiert und eingerichtet werden.

Der Platz Ihres Büros und Schreibtischs

Je aktiver sich Ihre Arbeit gestaltet und je stärker sie auf Menschen ausgerichtet ist, desto mehr werden Sie von einem Büro profitieren, das im vorderen Bereich des Hauses liegt. Eine Unterbringung im vorderen Bereich ist besonders sinnvoll, wenn

Abb. 10A: Das war das häusliche Büro eines Marketingberaters vor den Verbesserungsmaßnahmen. Er saß mit dem Rücken zur Tür, und der Raum war sehr unordentlich. Das Feuer-Element, das sich in dem roten Schreibtischstuhl, dem feurigen Teppich und dem großen Tigerbild manifestierte, dominierte den Raum. Dies entsprach den damaligen Problemen des Mannes, die hauptsächlich mit unbeständigen und unangenehmen Kunden zusammenhingen. (Auch in Farbe.)

Sie oder andere häufig kommen und gehen, wie etwa in vielen auf Verkäufen oder Produkten basierenden Berufen.

Wenn Ihre Arbeit eher kontemplativ und innerlich ausgerichtet ist, liegt Ihr idealer Arbeitsplatz im hinteren Bereich des Hauses. Nach hinten hinaus gelegene Schlafzimmer und Freizeitzimmer bieten normalerweise die Atmosphäre, die für Künstler, Schriftsteller und generell für jeden Menschen erforderlich ist, der Ruhe und Stille braucht, um arbeiten zu können.

Der Ort des Schreibtischs: Egal, wo Ihr Arbeitszimmer untergebracht ist, nehmen Sie die Zügel des Erfolgs in die Hand, indem Sie den betreffenden Raum so einrichten, dass er Ihnen in jeder Einzelheit dienlich ist. Von höchster Wichtigkeit ist dabei die Platzierung Ihres Schreibtischs. Die ideale Kraftposition des Schreibtischs befindet sich dort, wo Sie von Ihrem Sessel aus eine perfekte Sicht auf die Tür, eine angenehme Aussicht aus einem Fenster und eine massive Wand im Rücken haben (Abbildung 10B). Das gibt Ihnen von hinten guten Halt und von vorne eine beherrschende Sicht. Vielleicht ist Ihnen schon aufgefallen, dass leitende Angestellte nie mit dem Rücken zur Tür sitzen. Sollte mehr als ein Kraftplatz im Raum vorhanden sein, dann setzen

Abb. 10B: Bei den Verbesserungen wurde der Schreibtisch so umgestellt, dass er die beherrschende Position im Raum einnahm und die Sicht auf die Tür gewährleistet war. Die Mattglasplatte des Schreibtischs, sein schwarzes Gestell, die schwarze Schreibunterlage sowie die Kristallschale repräsentieren den kühlenden Einfluss des Wasser-Elements. Der feurige Teppich wurde entfernt, um das im Übermaß vorhandene Feuer-Element zu reduzieren und die Beweglichkeit des Schreibtischsessels zu verbessern. Ordner, Ablagen und sonstige Organisationsutensilien wurden in Übereinstimmung mit dem Stil des Mannes gestaltet, um ihm organisatorischen Halt zu geben. Bald nach der Durchführung dieser Veränderungen erhielt er von seinem Lieblingskunden den Auftrag zu einem bis heute andauernden Ganztagsprojekt. (Auch in Farbe.)

Sie sich an jedem einzelnen ein paar Minuten hin, um herauszufinden, welcher Ihnen am besten gefällt. Die meisten Menschen fühlen sich wohler, wenn sie der Tür nicht frontal gegenübersitzen, sondern in einer nach links oder nach rechts verschobenen Position. Dadurch fühlt man sich noch besser geschützt und behält gleichzeitig eine beherrschende Sicht.

Um die Kraftposition in Ihrem Büro einzunehmen, kommen Sie vielfach nicht umhin, Ihren Schreibtisch oder Arbeitstisch eher wie eine Insel in dem betreffenden Raum zu platzieren, statt ihn an die Wand zu schieben – daher sollte Ihr Schreibtisch aus allen Perspektiven reizvoll sein, ohne bloßliegende Kabelgewirre oder unbearbeitete Seitenflächen. Fassen Sie Ihre Kabel in eigens dafür bestimmten Halterungsschläuchen und -brücken (die in jedem Bürobedarf-Geschäft erhältlich sind) zusammen, und leiten Sie sie sicher und gefahrlos unter Teppichen vom Schreibtisch weg. Statten Sie wenn möglich den Raum für Ihr Arbeitszimmer mit elektrischen Anschlüssen in der Mitte des Bodens aus, dann müssen Sie keine Kabel zu einer Wand hinüberleiten.

Sie können sich auch einen Schreibtisch kaufen, der hinter einer Verkleidung an der Vorderseite mit einem Kabelschacht versehen ist. Die Kabel verschwinden darin durch eine Öffnung, und die Vorderseite sieht gut aus. Unansehnliche Schreibtischverkleidungen kann man mit einem neuen Beize- oder Farbanstrich verwandeln oder hinter niedrigen Paravents, Pflanzen, Bücherregalen oder Möbeln verstecken. Man kann Schreibtische auch mit einem Schonbezug aus einem hübschen Stoff ausstaffieren, der so geschneidert ist, dass er genau über die Schreibtischplatte sowie die Vorderseite und die beiden Schmalseiten passt. Fügen Sie eine dicke Glasscheibe hinzu, die den Stoff auf der Schreibtischplatte abdeckt, und sie haben einen nagelneuen Schreibtisch.

Wie Sie das Beste aus Ihrer Raumposition machen

Es ist zwar ideal, wenn Sie in Ihrem Arbeitszimmer vom Schreibtischstuhl aus sowohl die Tür als auch das Fenster sehen können, aber die Sicht auf die Tür ist wichtiger. Sollten Sie, um Sicht auf die Tür zu haben, in Kauf nehmen müssen, dass das Fenster mehr oder minder aus Ihrem Blickwinkel verschwindet, dann hängen Sie einen Spiegel auf, in dem Sie das Fenster gespiegelt sehen, wenn Sie am Schreibtisch sitzen. Sollte sich direkt hinter Ihrem Schreibtisch ein Fenster befinden, dann verbessern Sie Ihr Stabilitäts- und Sicherheitsgefühl dadurch, dass Sie etwas Kompaktes – beispielsweise eine große Pflanze oder ein Sideboard – zwischen sich und das Fenster stellen. Wenn es Ihnen zu schwer fällt, auf Ihre Fenstersicht zu verzichten, dann bringen Sie einen Spiegel so an, dass Sie darin die Tür von Ihrem Schreibtisch aus sehen können.

Da Spiegel einen Raum vergrößern und heller machen, aktivieren sie Energie und sind in einem häuslichen Büro durchaus sinnvoll. Wie auf Abbildung 10D veranschaulicht, kann ein gezielt platzierter Spiegel auch einen Raum verbessern, in dem man die Büromöbel nicht so umstellen kann, dass man direkte Sicht auf die Tür hat. Setzen Sie einen frei stehenden oder an der Wand angebrachten Spiegel so ein, dass Sie in ihm die hinter Ihnen befindliche Tür sehen, wenn Sie am Schreibtisch sitzen. Kleine Hand- oder Rasierspiegel eignen sich ebenfalls gut, denn sie sollen ja nicht unbedingt *Sie* reflektieren, sondern jede hinter Ihnen auftretende Bewegung. Sie können auch Kunstwerke unter reflektierendem Glas verwenden, um jede Bewegung hinter Ihnen einzufangen.

Abb. 10C: An dem Einbauschreibtisch in diesem häuslichen Büro einer Fachfrau für Gesundheitsfragen hat man keine Sicht auf die Tür.
Abb. 10D: Dank des Spiegels hat sie eine perfekte Sicht auf die Tür, was ihr Nervensystem entspannt und ihrer Arbeit Auftrieb gibt. Als der Spiegel angebracht wurde, verdoppelte zunächst die Reflexion das Durcheinander auf dem Tisch. Das motivierte die Frau, ihr häusliches Büro auszumisten und aufzuräumen.

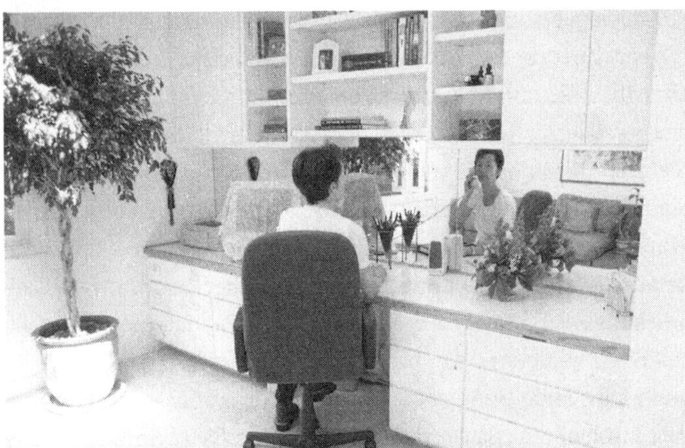

Im Idealfall reflektieren Spiegel harmonische Bilder; vergewissern Sie sich also, dass die Reflexion keine unerfreulichen Anblicke verdoppelt. Verbessern Sie den Raum, indem Sie darin das Durcheinander beseitigen und statt dessen Gegenstände wie etwa Blumen, Kunstwerke und hübsche Fensterdekorationen hinzufügen.

Die Möblierung

Es gibt mehrere Richtlinien, die Sie beim Möblieren Ihres Arbeitszimmers immer berücksichtigen müssen. Erstens: Beschränken Sie, wie bei allen anderen Räumen auch, das Stress- und Irritationspotenzial auf ein Minimum, indem Sie Möbel mit abgerundeten Ecken wählen oder Gegenstände mit scharfen Ecken außerhalb des »Verkehrsflusses« platzieren. Sie können auch Möbel mit scharfen Ecken, wie etwa Aktenschränke, diagonal versetzt im Raum aufstellen (wie auf Abbildung 10B).

Zweitens: Bestimmen Sie beim Auswählen Ihres Schreibtischs oder Ihres Arbeitstischs, welche Größe und Formgebung für Sie am besten geeignet ist. Möglicherweise brauchen Sie aufgrund Ihrer speziellen Bedürfnisse mehr als eine Arbeitsfläche; ermitteln Sie daher, welche Höhe gut zu Ihrem Sessel passt. Finden Sie außerdem heraus, wo Ihre Bürogeräte, beispielsweise der Computer, das Faxgerät und der Drucker, stehen sollten und welche sonstigen Möbel – Lesesessel, Konferenztisch, Bücherregale – Sie in dem Raum benötigen.

Ich habe festgestellt, dass ich am besten an einem großen runden Tisch mit mehreren darum gruppierten Stühlen arbeite, also praktisch an einem Esszimmertisch. Jeder Stuhl ist eine »Station«, an der ich spezielle Arbeit platziere. Den ganzen Tag über ziehe ich von Stuhl zu Stuhl und arbeite so an verschiedenen Projekten. Es macht mir Spaß, aufzustehen und rund um den Tisch zu ziehen, und ich kann die Arbeit mühelos von Station zu Station fortführen, wobei die jeweiligen Projekte Schritt für Schritt vorankommen. An Stationen, wo ich keine Sicht auf die Tür habe, wird diese von einem Spiegel reflektiert. Diese ungewöhnliche Vorgehensweise hat sich aus meinen Beobachtungen dazu entwickelt, was für mich am besten passt, nicht aus einer Anpassung an das, was Büromöbel-Fachgeschäfte anbieten. In Ihrem Arbeitszimmer schaffen Sie Ihr persönliches Kraftwerk der Produktivität, Effizienz und Kreativität. Kommen Sie Ihren sämtlichen Erfordernissen so genau nach wie möglich.

Drittens: Rechteckige, runde, ovale oder nierenförmige Schreibtische oder Arbeitsflächen sind am besten. Sollten bei Ihnen Arbeitsbereiche vorhanden sein, von denen aus die Tür nicht zu sehen ist, dann bringen Sie einen Spiegel oder ein Bild hinter reflektierendem Glas so an, dass sich die Tür darin spiegelt. Für Konferenztische sind runde oder ovale Formen ideal, denn sie halten einen lebhaften Fluss von Harmonie und Gleichheit rings um den Tisch in Gang.

Viertens: Farbe und Material Ihres Schreibtischs hängen zwar von Ihrem persönlichen Geschmack ab, aber die meisten Leute arbeiten am besten auf einer Schreibtischplatte, von der sich weißes Papier weder zu stark noch zu schwach abhebt. Auf Oberflächen in reinem Weiß verschwimmt Papier leicht, und auf schwarzen Oberflächen bildet es einen harten Kontrast. Beide Extreme können zur Überanstrengung der Augen führen. Schreibtischplatten aus durchsichtigem Glas scheinen unter dem Papier zu verschwinden; das kann ebenfalls die Augen überanstrengen.

Die meisten Oberflächen aus naturfarbenem Holz oder in mittleren Farbtönen bieten die richtige Kontrastintensität, ohne die Augen zu ermüden.

Und fünftens: Ihr Schreibtischstuhl ist Ihr Thron. Betrachten Sie Ihn als ein Kernstück der Büroausstattung und wählen Sie den bequemsten aus. Man kann dies gar nicht genug betonen. Ihre Fähigkeit, zu produzieren und vorwärts zu kommen, wird durch einen erstklassigen Arbeitsstuhl beträchtlich gesteigert. Gönnen Sie sich einen ergonomisch einwandfreien Sessel, der im Lendenwirbelbereich ausgezeichneten Halt gibt und höhenverstellbar ist. Die meisten Leute gedeihen in einem, der nach hinten und vorne wippt, einen fünfstrahligen Fuß, robuste Laufrollen, eine hohe Lehne, eine Kopfstütze und verstellbare Armauflagen hat. *Sitzen* Sie immer in einem Sessel, bevor Sie ihn kaufen – nur so können Sie erkennen, ob Sie wirklich Ihren Thron gefunden haben.

Elektromagnetische Felder

Das elektromagnetische Feld (EmF) elektrischer und batteriebetriebener Geräte ist gleichfalls eine ernst zu nehmende Sache in Ihrem häuslichen Büro. Wahrscheinlich sitzen Sie beim Fernsehen in mindestens 1,8 m Abstand vom Apparat, aber was ist mit all den anderen elektrischen Geräten, die Sie benutzen? Ein Prüfgerät zur Messung des elektromagnetischen Feldes wird Ihnen eine Vorstellung davon verschaffen, welcher EmF-Strahlung Sie ausgesetzt sind, wenn Sie Ihren Computer, Ihr Faxgerät und Ihr Telefon, sowie auch Ihren Haartrockner, Rasierapparat, Ihre Mikrowelle und Ihren Mixer benutzen. Sie würden sich wundern, von welcher EmF-Strahlungsmenge Sie täglich überflutet werden. Einer meiner Klienten benutzt jetzt ein Headset, um sich nicht dem hohen elektromagnetischen Feld in unmittelbarer Nähe seines schnurlosen Funktelefons auszusetzen, und eine andere entfernte ihr Faxgerät von ihrem Schreibtisch. Am besten schützen Sie sich dadurch, dass Sie in Erfahrung bringen, welche EmF-Stärke Ihre Anlagen und Geräte erzeugen, und diese dann seltener benutzen oder sich aus ihrem Strahlungsfeld heraushalten, normalerweise mindestens einen Meter weit.

Ordnung schaffen und beibehalten

Dass Ihr Arbeitszimmer gut durchstrukturiert ist und Sie darin alles im Griff haben, ist keine frei wählbare Alternative – es ist obligatorisch. Wirkungsvolles, produktives Chi kann durch Wirrwarr oder Chaos nicht hindurchgelangen. Werden Sie zum »Samurai des Wirrwarrs« und durchschneiden Sie jede Tendenz, dass sich in den Ecken und an den Randzonen Ihres Büros nicht hergehörende Kataloge, Magazine, Mitteilungsblätter und Zeitungen stapeln. Das ist entscheidend für Ihre Kreativität, Ihren Energiepegel und Ihre Fähigkeit, neue Möglichkeiten anzuziehen. Ich habe viele Arbeitszimmer gesehen, die zugleich als chaotische Lagerräume dienten oder mit ganzen Jahrgängen von Postwurfsendungen und Zeitungen vollgestapelt waren. In jedem Fall hatte das Chaos die Produktivität nach und nach zum Erliegen gebracht. Um wirklich effektiv zu sein, muss Ihr Büro in regelmäßigen Abständen in Ordnung gebracht werden. Nur so haben die neuesten Projekte und kreativen Unternehmungen Platz zum Gedeihen.

Sollten Sie feststellen, dass Sie bis zu den Hüften im Chaos stecken und sich anscheinend nicht selbst herausziehen können, dann verzweifeln Sie nicht! Engagieren Sie einen professionellen Arbeitsorganisator, der Ihren persönlichen Arbeitsstil ermittelt und Ihnen hilft, Ihren Arbeitsraum entsprechend zu strukturieren. Ob mit oder ohne Hilfe einer solchen Person in Ihrem Leben: Entscheidend ist, dass Sie Ihren persönlichen Arbeitsstil finden, damit Sie Ihr Büro in einem organisierten, aufgeräumten Zustand halten können. Sie könnten beispielsweise ein Mensch wie ich sein, der Stapel statt Ordner braucht, um wirklich effektiv arbeiten zu können.

Aus meiner Perspektive sind Ordner Dinger, in denen Schriftstücke und Unterlagen für immer verschwinden. Ich muss meine Projekte sehen, während ich daran arbeite. Um meine spezielle Ordnungsstruktur beizubehalten, besitze ich eine vom Boden bis zur Decke reichende Regalwand mit sechzig Zentimeter tiefen Fächern. Diese geräumige Tiefe bietet Platz für Schriftstücke und Unterlagen, die ich unbedingt sehen muss. Dahinter ist genügend Platz für meine Nachschlagewerke und Lehrbücher. Sobald ich mit einem Projekt fertig bin, kann ich es in einem Ordner abheften, aber eben erst dann. Vor dem Einbau meiner Regalwand hatte ich Stapel mit Arbeitspapieren und Büchern wie einen Kranz auf dem Boden rings um meinen Schreibtisch angeordnet. Die Regalfächer bieten mir freilich eine wesentlich geordnetere und angenehmere Möglichkeit zu sehen, woran ich gerade arbeite.

Ein Büro für die Sinne

Verleihen Sie Ihrem häuslichen Büro eine persönliche Note, und wenden Sie sich dazu an Ihre fünf Sinne. Denken Sie daran: Ihr Arbeitszimmer ist Ihre weltliche Batterie; dort stöpseln Sie sich ein und produzieren Sie! Sie erhalten wahrscheinlich keinen »Saft«, wenn Sie den ganzen Tag übrig gebliebene Kunstwerke, schlecht zusammenpassende Möbel oder triste Farben im Blickfeld haben. Berücksichtigen Sie ernsthaft jeden Ihrer Sinne. Klären Sie, welche Anblicke, Klänge, Geschmäcke, Gerüche und Tastempfindungen in Ihnen Kraft, Kreativität, Energie und Einfallsreichtum zutage fördern.

Einer meiner Klienten wählte einen Schreibtisch aus Rosenholz und Gemälde von Wildpferden als visuelle Verbesserungen. Er holt sich Anregung von Vivaldi und anderer klassischer Musik, trinkt französischen Röstkaffee aus zartem Porzellan und liebt seinen großen Lederstuhl.

Eine andere Klientin dächte nicht im Traum an ein derartiges Büro. Sie arbeitet in dem ätherischen Glühen von Gilbert-Williams-Drucken, lavendelfarbenen Wänden und viel natürlichem Licht. Ihre Musik stammt von New-Age-Künstlern wie Yanni und Raphael; sie trinkt Quellwasser aus einer Kristallkaraffe und wippt in einem tiefpurpurnen ergonomisch einwandfreien Sessel.

Das Arbeitszimmer ihres Mannes ist im Natur-Look von Eichenmöbeln, goldfarbenen Wänden und gerahmten Postern mit schönen Landschaften ausgestattet. Er trinkt seinen grünen Tee aus einer großen irdenen Henkeltasse, sitzt in einem Bürostuhl mit hoher Lehne und lauscht dem Gluckern eines Miniaturwasserfalls auf der Schreibtischplatte.

Umgeben Sie sich mit den Dingen, die bewirken, dass Sie inspiriert, kreativ und produktiv bleiben. Ihr Arbeitszimmer ist der Ort, wo Sie Bedeutendes in der Welt realisieren. Machen Sie es zu Ihrem Kraftwerk. Sie werden reich belohnt, wenn Sie das tun.

Kraft-Bagua – Die Zoneneinteilung von Büro und Schreibtisch

Verwenden Sie die Bagua-Karte (Kapitel 2), um Ihr Büro mit Kraft aufzuladen. Stellen Sie sich mit Ihrer Bagua-Karte in der Hand in Ihre Bürotür, und blicken Sie in den Raum. Bestimmen Sie von diesem Blickwinkel aus, durch welche auf der Karte verzeichnete Zone Sie den Raum betreten. Normalerweise ist dies die Zone für Wissen und persönliches Wachstum oder die für Beruf und Karriere oder aber die für hilfreiche Menschen und Reisen. Beispielsweise betritt man den auf Abbildung 10B gezeigten Raum durch die Zone für hilfreiche Menschen und Reisen. Der große Tiger-Farbdruck hinter dem Schreibtisch befindet sich in der Zone für Ruhm und Anerkennung; er symbolisiert Kraft und Konzentration im Beruf. Das Faxgerät steht in der Zone für Liebe und Partnerschaft und verbessert die jeweilige Verständigung zwischen Berater und Klienten. Die Zone für Reichtum und Wohlstand wird durch Ordner für Bankbelege und den Drucker verbessert, und das Regal in der Zone für Gesundheit und Familie umfasst persönliche Schriftstücke und Ordner. Der Marketingberater verbesserte systematisch jede Bagua-Zone in seinem häuslichen Büro und brachte gewaltiges Chi und enormen Erfolg in seinen Beruf. Sie können das Gleiche bewerkstelligen, indem Sie den Zonen, die Ihren gegenwärtigen Zielen im Leben

Abb. 10E: Hier ist ein Beispiel für einen gemäß der Bagua-Karte arrangierten Schreibtisch. Der Computer steht in der Zone für Beruf und Karriere, Nachschlagewerke befinden sich im Bereich für Wissen und persönliches Wachstum; Dosen mit Blumenmuster, die eine »Familie« kleiner Büroutensilien enthalten, passen in die Zone für Gesundheit und Familie, eine Kristallschale und ein Rechner befinden sich in der für Reichtum und Wohlstand, eine Lampe in der Zone für Ruhm und Anerkennung, ein Foto und eine Vase mit zwei Rosen in der für Liebe und Partnerschaft, Füller, Kugelschreiber und Marker stehen im Bereich für Kinder und Kreativität und ein Telefon in dem für hilfreiche Menschen und Reisen.

entsprechen, besondere Aufmerksamkeit zuwenden. Die Platzierung von Gegenständen in Ihrem häuslichen Büro, die die unterschiedlichen Bagua-Zonen verankern, stimuliert und erhält Ihr kreatives Potenzial. Außerdem geben sie Ihrem Büro innere Bedeutung sowie auch äußere Wärme und Ausgeglichenheit.

Mit Hilfe der Bagua-Karte können Sie auch den Chi-Fluss im unmittelbaren Bereich Ihres Schreibtischs erhöhen. Ihr »Eingang« befindet sich, wie auf Abbildung 10E veranschaulicht, dort, wo Sie am Schreibtisch sitzen, also normalerweise in der Zone für Beruf und Karriere. Bestimmen Sie von Ihrem Sitz aus, wo sich jedes einzelne Gua auf Ihrem Schreibtisch befindet. Direkt auf der Gegenseite, in der hinteren Mitte Ihres Schreibtischs, befindet sich die Zone für Ruhm und Anerkennung. Dieser Platz auf Ihrem Schreibtisch ist der ideale Standort für Dinge, die Ihr Leistungsempfinden wachrütteln und Ihren guten Ruf repräsentieren, wie etwa Auszeichnungen und Zeugnisse, die Sie sich verdient haben. Und da die Zone für Ruhm und Anerkennung dem Feuer-Element zugeordnet ist, können Sie auch Dinge wählen, die Feuer repräsentieren, beispielsweise eine Lampe, Fotos von Tieren oder Menschen oder Gegenstände in Rot wie Blumen, Rahmen oder Halter für Schreibutensilien. Je mehr die von Ihnen ausgewählten Dinge Sie persönlich mit Kraft erfüllen, desto mehr festigen und erhalten sie Ihre Produktivität und Ihren Erfolg. Legen Sie die Bagua-Zonen Ihres Schreibtischs fest und widmen Sie sich, wie bei Ihrem Büroraum, mit besonderer Aufmerksamkeit der Steigerung jener Guas, die den Bereichen in Ihrem Leben entsprechen, die Sie gern verbessern möchten.

Schnell-Ratgeber für das Arbeitszimmer

- Wählen Sie einen Platz in Ihrer Wohnung, der sich für Ihre spezielle Beschäftigung eignet.
- Setzen Sie sich in die Kraftposition Ihres Büros.
- Wählen Sie, nachdem Sie bestimmt haben, was Sie brauchen, sichere, bequeme und ansprechende Möbel.
- Sorgen Sie dafür, dass der Raum durchstrukturiert und ordentlich bleibt.
- Führen Sie jedem Ihrer fünf Sinne Kraft zu.
- Verbessern Sie Ihr Büro und Ihren Schreibtisch gemäß der Bagua-Karte.

Kapitel 11

Schlafzimmer – sinnliche Gelassenheit

Das Schlafzimmer wird vom Frieden des Schlafs, den Flügen des Traums und der energiegeladenen Sexualität geprägt ... das Schlafzimmer birgt unergründliche Geheimnisse und Kraft. Anthony Lawlor

Heitere Gelassenheit und Sinnlichkeit – zwei Vorbedingungen für ein gesundes, glückliches Dasein – fehlen häufig in unserer westlichen Kultur, und das Schlafzimmer ist der Ort, wo wir sie erlangen können. Schlafzimmer sind zum Schlafen, Lesen, Nachdenken, für romantische Erotik und zum Wiederaufladen unserer Batterien da – ein perfektes Gegengift zu einem betriebsamen, stressigen Tag. Da alle Teile unseres Lebens miteinander zusammenhängen, ist für Ihre innere Zufriedenheit, Ihre Gesundheit und Produktivität entscheidend, wie gut Sie in Ihrem Schlafzimmer zur Ruhe kommen, ausruhen und schlafen können. Eine gemütliche, sinnliche Schlafzimmeratmosphäre lädt zur vollständigen Ruhe und Revitalisierung Ihres Körpers, Gemüts und Geistes ein.

Leider gibt es viele Schlafzimmer, die als Orte der Ruhe nicht gut funktionieren. Während andere Zimmer im Haus oder in der Wohnung sorgfältig und adäquat ausgestattet sind, besteht die

Abb. 11A: Dieses Schlafzimmer enthält warme Farben, kuschelige Bettwäsche und Lieblingskunstwerke. Es ist durch eine insgesamt schlichte und ruhige Formgebung gekennzeichnet.

Schlafzimmereinrichtung möglicherweise aus trübseligen, aus der Collegezeit stammenden Möbelrelikten, akzentuiert mit nicht dazu passender Bettwäsche und ungerahmten Kunstpostern. Dahinter steckt der Gedanke, das Schlafzimmer sei nicht wichtig, weil »es niemand sieht« und wir »dort sowieso nicht viel Zeit verbringen«. Kein Wunder, dass viele, wenn man sie danach fragt, zugeben, sie schliefen nicht gut und seien andauernd erschöpft! Und romantische Interessen? Sie sind einfach zu müde, um ihnen nachzugehen.

Feng Shui stellt eine neue Sichtweise vor. Schlafzimmer stehen in Beziehung zum Metall-Element: Auf bildlicher Ebene involviert dies den Akt des »Sich-Eingrabens« unter weichen, erdigen Decken und das Umfangenwerden in stiller Behaglichkeit. Aber wie vergessene Stiefkinder behandelte Schlafzimmer können Sie nicht nähren und revitalisieren.

Wenn Sie es sich zu einer vordringlichen Aufgabe machen, Heiterkeit und Sinnlichkeit in Ihr Schlafzimmer zu bringen, wird der Raum, den Sie möglicherweise jahrelang vernachlässigt haben, ein einladendes Refugium. Jeden Abend werden Sie magnetisch in seine freundliche Umarmung gezogen, wo sie gut schlafen, zu tiefer Erquickung gelangen und mit neuer Energie für die Aktivitäten des Tages aufgeladen werden.

Ich betrachte mein Schlafzimmer als geheiligten Zufluchtsort. Mein Mann Brian und ich genießen seine ruhige Atmosphäre, wo wir nach langen und geschäftigen Tagen in die freundliche Umarmung des Betts sinken. Es ist ein heiter-ruhiger, einladender und einfacher Raum. Er enthält ein überdurchschnittlich großes Bett, zwei Leselampen, zwei Nachttische und ein Tischchen für Kerzen. Unser Bett ist mit Daunensteppdecken und Kissen in Bezügen aus goldfarbenem und tiefrotem Flanell ausgestattet. Ein chinesischer Paravent mit der Schnitzarbeit einer nächtlichen Szene bildet unser Kopfteil am Bett. Als Kunstwerke sind ein großer glanzgold-beschichteter, mit nistenden Kranichen bemalter Fächer und ein balinesischer Engel vorhanden. Der Boden ist mit handgeknüpften Teppichen in tiefen Rot-, Blau- und Goldtönen bedeckt. Einen Fernseher gibt es nicht, und die Telefonklingel ist abgestellt, es sei denn, dass gerade familiäre Sorgen vorhanden sind. Die Vorhänge öffnen sich zu einer Aussicht auf den rückwärtigen Garten, und wenn man sie zuzieht, machen sie den Raum wunderbar dunkel, sogar mitten am Tag. Hier, eingehüllt in sinnliche Wärme und Heiterkeit, finden wir einen Ort für Ruhe, romantische Liebe und Revitalisierung.

Mobiliar und Ausstattung – das perfekte Nest gestalten

Die Behaglichkeit und Sicherheit, die Sie in der Welt empfinden, steht in direktem Zusammenhang damit, wie sicher und behaglich Sie sich in Ihrem Zuhause fühlen. Es liegt auf der Hand, dass besonders Schlafzimmer diese beiden Kriterien erfüllen sollten. Kunstwerke, die Sie über dem Kopfende des Betts platzieren möchten, sollten entweder leicht sein, wie etwa Stoffe und Girlanden (Abbildung 11B), oder fest in der Wand verankert. Bringen Sie über Ihrem Bett keine schweren, losen Objekte an wie etwa die auf Abbildung 11C gezeigten Metallsterne.

Wenn Sie sich nach Schlafzimmermöbeln umsehen, dann wählen Sie Ausführungen ohne scharfe Kanten oder Ecken, an denen man sich im Schlaf – oder in amourösen Situationen – verletzen könnte. Vermeiden Sie herausstehende Metallbeine, zugespitzte Gegenstände oder scharfe Detailgestaltungen, die ernsthaften Schaden anrichten können (siehe Abbildung 11D und 11E). Wählen Sie Formgebungen und Materialien, bei denen Sie nicht aufgrund einer einzigen falschen Bewegung ins Krankenhaus müssen.

Spiegel aktivieren Energie im Schlafzimmer und können verhindern, dass man gut schläft, indem sie nervöse Unruhe und Schlaflosigkeit hervorrufen. Je größer ein Spiegel ist, und je näher er sich beim Bett befindet, desto wahrscheinlicher wird er Ihren Schlaf stören. Da viele Schlafzimmer in westlichen Häusern und Wohnungen zugleich als Ankleidezimmer dienen, ist es oft unpraktisch, Spiegel wie etwa verspiegelte Wandschranktüren zu entfernen. Sie müssen auch weder auf den Spiegel noch auf den Schlaf verzichten: Verhängen Sie die betreffenden Spiegel ein-

Abb. 11B: Selbst wenn diese kunstvolle Girlande aus Bändern und Raffiabast herunterfiele, würde dadurch kein Schaden angerichtet. Von ihrer Besitzerin angefertigt, symbolisiert sie die Einheit zwischen dieser und ihrem Gatten. Nachttische und Lampen auf beiden Seiten des Betts symbolisieren Gleichheit in der Beziehung des Paares.

Abb. 11D: Auf den ersten Blick sieht dieses Schlafzimmer einladend aus, aber es gibt ein großes Feng-Shui-Problem bezüglich der Gestaltung des Bettrahmens.

Abb. 11C: Sterne aus massivem Metall baumeln bedenklich über dem Bett eines Jungen. An diesem Platz haben Kunstwerke, die unzureichend montiert sind, nichts verloren. Wenn Sie etwas Schweres übers Bett hängen wollen, dann befestigen Sie es gut, damit keine Gefahr besteht, dass es herunterfällt.

Abb. 11E: Die Metalldetails am Bettrahmen sind scharf wie eine Messerschneide und könnten Stoff aufreißen oder jemanden verletzen.

fach wie ein Fenster (wie auf den Abbildungen 4N und 4O, S. 136 veranschaulicht). Dann können Sie den Spiegel für die tägliche Verwendung »aufmachen« und ihn abends »schließen«.

Erinnerungen und Assoziationen – mit »wem« schlafen Sie heute Nacht?

Da Ihre Besitztümer eigentlich lebendig sind, ist es sehr wichtig, dass Ihre Verbindung mit jedem Gegenstand in Ihrem Schlafzimmer eine positive, nährende Reaktion hervorruft. Weckt irgendein Ding unangenehme Erinnerungen? Lassen Sie nicht zu, dass Ihre Besitztümer Sie mit negativen Gefühlen, Gedanken oder Assoziationen überfluten, besonders im Schlafzimmer nicht, wo man täglich die ersten und letzten Eindrücke gewinnt.

Kontemplative Übung
Fragen Sie sich, welche Erinnerungen, Gedanken, Gefühle und Assoziationen in Ihrem Schlafzimmer leben. Was »sagt« jeder einzelne Gegenstand jedes Mal, wenn Sie ihn ansehen? Befreien Sie Ihr Schlafzimmer von Gegenständen, die negative Erinnerungen und Assoziationen am Leben halten, und Sie werden feststellen, dass dieses Schlafzimmer Sie umfangen und neu beleben wird.

Eine meiner Klientinnen hatte vor Jahrzehnten gemeinsam mit ihrem Exgatten ihre prachtvolle Schlafzimmereinrichtung gekauft und in den sechs Jahren seit ihrer Scheidung keine einzige Verabredung gehabt. Als sie durch Feng-Shui-Augen blickte, wurde ihre sehr teure Einrichtung recht beredt. Mit einem Mal konnte sie das »Geplapper« von Erinnerungen und Assoziationen bezüglich ihrer Ehe, seiner Untreue und ihres traurigen Scheidungsprozesses hören. Wollte sie, dass diese Erinnerungen in ihrem täglichen Leben weiterlebten? Nein! Sie wollte sich vorwärts bewegen, nicht rückwärts. Sie beschloss, sich von Möbeln zu trennen, die sie an die Vergangenheit ketteten, und eine Garnitur zu kaufen, die neue Anfänge repräsentierte. Ihr Kommentar dazu lautete: »Kein Wunder, dass ich meine Scheidung nicht *schlafen* legen konnte!«

Schreibtische, Fitnessgeräte und andere seltsame Bettgenossen

Neben Dingen, die unerwünschte Assoziationen und Erinnerungen bei sich tragen, gibt es weitere Gegenstände, die Sie vielleicht nicht in Ihrem Schlafzimmer haben wollen. Schreibtische und Fitnessgeräte sind mit Aktivität verknüpft und können das Gefühl angenehmer Ruhe regelrecht aus dem Zimmer jagen. Schreibtische sind »wach« durch Arbeitsunterlagen, Rechnungen und unerledigte Aufgaben, die Handeln erfordern, während Laufbänder oder stationäre Räder Sie ständig daran erinnern, dass Sie aufstehen und trainieren sollten. Gerade wenn Sie unbedingt Ruhe brauchen, machen diese beiden »Aktionsfiguren« den Mund auf, um bekannt zu geben, dass ein Bericht fällig ist oder dass Ihre Muskeln ein bisschen schlaff aussehen. Und umgekehrt: Wenn Sie vom Schreibtisch oder Hometrainer aus das Bett sehen, kann das den Gedanken aufkommen lassen, es sei Zeit für ein Nickerchen.

Ich bekam dies zu spüren, als ich in einem Einzimmerappartement wohnte. Da ich vom Schreibtisch aus mein Bett sehen

Abb. 11F: Fitnessgeräte können sehr »gesprächig« sein, besonders, wenn Sie sie nicht sooft benutzen, wie Sie es Ihrer Meinung nach sollten. Es ist am besten, wenn Sie Ihre Fitnessgeräte in einem anderen Raum unterbringen oder sie zum Bett hin abschirmen.

Abb. 11G: Da es für den Hometrainer keinen anderen Platz im Haus gibt, benutzt die Besitzerin einen leichten Paravent, der sich nach Bedarf mühelos verschieben lässt.

konnte, und von diesem aus den Schreibtisch, dachte ich, wenn ich im Bett lag, darüber nach, wie viel Arbeit ich erledigen müsste, und wurde schläfrig, wenn ich am Schreibtisch saß. Ich löste das Problem und verbesserte die Aussicht durch einen sechsteiligen Paravent aus Holz, der zwei verschiedenartige Bereiche voneinander abgrenzte – einen hellwachen Ort, wo ich gut arbeiten konnte, und einen der Ruhe gewidmeten Ort.

Um Frieden und heitere Stille im Schlafzimmer aufrechtzuerhalten, sollten Sie es seiner ursprünglichen Funktion zuführen: Es ist der Raum für das *Bett.* Machen Sie das Bett zum Angelpunkt, und stellen Sie Besitztümer, die Aktivität fordern, anderswo auf. Sollten Sie keine andere Wahl haben, dann platzieren Sie »aktive« Möbel und Geräte in größtmöglicher Entfernung zum Bett (Abbildung 11F und 11G), und schirmen Sie diese so ab, dass Sie sie vom Bett aus nicht sehen. Möbel, die auf Entspannung hindeuten, beispielsweise Liegesofas und Lesesessel, bilden eine sinnvolle Ergänzung zur Schlafzimmeratmosphäre.

Die Aussicht vom Bett aus – erste und letzte Eindrücke

Gemäß Feng Shui steht Ihr Bett dort ideal, wo Sie die Tür sehen können, ohne sich direkt ihr gegenüber zu befinden. Das integriert Sie in einen »Strömungswirbel« des Raums, und zugleich bleibt die Tür für Sie gut sichtbar. Sollte es unumgänglich sein, dass Ihr Bett direkt gegenüber der Tür steht, dann platzieren Sie am Fußende des Betts ein dickes Fußteil, eine schwere Truhe oder ein anderes kompaktes Möbelstück, um eine Schutzbarriere zwischen sich und der Tür anzudeuten. Oder versehen Sie das

Bett mit einem Vorhang oder Baldachin, um es gegen die Tür hin abzuschirmen. Vergewissern Sie sich dabei, dass Sie durch den Vorhang noch genug von der Tür sehen, um sich wohl zu fühlen. Ebenso sollten Sie, falls sich direkt über dem Kopfende Ihres Betts ein Fenster befindet, ein dickes Kopfteil sowie Verzierungen oder Drapierungen an dem betreffenden Fenster anbringen, um zu verhindern, dass sie ihm direkt ausgesetzt sind, und um das Sicherheitsgefühl zu fördern. Ihr Bett kann auch diagonal in einer Ecke des Raums stehen, sofern sich hinter Ihnen ein massives Kopfteil oder ein stabiler Wandschirm befindet.

Die Aussicht, die Sie vom Bett aus haben, beeinflusst Ihre Ansicht von der Welt. Sorgen Sie dafür, dass sie erfreulich ist! Verbessern Sie eine Aussicht, bei der Sie geradewegs in einen chaotischen Wandschrank oder in ein Bad blicken (wie auf Abbildung 11H), und ersetzen Sie Kunstwerke, die weder sinnlich noch heiter sind. Eine bauliche Veränderung vorzunehmen, beispielsweise eine Tür zu versetzen oder hinzuzufügen, ist vielleicht nicht möglich, aber in den meisten Fällen können Sie offene Übergänge zwischen Raumbereichen schließen, indem Sie diese z. B. mit Vorhängen versehen oder mit Paravents verstellen, wie auf den Abbildungen 11H und 11I veranschaulicht. Schaffen Sie eine friedlich-heitere Aussicht durch Kunstwerke, gesunde Pflanzen, ruhige Farben oder ein beruhigendes Arrangement aus Gegenständen. Wählen Sie Objekte oder Elemente aus, die Sie angenehm finden, im Bewusstsein, dass die betreffenden Dinge das sind, was Sie morgens als Erstes und abends als Letztes sehen.

Abb. 11H: Hier gibt es keine Trennung zwischen Schlafzimmer und Bad. Dadurch fehlt dem Bad die Ungestörtheit und dem Schlafzimmer der Frieden.

Abb. 11I: Eine Palme und ein zu den Wandschranktüren passender Paravent verbessern sowohl die Aussicht als auch das Gefühl der Ungestörtheit und des Friedens. Zugleich hat man weiterhin mühelos Zugang zum Bad.

Wandschränke und Kommoden – Orte des Überflusses

Sie sind mit dem, was sich hinter geschlossenen Türen und in zugeschobenen Schubfächern befindet, genauso verbunden wie mit allem Übrigen in Ihrer Umgebung. Da in unserer Kultur der Strom an Besitztümern so überreichlich ist, kommt es leicht dazu, dass unsere Schlafzimmerwandschränke und -kommoden von überschüssigen Kleidungsstücken und Accessoires schier überquellen. Dadurch wird das durch Ihr Schlafzimmer und Ihr Leben fließende Chi in seiner harmonischen Dynamik eingeschränkt. Sehen Sie sich Ihre »Orte des Überflusses« regelmäßig und ohne sich etwas vorzumachen an, und befreien Sie sie von überschüssigem Gewicht. Die Abbildungen 11J und 11K zeigen den Wandschrank einer Klientin, bevor und nachdem sie ihn gründlich aufgeräumt und durchstrukturiert hatte. Sie war erstaunt darüber, wie stark sich das auf ihre geistige Klarheit und Ihr seelisches Wohlbefinden auswirkte. Unterschätzen Sie nicht die Bedeutsamkeit dieser Maßnahme. Im Feng Shui ist geheimes Chaos genauso Kräfte zehrend wie offenkundiges Chaos. Das eine wie das andere zählt. Viele Schlafzimmer sind dem äußeren Anschein nach hübsch und ordentlich, bis man eine Wandschranktür öffnet und das Chaos losbricht. Was Sie selbst tagtäglich in der Intimsphäre Ihrer »Schubfächer« zu sehen bekommen, macht auf Sie einen sich ständig wiederholenden Eindruck. Sie sollten unbedingt dafür sorgen, dass dieser Eindruck erfreulich ist.

Eine meiner wunderbarsten persönlichen Entdeckungen ist diese: Wenn ich mich von etwas löse, das ich nicht brauche, erscheint in meinem Leben das, was ich *wirklich* brauche. Indem

Abb. 11J: Ein chaotischer Wandschrank, in dem alles wie Kraut und Rüben herumhängt oder -liegt, fördert Verwirrung, ein Gefühl des Erdrücktseins und einen Mangel an persönlicher Kraft.

Abb. 11K: Ein ordentlich aufgeräumter Wandschrank fördert Klarheit, Friedlichkeit und persönliche Kraft. Wenn Sie positive Möglichkeiten und Erfahrungen anlocken wollen, dann misten Sie einen Wandschrank aus. Das funktioniert jedes Mal.

ich das Alte herausräume, schaffe ich Platz für das Neue, und meine Lebensqualität wird immer besser. Ich entdeckte dies zum ersten Mal, als ich als Feng Shui Ausübende »gezwungen« war, mich mit meinem Wandschrank zu befassen. Gott bewahre, dass jemand ihn in dem chaotischen Zustand zu sehen bekäme, in dem er sich befand! Er glich einem Garten, der seit Jahren nicht mehr gejätet worden war. Unordnung herrschte, und jeden Tag musste ich mich durch den Kram hindurchkämpfen, bloß um mich anzuziehen. Ich beschloss, dem Beispiel einer Freundin zu folgen, einer übrigens im Leben außerordentlich erfolgreichen Person: Der Inhalt ihres Wandschranks war nach Farben arrangiert. Sämtliche weißen Hosen waren zu einer Gruppe zusammengefasst, dann folgten die in Gelb, Rot, Blau, Purpur, Braun und Schwarz. Die Hemden und Kleider waren nach dem gleichen Prinzip eingeteilt. Das wohl geordnete Ganze sah immer aus wie ein Regenbogen.

Beim Umräumen und beim Aussortieren des Überflüssigen stellte ich einen großen Stapel von Sachen zum Weggeben zusammen. Jetzt, wo sie aus dem Weg waren, konnte ich sehen, was ich besaß, und auch, was ich brauchte. Das brachte mich auf eine Idee. Ich rief ein Dutzend Freundinnen an und bat sie, ihre Wandschränke nach Sachen zu durchforsten und diese zu einem Kleidertausch mitzubringen. Was wir dann am Ende des Abends nicht selbst behalten wollten, könnte man ans örtliche Frauenhilfswerk weitergeben. Zwei Wochen später liefen wir alle in unserer Unterwäsche herum und probierten jeweils die Kleidungsstücke der anderen an. Unsere einzige Regel: Nimm nur, was du brauchst. Keine Hamsterei! Jede von uns ging mit neuen Schätzen und wundervollen Erinnerungen weg; und das Hilfswerk bekam zehn Säcke mit Kleidern, Schuhen und Accessoires.

Seitdem ist unser Kleidertausch zu einem jährlichen Brauch geworden.

Nehmen Sie sich die Zeit, Ihre Wandschränke, Kommoden und Schmuckkästen durchzusehen und dabei die Sachen auszusondern, die Sie nicht mehr brauchen oder wollen. Geben Sie diese weiter, indem Sie sie verkaufen oder verschenken, und notieren Sie sich dabei das jeweilige Datum. Achten Sie in den nächsten dreißig Tagen darauf, welche Möglichkeiten, synchronen Erlebnisse und neuen Besitztümer, die Sie tatsächlich brauchen und wollen, in Ihr Leben strömen.

Sinnes-Appeal

Da wir beim Praktizieren des Feng Shui die fünf Sinne ernsthaft berücksichtigen, konzentrieren wir uns darauf, wahrhaft sinnliche Umgebungen zu schaffen. Ob Sie allein stehend sind oder mit einem Partner zusammenleben: Ihr Schlafzimmer sollte ein Ort sein, wo all Ihre Sinne erfreut und intim gefeiert werden. Das ist Ihre Oase, in der Sie besondere Leckereien haben, die Ihnen munden – alles, was Ihnen zusagt, von Tee und Croissants bis zu Champagner und Erdbeeren. Hier ist der Ort zum Schwelgen in sinnlichen Stoffen, zu denen Chenille, Flanell, Seide, Baumwolle, Satin und Samt zählen.

Die geeignetsten Schlafzimmerfarben findet man in den Hauttönen sämtlicher Rassen – perlmutterne Beige- und Gelbbrauntöne, sahnig aufgehellte Kakaotöne, rosig angehauchte Pink- und Pfirsichtöne, zarte Gelbtöne, blasse Violetttöne und erdige Righttöne. Es gibt eine große Auswahl an warmen Pastellfarben und auch stärker pigmentierte satte Farbtöne wie Koralle, Schokolade, Buttercreme, Terrakotta, Zinnober, Himbeere, Aubergine, Burgunder, Kupfer, Gold und Bronze. Reines Weiß, Grau, Schwarz, blaue Farben und graugrüne Töne können einen prachtvollen Look erzeugen, aber wenn sie dominieren, machen sie das Zimmer unsinnlich frostig.

In einem speziellen Fall hatte ein junges Paar eine hochmoderne Schlafzimmergarnitur in schwarzem Lack gewählt und in Kontrast zu grauen Wänden und einem grauen Teppich gesetzt. Unter ihrer schwarzen Schlafdecke waren dunkelgrüne und stahlgraue Laken. Ihre Absicht, ein »cooles« Schlafzimmer zu schaffen, realisierte sich ganz buchstäblich. Sie beklagten sich über einen generellen Mangel an Libido und ein Leben, das sehr wenig Spaß enthielt.

Zur Ausbalancierung ihres Schlafzimmers kauften sie Bettwäsche, Vorleger und weitere akzentuierende Gegenstände in Vanille und himbeerfarbenem Ton, um so ein Gegengewicht zu ihrer vorhandenen Einrichtung zu schaffen. Außerdem strichen sie die Wände in sattem Vanille und fügten mehrere Aktgemälde in komplementären Hauttönen hinzu. Das Ergebnis war ein köstlicher visueller Leckerbissen. Ihr »Eispalast« taute und wurde ein freundlich einladender Ort zum Abschalten und gegenseitigen Genießen. Tatsächlich gehen sie jetzt oft zum »Nachtisch« ins Bett.

Sollten in Ihrem Schlafzimmer kühle Farben überwiegen, dann bringen Sie komplementäre warme Farbtöne herein. Das lässt sich auf vielerlei Weise bewerkstelligen – mit einem neuen Anstrich sowie mit entsprechenden Bettlaken, Kissenbezügen, Kissen, Zierdecken, Kunstwerken, Steppdecken, Schonbezügen, Brücken, Tischtüchern, Blumen und Kerzen. Und vergewissern Sie sich, ob die von Ihnen gewählte Lösung Sie anregt!

Kontemplative Übung

Wodurch lassen sich Ihr Gesichts-, Gehör-, Geruchs-, Geschmacks- und Tastsinn auf die genussvollste Weise zufrieden stellen? Machen Sie eine Liste von dem, was jeden einzelnen Sinn fesselt und entzückt, und fügen Sie hinzu, was Ihnen dabei noch an neuen Möglichkeiten einfällt. Falls Sie das Schlafzimmer mit jemandem teilen, dann fragen Sie Ihren Partner, was seine oder ihre Sinne beflügelt, und nehmen Sie auch diese Gedanken mit auf. Sie sollten jeden Morgen und Abend von den sinnlichen Qualitäten Ihres Schlafzimmers durchdrungen sein.

Kunst-volle Geborgenheit

Die Kunstwerke in Ihrem Schlafzimmer üben eine starke Wirkung auf Ihre Psyche aus. Sorgen Sie dafür, dass sie positiv ist! Integrieren Sie sinnliche, heiter-ruhige oder romantische Bilder, die Sie beruhigen und inspirieren. Schließen Sie Zirkusse mit drei Manegen, geschäftige Stadtbilder, Gestalten in Aktion oder Kunstwerke über traurige oder schauerliche Themen aus.

Eine Frau, die an Schlaflosigkeit litt – verursacht durch »Präsentationsangst« bei der Arbeit –, hatte einen Zirkus mit drei Manegen über ihrem Bett. Auf dem äußerst unruhigen Gemälde war nicht nur die Aufführung in vollem Gang, es war auch sehr groß und schwer. Zu seiner Ergänzung hatte sie eine Tapetenbordüre mit paradierenden Zirkustieren hinzugefügt, die rings an den Wänden im Raum stolzierten. Sie hatte das Gemälde und die Bordüre ausgewählt, weil sie zu der in Grünlichblau und Terrakottarot gehaltenen Farbgebung ihres Schlafzimmers passten. Es war ihr nie der Gedanke gekommen, dass der Inhalt und die

Platzierung ihrer Kunstgegenstände ihr Nervensystem irritieren könnten. Sie hängte den Zirkus ins Familienzimmer und bemerkte, dass sie sich sofort beruhigte. Mehrere Wochen später änderte sich ihr Arbeitsfeld: Ihre neue Aufgabe war weit weniger stressig und machte ihr mehr Freude.

Der Fernseher im Schlafzimmer – wer sieht hier wem zu?

Ich besuche viele Klienten, die in ihrem Schlafzimmer gern fernsehen. In diesem Fall empfehle ich ihnen nachdrücklich, den Fernseher in einem verschließbaren Gehäuse oder einem mittelgroßen Schrank wie beispielsweise dem auf den Abbildungen 11L und 11M unterzubringen. Fernseher können sehr unwiderstehlich sein und ziehen leicht den Löwenanteil der Aufmerksamkeit auf sich, wenn sie im Raum sichtbar sind. Die meisten Fernsehsendungen bestehen entweder aus Actionfilmen oder aus schlechten Nachrichten – und keines von beiden ist tiefem, stärkendem Schlaf förderlich. Was wir vor dem Einschlafen brauchen, ist Introspektion, Inspiration und Seelenruhe. Bevor Sie sich abends zur Ruhe begeben, sollten Sie vielleicht eher Tagebuchaufzeichnungen machen oder lesen statt fernzusehen.

Die Schlafrichtung

Menschen jeden Alters können davon profitieren, wenn sie, je nach ihren gerade aktuellen Bedürfnissen, mit dem *Kopf* in Richtung Norden, Süden, Osten oder Westen schlafen. Zeigt Ihr Kopf nach Norden, wie bei der Frau auf Abbildung 11N, so wer-

Abb. 11L: Schlafzimmer-Fernseher stellt man am besten in ein schließbares Gehäuse oder einen mittelgroßen Schrank …

Abb. 11M: …, damit man sie nach ihrem Gebrauch »ins Bett stecken« kann. Beachten Sie, wie viel ruhiger der Raum wirkt, wenn die Schranktüren geschlossen sind. Dieses Zimmer schmückt außerdem eine von der Künstlerin Jacki Powell stammende Schablonenmalerei, die die Linie zwischen Himmel und Erde zieht und die überdurchschnittliche Deckenhöhe ausgleicht.

den im Allgemeinen Ihre Gesundheit und Vitalität gestärkt. Häufig ist dies für uns die beste Schlafrichtung. Aber betrachten wir auch die Vorteile der anderen Richtungen. Das Schlafen in Richtung Süden verbessert die Intuition und kann das Traumgedächtnis sowie das Erinnerungsvermögen überhaupt stimulieren. Das Schlafen in Richtung Westen trägt dazu bei, dass sich das Lebenstempo verlangsamt, und ist hilfreich, wenn der Stress des Lebens nervöse Unruhe oder Schlaflosigkeit verursacht. In Richtung Osten zu schlafen trägt dazu bei, dass sich das Leben beschleunigt, und baut damit Trägheit und Depressivität ab. Bei der Ausrichtung nach Nordwesten, Nordosten, Südwesten oder Südosten verschmelzen die Effekte der jeweiligen beiden Richtungen. Schläft man beispielsweise mit dem Kopf nach Nordwesten, so unterstützt dies die Stärkung der Gesundheit und die Verlangsamung des Lebenstempos, schläft man hingegen mit dem Kopf nach Südwesten, so werden dadurch die Intuition und das Traumgedächtnis stimuliert sowie die Energie gesteigert.

Einer Mutter fiel auf, dass ihr hyperaktiver Sohn mit dem Kopf in Richtung Osten schlief. Sie legte das Kissen ans andere Bettende, so dass sein Kopf nach Westen zeigte, und er beruhigte sich ganz augenfällig »über Nacht«. Umgekehrt hatte eine andere Mutter das Kopfende des Betts ihres Sohns, eines Teenagers, nach Osten gedreht, weil er morgens einfach nicht wach zu kriegen war, und von da an verpasste er nie wieder den Schulbus.

Kontemplative Übung

Ihr Schlafzimmer ist Ihr Ort zum innigen Eintauchen – in Träume und Verträumtheit, in körperliche Liebe und in die Erneuerung von Körper, Seele und Geist. Nehmen Sie sich ein paar Minuten Zeit und denken Sie darüber nach, was Schlafzimmer für Sie ge-

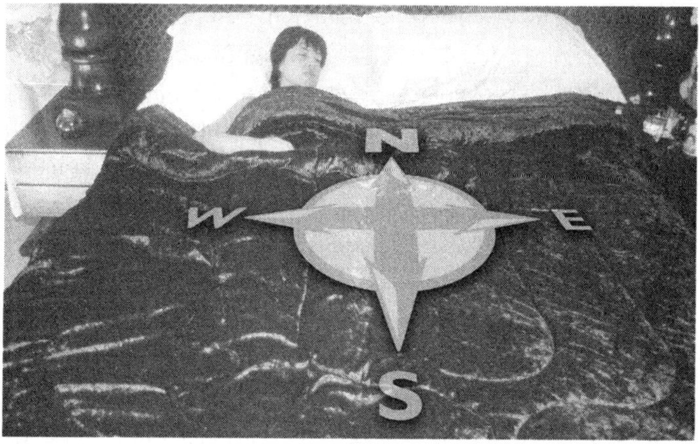

Abb. 11N: Diese Frau schläft mit dem Kopf nach Norden, die Richtung, die ihre physische Gesundheit und Vitalität stärkt.

fühlsmäßig bedeuten. Beginnen Sie mit Ihren ersten Schlafzimmer-Erinnerungen und mit den Gefühlen, die mit diesen Erinnerungen verknüpft sind. Erinnern Sie sich dann an sämtliche Schlafzimmer in Ihrem ganzen Leben, an eines nach dem anderen. Schreiben Sie auf, was Ihnen an jedem einzelnen gefiel und missfiel, beispielsweise die Größe, das Spiel des Lichts, die Farben, die Stellung des Betts, die Bettwäsche, die Wandschränke, die Türen, die Einrichtung und die Kunstwerke. Berücksichtigen Sie auch die mit dem jeweiligen Raum verknüpften Gefühle. Nehmen Sie die wärmsten und positivsten Erinnerungen in Ihre Liste auf und integrieren Sie sie in die Gestaltung Ihres jetzigen Schlafzimmers. Sollten Sie das Schlafzimmer mit einem Partner teilen, dann bitten Sie ihn oder sie, das Gleiche zu tun, und bauen Sie dann diese Gedanken gleichfalls mit ein.

Bitte beachten Sie: Sie können diese Übung in Bezug auf jedes beliebige Zimmer im Haus/Wohnbereich durchführen.

Schlafzimmer für Paare

Ich habe die Möglichkeit, mit vielen Paaren zu arbeiten, und ich bemerke oft, wie genau ihr gemeinsames Schlafzimmer ihre Beziehung widerspiegelt. Fünfzig Prozent der amerikanischen Ehen enden mit einer Scheidung, und nachdem ich eine riesige Kollektion von »Elternschlafzimmern« gesehen habe, weiß ich auch warum. Frisch verliebte Paare nehmen optimistisch an, die Intensität Ihrer Beziehung werde ein Leben lang halten. Aber im Zuge der täglichen Schinderei des Lebens bemerken sie oft, dass ihre Libido zurückgeht.

Viele Paare machen sich nicht klar, dass eine Umgebung ihr Liebesleben stärken und nähren oder aber dämpfen und schwächen kann. Sie messen ihrer Schlafzimmereinrichtung oft wenig Bedeutung bei, in der Annahme, sie habe keinen Einfluss auf ihre Beziehung. Aber wie Wasser, das auf einen Stein tropft, hinterlässt ihr Schlafzimmer ganz allmählich, nachts nach jedem Tag, in Freud und Leid, in Zeiten der Krankheit und Zeiten der Gesundheit einen Eindruck, bis der Tod – oder die Scheidung – sie trennen mag. Je aktiver und »verrückter« der Lebensstil eines Paares ist, desto entscheidender ist es, dass sie ein ungestörtes und ansprechendes Schlafzimmer-Refugium haben, in dem sie ausruhen, sich revitalisieren und miteinander verbinden können.

Wie man das Liebesleben fördert: Paare können ihr Liebesleben auf vielerlei Weise fördern. Bücher und Zeitschriftenartikel liefern zahllose Vorschläge, wie man ein erfülltes Liebesverhältnis erlangen und erhalten kann. Feng Shui fügt einen einzigartigen Ausgangspunkt hinzu, indem es sich den subtilen (und weniger subtilen) Aspekten der Gestaltung des gemeinsamen Schlafzimmers zuwendet. Unter Einbeziehung der Anregungen auf den vorangehenden Seiten können Paare das Liebesleben nähren und steigern, indem sie achtsam einige sehr spezielle Fäden in den Stoff ihres Schlafzimmers einnähen.

Ein frisch verheiratetes Paar bekam zur Hochzeit unter anderem eine Feng-Shui-Beratung geschenkt. Ich stellte fest, dass ihr Schlafzimmer viele Probleme aufwies. Von der Bettseite der Ehefrau aus sah man direkt in die Toilette und das Waschbecken des Badezimmers. Die Bettseite des Ehemanns war mit dem Wäschekorb und einem Fitnessrad vollgepfercht. Auf keiner der beiden Seiten gab es einen Nachttisch oder eine Lampe. Das gesamte Zimmer war in Weiß gehalten, akzentuiert durch jeansblaue Bettwäsche. Licht strömte durch große Fenster ohne Vorhänge herein (und Chi strömte hinaus). Heimeligkeit oder Sinnlichkeit konnte hier nicht aufkommen.

Ich empfahl viele von den in diesem Kapitel dargelegten Grundgedanken: Streichen Sie die Wände in einem warmen, einladenden Farbton. Wählen Sie Bettwäsche in delikaten Farben und mit sinnlichen Gewebestrukturen. Kaufen Sie Nachttische und Lampen. Dekorieren oder drapieren Sie die Fenster. Fügen Sie Kunstwerke hinzu, die ins Schlafzimmer passen, und bringen Sie den Hometrainer und den Wäschekorb woanders unter. Das waren die vordringlichsten Bedingungen für die Umwandlung ihres gemeinsamen Schlafzimmers in einen intimen, entspannenden Ort. Zur weiteren Kultivierung der sinnlichen Ausstrahlung des Raumes empfahl ich, dass sie Kerzen anzünden und sanfte Musik hören sollten. An diesem Punkt unserer Unterhaltung rief die Ehefrau aus: »Jetzt weiß ich, was mit unserem Sexualleben passiert ist!«

Größer ist nicht immer besser: Einer Feng-Shui-Redensart zufolge gilt: Je größer das gemeinsame Schlafzimmer, desto höher die Scheidungsrate. Das kommt daher, dass es oft recht schwierig ist, aus einer weitläufigen Mehrzweck-Schlafzimmersuite ein kuscheliges intimes Nest zu machen. Feng Shui betont, dass wir uns in einer Umgebung am wohlsten fühlen, die weder zu groß (Yang) noch zu klein (Yin) ist. Große Yang-Schlafzimmer brauchen Yin-Merkmale, beispielsweise schwere strukturierte Stoffe, Baldachine, Vorleger und Vorhänge sowie auch kleine, heimelige Bereiche als klar abgegrenzte Inseln innerhalb der Suite. Dazu mögen, als Mittelpunkt eines ersten Bereichs, ein mit einem Baldachin versehenes Bett – besonders effektiv bei einer überhöhten Schlafzimmerdecke – und als zweiter kleinerer Bereich eine Rückzugsnische zum Lesen und Entspannen gehören. Paravents, Pflanzen, Möbel und kleine Teppiche kann man so arrangieren, dass sie diese kleineren, intimeren Zonen klar abgrenzen.

Selbst wenn das Zimmer groß ist, sollten Sie Ihr Möglichstes tun, um Tätigkeiten wie Arbeit und Fitnesstraining in andere Räume zu verlegen oder sie vollständig gegen das Bett hin abzuschirmen. Manchmal, wie in der Geschichte »Folgen Sie Ihrem Glück« auf S. 276, empfiehlt es sich, ein großes reguläres Schlafzimmer in ein Studio oder Büro umzuwandeln. In diesen Fällen eignet sich möglicherweise der überreichlich vorhandene Platz besser für aktive, kreative Betätigungen, wohingegen ein kleinerer Raum besser als Schlafzimmeroase eines Paares fungiert. Unterschätzen Sie nicht Ihr instinktives Bedürfnis nach Behaglichkeit, einem kuscheligen Nest, Wärme und Sicherheit. Ganz gleich, wie groß Ihr gemeinsames Schlafzimmer ist, diese Bedürfnisse bleiben.

Wie man die Ungestörtheit fördert: Sehr vielen Ehepaaren mag es bei ihrem betriebsamen Lebensstil schwer fallen, noch ungestörte Zeit füreinander zu finden, ohne Kinder oder Telefonanrufe. Aber sie ist unabdingbar, wenn man den intimen Kontakt mit dem Partner beibehalten will. Jedes Paar muss entscheiden, wie es sich diese ungestörte Zeit verschaffen kann, und wenn es sie dann hat, dafür sorgen, dass sie durch die Schlafzimmergestaltung begünstigt wird. Viele Paare entdecken ein völlig neues Liebesleben, nachdem sie beispielsweise die Fotos von ihren Kindern, Eltern und Freunden vom Bett *weggestellt* haben.

Ein Ehepaar hatte 25 Fotos von seinen vier Töchtern, die den beiden im Bett »zuschauten«. Sie hatten selten Geschlechtsverkehr, und wenn, dann immer nur im Dunkeln oder unter den Bettdecken, damit ihre Töchter sie nicht »sahen«! Sie stellten die Fotos ins Familienzimmer, wo diese über Familienaktivitäten herrschten statt über das Schlafzimmer ihrer Eltern. Die Folge war, dass sich das Liebesleben der beiden außerordentlich verbesserte.

Das Gleiche gilt für religiöse Kunstwerke und Figuren. So bedeutungsvoll diese Gegenstände auch sein mögen, sie können auf die Stimmung des Schlafzimmers abfärben. In einem Fall wurde das Schlafzimmer eines Paares von einem großen Gemälde der Jungfrau Maria mit dem Jesuskind auf dem Arm dominiert. Beide Gestalten blickten direkt auf das Bett. Das Paar war zwar religiös, aber nachdem das Bild ins Refugium der Ehefrau umgehängt worden war, legte sich die Verkrampfung der beiden, und sie erfreuten sich an ihrem wiedererlangten Liebesleben im Schlafzimmer.

Wie man Gleichheit und Einheit fördert: Ob an einer oder an beiden Bettseiten ein Nachttisch steht und wie viel Platz links und rechts vom Bett vorhanden ist, zeigt die Gleichheit oder deren Mangel in der Beziehung eines Paares an. Viele Male habe ich eine Frau sagen hören, es sei nur Platz für *einen* Nachttisch vorhanden, nämlich an der Bettseite ihres Mannes. Während sie redet, bemerke ich, dass sein Nachttisch doppelt so groß ist, wie er sein müsste! Wenn man diese Situation ändert, trägt das dazu bei, dass sich die Dynamik zwischen den Eheleuten sowie auch der Chi-Fluss in dem betreffenden Zimmer ändert. Und es kann einigen Staub aufwirbeln: Symbolisch gesehen, werden zwei Menschen und zwei Raumbereiche gleich, wo bisher *einer* herrschte. Ideal ist ein Nachttisch und eine Lampe an jeder Bettseite sowie auch beiderseits genügend Platz, um ins und aus dem Bett zu gelangen. Wenn nur wenig Platz vorhanden ist, sollten *beide* Partner ihre Möbel an der Bettseite maßstäblich verkleinern.

Wie man positive Ansichten fördert: Paare, die vom Bett aus dieselbe positive Aussicht teilen, neigen auch dazu, im Leben dieselben positiven Ansichten zu teilen. Umgekehrt ist es Besorgnis erregend mitzuerleben, was Paaren passiert, wenn ihre jeweilige Aussicht vom Bett aus sehr verschieden und/oder unerfreulich ist.

Ein Paar hatte von seinem Bett aus jeweils eine besonders unglückselige Aussicht. Abbildung 110 zeigt die Aussicht des Mannes durch die offene Toilettentür ins Klosettbecken. Die Frau hingegen schaute auf ein Poster mit einer eindringlichen Gewaltthematik, das man ihrem Gatten als ein auf seine Arbeit bezogenes Memento geschenkt hatte. Zusammen schliefen sie auf eisigblauen Laken. Er war depressiv, und sie war die meiste Zeit über

Abb. 11O: Dieses Paar hat vom Bett aus eine sehr unerfreuliche Aussicht. Er schaut in die offene Toilette, und sie schaut auf ein sehr unheimliches Kunstwerk.

Abb. 11P: Die Aussicht des Paars wird durch ein romantisches Lieblingsposter verbessert und vereinheitlicht. Magentafarbene Flanellbettlaken, frische Blumen, eine Kerze und eine Zugfeder an der Toilettentür, die diese geschlossen hält, schaffen allesamt eine wärmere, intimere Atmosphäre.

nervös und gereizt. Ihre liebevolle Verbundenheit, die sie einmal empfunden hatten, war fast verschwunden.

Als sie sich über die Bedeutung ihrer Aussicht vom Bett klar wurden, brachten sie eine lockere Zugfeder an der Toilettentür an, damit sie geschlossen blieb, und ersetzten das grässliche Poster durch einen Druck von Gustav Klimts »Der Kuss« (siehe Abbildung 11P). Sie integrierten einen kleinen Tisch mit einer Duftkerze und einer Vase voll frischer Blumen. Außerdem ersetzten sie ihr eisig-blaues Bettzeug durch eine flanellbezogene Daunensteppdecke und Flanellbettlaken, beides in Magenta. Fast augenblicklich bemerkten sie einen positiven Umschwung in ihrer Gemütslage und in ihrem Interesse aneinander: Der Funke zwischen ihnen hatte einen Ort, wo er sich wieder entzünden konnte. Mein Lieblingsdetail an ihrer Geschichte ist, dass sie vor den Verbesserungsmaßnahmen für ihr Schlafzimmer beide zum Schlafen Flanellpyjamas trugen. Nachdem sie die Veränderungen vorgenommen hatten, stellten sie fest, dass es warm genug war, um ohne Pyjama zu schlafen …

Was Sie vom Bett aus betrachten, symbolisiert die Einheit und Verbundenheit – oder deren Mangel –, die Sie als Paar empfinden. Sollte man vom Bett aus Badezimmer oder Toiletten sehen können, dann schließen Sie die Sichtblende oder die Tür, ehe Sie sich zur Ruhe begeben. Konzentrieren Sie sich auf das Vereinheitlichen und Verschönern Ihrer Aussicht, so wie es dieses Ehepaar machte, und erfreuen Sie sich an den Ergebnissen.

Wie man die Sinnlichkeit fördert: Zwar sollte jeder Raum im Haus die Sinne befriedigen, aber das reguläre gemeinsame Schlafzimmer sollte vor schierer Sinnlichkeit erglühen. Machen Sie es zu einem Ort wohl tuender Klänge, freundlich einladender

Farben, gefälliger Kunstgegenstände, weicher, ansprechender Stoffe, persönlicher Lieblingsdüfte und köstlicher Erlebnisse. Dieser Ort ist prädestiniert dafür, dass Sie und Ihr Partner sich entspannen und sich an einer sinnlichen Atmosphäre erfreuen können.

Selbst Menschen mit den besten Absichten können eine falsche Richtung einschlagen, so dass die Sinnlichkeit letztlich auf der Strecke bleibt. Ich arbeitete mit einem Paar, das beschlossen hatte, in seinem Schlafzimmer einen schicken einfarbigen Look zu schaffen, und zwar dadurch, dass die beiden *alles* in nur einer Farbe gestalteten – in Graugrün. Das betraf ihren Teppich, ihre Wandverkleidung, Fensterdrapierungen, Möbelbezugsstoffe, Tagesdecke und Bettlaken. Sie führten diese Änderungen in einer Zeitspanne von sechs Monaten durch, und mit jeder neuen graugrünen Ergänzung kühlte sich ihre Beziehung um einen weiteren Grad ab. Als das Zimmer dann fertig war, war die Frau ins Gästezimmer umgezogen.

Wir unterhielten uns ausführlich über ihre Farbwahl. Beiden hatte das Aussehen eines graugrünen Schlafzimmers auf einem Magazinfoto gefallen, aber als sie eingehender darüber nachdachten, fand keiner von beiden die Farbe warm oder sinnlich. Je dominanter die Farbe geworden war, desto weniger Wärme und Sinnlichkeit war in dem Raum – und zwischen ihnen. Tatsächlich waren sie meistens übereinander verärgert und hatten einander satt, und das schon seit Monaten. Ich fragte sie, welche Farben sie sinnlich fänden. Beide antworteten prompt: »Rosa!« Die Frau sah ihren Mann an und fragte verblüfft: »Du magst *Rosa?*« In diesem Moment hob sich der trübe Dunst, und herzlich lachend verbanden sie sich wieder. Selbstverständlich brachten sie Rosa sowie mehrere andere warme Farben in ihr vormals graugrünes

Zimmer, und so wie sie das sinnliche Gleichgewicht in ihrem Schlafzimmer wiederherstellten, wurde es auch in ihrer Beziehung wiederhergestellt.

Frieden und Ruhe fördern: Stellen Sie den Fernseher im Schlafzimmer hinter geschlossene Türen, wie auf Abbildung 11M veranschaulicht. Oder noch besser: Verfrachten Sie ihn gleich in ein anderes Zimmer. Ich habe schon viele Leute klagen hören, seit ein Fernseher in ihr Schlafzimmer Einzug gehalten habe, seien die Gelegenheiten zum Liebesspiel fast restlos ausgezogen.

Kinderschlafzimmer

Die meisten Kinderschlafzimmer, die ich zu sehen bekomme, sind neonhell und unruhig, unruhig, unruhig. Es wundert einen nicht, wenn die Eltern äußern, dass ihr Kind nie zur Ruhe kommt. In nahezu allen Fällen wird das Kind durch das Schlafzimmerdekor überstimuliert. Feng Shui konstatiert einen direkten Zusammenhang zwischen der epidemisch grassierenden Hyperaktivität unserer Kinder und dem dekorativen Design ihrer Schlafzimmer. Wenn Sie ernsthaft darüber nachdenken: Könnten Sie sich in einem Schlafzimmer entspannen, das vor Spielsachen überquillt und durch leuchtende Primärfarben sowie Action-Figuren, die über jede Oberfläche preschen, akzentuiert ist? Ein solches Zimmer ist fortwährend wach und aktiv. Wir müssen unsere Kinder vielmehr in die friedliche Geborgenheit eines heimeligen, heiter-stillen Schlafzimmers einmummeln, das ihnen dabei hilft, sich zu beruhigen und zu ihrem nötigen Schlaf zu kommen.

Farben, die den Schlaf nicht stören: Benutzen Sie beim Auswählen von Farben für ein Kinderschlafzimmer dieselbe Farbenskala wie die für alle Schlafzimmer (siehe S. 228). Ersetzen Sie leuchtende Primärfarben wie etwa Signalrot, Kobaltblau und Tageslichtgelb durch warme Pastelltöne oder satte Farben wie etwa lavendel-, pfirsich-, buttercreme- und kakaofarbene Töne. Tauschen Sie künstlerische oder dekorative Tapeteninhalte, die im Zimmer umherfliegen, -fallen, -fahren oder -laufen, gegen ein Sujet aus, das friedlich-heiter und ruhig ist. Integrieren Sie Selbstachtungs-Verstärker, die häufig auf den neuesten Stand gebracht werden, beispielsweise ein Schwarzes Brett für die neuesten Schöpfungen Ihres Kindes oder Wechselrahmen zum Ausstellen eigener Bilder und Zeichnungen. Heitere Ruhe ist hier der Leitgedanke. Wenn Sie das Schlafzimmer ruhig gestalten, beruhigen Sie zugleich auch Ihr Kind.

Besitztümer, die den Schlaf nicht stören: Bei Kinderzimmern kann es leicht dazu kommen, dass sie mit Spielsachen, Spielen, Geräten und Sammlungen überfüllt sind. Jeder Gegenstand, der von Aktivität zeugt, wirkt daran mit, den Raum »wach« zu halten. Arrangieren Sie eine hübsch anzusehende Auswahl von Kuschelspielsachen wie Plüschtiere und Stoffpuppen, und verstauen Sie auf Aktion ausgerichtetes Spielzeug nicht sichtbar in Koffern, Wandschränken und Truhen.

Kinder wachsen schnell aus Kleidungsstücken, Spielsachen und Interessen heraus, und folglich hat man laufend damit zu tun, ihre Besitztümer auf dem aktuellen Stand zu halten. Bringen Sie Ihren Kindern bei, dass sie, wenn sie sich von den Sachen trennen, die sie nicht mehr interessieren, Platz schaffen für den Erhalt der neuen Dinge, die sie wirklich gerne haben möchten.

Familienfotos, Spiegel und Heimtiere im Schlafzimmer: Ganz anders als beim Schlafzimmer eines Paars ist es im Kinderzimmer durchaus sinnvoll, Familienfotos nahe am Bett des Kindes zu platzieren. Fotografien von den Eltern und anderen Familienmitgliedern teilen dem Kind Liebe und Geborgenheit mit. Kinder reagieren oft sehr empfindlich auf den aktivierenden Einfluss von Spiegeln. Vergessen Sie nicht, Spiegel abends mit Vorhängen zu versehen, zu verhüllen oder aus dem Raum zu entfernen (wie auf den Abbildungen 4N und 4O, S. 136, veranschaulicht). Das ist besonders wichtig, wenn Kinder einen leichten oder unruhigen Schlaf haben.

In einem Kinderzimmer lebende Heimtiere wie Hamster, Vögel, Schildkröten und Fische muss man in regelmäßigen Abständen kontrollieren. Gar nicht so selten findet man in Kinderzimmern grün veralgte Aquarien oder verhungernde Hamster, obwohl das betreffende Kind versprochen hatte, sich gewissenhaft darum zu kümmern. Dadurch wird nicht nur das jeweilige Heimtier grausam vernachlässigt, sondern auch die Energie im Wohnbereich erschöpft. Haben Sie ein wachsames Auge auf die Heimtiere Ihrer Kinder, auch wenn die Heimtierpflege eigentlich deren verantwortungsvolle Aufgabe ist.

Geschwister im Kinderschlafzimmer: Sollten Kinder ein Schlafzimmer miteinander teilen, dann geben Sie jedem Kind einen eindeutigen Platz im Raum, der ihm praktisch ganz allein gehört. Das kann das halbe Zimmer, ein Tisch und ein Stuhl, ein Kinder-Schrankkoffer, ein Wandschrank oder eine Spiegelkommode sein. Das bewirkt, dass die Individualität jedes Kindes klar abgegrenzt bleibt, und hilft, das »Revier« anderer respektieren zu lernen.

Etagenbetten kann man so lange benutzen, wie beide Kinder damit zufrieden sind. Was einem Kind als behaglicher Zufluchtsort gedient haben mag, kann sich – scheinbar über Nacht – in eine scheußlich beengende Kiste verwandeln, die für das älter werdende Kind zu klein geworden ist. Achten Sie einfühlsam auf Kinder, die aus ihren Etagenbetten herauswachsen, und ändern Sie das Zimmer entsprechend.

Kinderschlafzimmer und die Bagua-Karte: Ich stelle fest, dass die meisten Kinder, einschließlich der Teenager, wirklich Freude am Feng Shui haben. Sie lieben den Grundgedanken der Bagua-Karte (Kapitel 2) und benutzen sie oft zur Verbesserung der persönlichen Sphäre ihres Schlafzimmers. Die zwölfjährige Tochter einer Klientin »feng-shuite« selbst ihr Schlafzimmer, indem sie ihren Wandschrank aufräumte, ihr Sparschwein in die Zone für Reichtum und Wohlstand stellte und Spielsachen verschenkte, die sie nicht mehr interessierten. Prompt ergaben sich günstige Möglichkeiten in ihrem Leben, nämlich mehrere Heimtierbetreuungsjobs in ihrer Nachbarschaft. Sie war ganz hingerissen, dass sie Gelegenheit hatte, Heimtiere von Nachbarn zu versorgen, ihre Verlässlichkeit zu beweisen und noch etwas zu verdienen. Und wie wir es sooft im Feng Shui beobachten, schlug dies Wellen, die noch mehr Gutes in ihr Leben lockten, nämlich den Stolz und die Anerkennung vonseiten ihrer Eltern und Nachbarn sowie auch weitere Jobs, die Spaß machten.

Für Teenager ist die Bagua-Karte das »Gitternetz«, das ihnen zeigt, wie sie ihr Schlafzimmer so arrangieren können, dass sich dadurch Positives in ihrem Leben ergibt. Eine meiner Klientinnen rief mich fast weinend an, weil ihre 16-jährige Tochter zum ersten Mal seit vier Jahren ihr Schlafzimmer aufgeräumt hatte.

Warum? Sie wollte es »nach dem Gitternetz einrichten«, und dazu musste sie erst einmal aufräumen. Dann arrangierte sie ihr Schlafzimmer neu und stellte ihre Schulbücher in die Zone für Wissen und persönliches Wachstum sowie ihre Materialien zum künstlerischen Gestalten in die Zone für Kinder und Kreativität. Ihre Mutter sagte, die ganze Einstellung ihrer Tochter habe sich verbessert, mitsamt ihren Zensuren und ihren geselligen Aktivitäten.

Single-Schlafzimmer

Wenn Sie gemäß den vorher erörterten Anregungen handeln, wird Ihnen dies sicherlich dabei helfen, Ihr Schlafzimmer für eine(n) Geliebte(n) herzurichten. Die Erfahrung hat mir jedoch gezeigt, dass allein stehende Männer und Frauen ihre Schlafzimmer manchmal unbewusst so arrangieren, dass diese ihr Alleinleben räumlich festhalten. Sollten sie »auf der Suche« sein, dann sorgen Sie dafür, dass Ihr Schlafzimmer mit Ihren Absichten übereinstimmt.

Single-Frauen: Bereiten Sie Ihr Schlafzimmer so vor, dass es auf Ihren neuen Geliebten anziehend wirkt. Locken Sie romantische Liebe in Ihr Leben, indem Sie Ihr Schlafzimmer für zwei einrichten. Stellen Sie Nachttische und Lampen auf beide Seiten Ihres Betts, und sorgen Sie dafür, dass genügend Platz vorhanden ist; man sollte herumgehen können, ohne gegen etwas zu stoßen – auch dann, wenn Sie *heute* Nacht hier die Einzige sind.

Wie dies auch bei anderen Räumen der Fall ist, kann eine große Anzahl von Zierkissen zu viel des Guten sein. Kissen, die man vorsichtig entfernen muss, bevor man das Bett benutzen kann, werden für romantische Liebe eher zu einer Barriere als zu einer Unterstützung. Die meisten Männer mögen feine Zierkissen nicht; sie betrachten sie als kleine, lästige Etepetete-Dinger, die mit Feingefühl zu behandeln sind. Wenn man sie nicht runterwerfen oder unter dem Kopf zusammenballen kann, werden Kissen oft als störend empfunden. Ein Paar pflegeleichte Zierkissen auf Ihrem Bett reichen völlig.

Entfernen Sie Puppen und Stofftier-»Wächter« vom Bett. Diese Bettwachen nehmen symbolisch den für Ihren Geliebten bestimmten Platz ein und können als Anzeichen einer unvollendeten Kindheit oder emotionaler Unzugänglichkeit gedeutet werden. Was sie auch unterschwellig besagen mögen: Sie behindern romantische Spontaneität. Entfernen Sie gleichfalls Fotos von verflossenen Geliebten aus Ihrem Schlafzimmer. Handeln Sie so, als sei Ihr Geliebter bereits in Ihrem Leben, indem Sie ein einladendes Schlafzimmer und ein zugängliches, sinnliches Bett gestalten, an dem Sie sich beide erfreuen können.

Kunstwerke, die solitäre Sujets darstellen – etwa eine einzelne Blume, eine Frau allein oder ein einziges Tier – bekräftigen unaufhörlich das Alleinsein. Gute Beispiele dafür zeigt Abbildung 11Q. Bringen Sie stattdessen Kunstwerke ins Zimmer, die paarweise vorhandene Motive darstellen. Ich habe mit vielen Frauen gearbeitet, die ihr einsames Leben unbewusst räumlich fixiert festhielten, indem sie ihr Zuhause mit Kunstwerken anfüllten, die ein einzelnes, isoliertes Sujet darstellten, oft eine einsam, distanziert, zornig oder traurig aussehende Frau. Eine Klientin hatte an ihren Schlafzimmerwänden über zwanzig gerahmte Poster und Karten mit Bildnissen einzelner Frauen. Jede Nacht schlief sie allein mit ihren rund zwanzig einsamen Gefährtinnen. Wenn Sie

Abb. 11Q: Dieses Schlafzimmer ist zwar in vielerlei Hinsicht ansprechend, aber es hält den Single-Status einer Frau räumlich fest. Das einzelne Pferd galoppiert in der Liebe-und-Partnerschaft-Zone des Raumes immerzu davon. Die Puppe und die feinen Zierkissen »schützen« das Bett und deuten darauf hin, dass es schon besetzt ist. Der Teddybär auf dem Sessel, die Statue der einzelnen Frau auf der Spiegelkommode, der einzelne Nachttisch oder buchstäbliche »One-night-stand« und die Lampe symbolisieren allesamt Alleinsein. Und der weiße gazeartige Vorhang deutet darauf hin, dass hier Verbände für Verletzungen aus früheren Liebesaffären benötigt werden. (Auch in Farbe.)

romantische Liebe anziehen wollen, dann tauschen Sie Ihre Monos gegen Duos aus (wie auf den Abbildungen 11R und 11S veranschaulicht), die Sie inspirieren, wie Darstellungen von Menschen-, Tier-, Blumen-, Baum-Paaren oder eine entsprechende Skulptur. Oder gruppieren Sie paarweise Lieblingsgegenstände – Kerzenleuchter, Vasen, Statuen, Blumen und Bücher – überall im Wohnbereich, besonders in der Liebe-und-Partnerschaft-Zone (siehe die Bagua-Karte, Kapitel 2) Ihres Zuhauses und Ihres Schlafzimmers, um Ihrem Wunsch und Ihrer Absicht, eine romantische Liebesbeziehung einzugehen, noch mehr Energie zu verleihen.

Für Alleinstehende und Verheiratete gilt: Der wichtigste Schritt, den Sie unternehmen können, besteht darin, dass Sie eine Liebesaffäre mit sich selbst haben. Schaffen Sie eine bezaubernde Schlafzimmeratmosphäre durch Duftkerzen oder -öle, Musik, die Ihnen wohl tut, sowie Farben und Stoffe, bei denen Sie zerschmelzen. Stärken Sie Ihr Charisma, indem Sie sich selbst rückhaltlos Ihre geheimsten Gedanken anvertrauen mit der Gewissheit, dass der richtige Geliebte zur richtigen Zeit erscheinen wird. Festigen Sie Ihre Fähigkeit, zu lieben und geliebt zu werden, indem Sie *jetzt* sich selbst lieben. Bekräftigen Sie: »Ich liebe, ehre und feiere mein Leben jetzt und immer. Meine von Liebe erfüllten Gedanken, Worte und Taten erhöhen meine Anziehungskraft und stärken die Freude und das Glücksgefühl in mir.«

Abb. 11R: Das Schlafzimmer lädt nun zu romantischer Liebe ein. Die feinen Zierkissen, die Puppe, der Teddybär, das Pferd, die Statue und der Gazevorhang wurden entfernt. Kerzen, Blumen, ein zweiter Nachttisch mit Lampe, tiefrote Bettwäsche und ein Vorleger wurden hinzugefügt. Außerdem wird, als Optimum des Ganzen, die Zone für Liebe und Partnerschaft jetzt durch eine sinnliche Skulptur von Erté verbessert. (Auch in Farbe.)

Abb. 11S: Eine sinnliche Skulptur von Erté bringt ein Flair romantischer Liebe in das Schlafzimmer. (Auch in Farbe.)

Single-Männer: Schlafzimmer allein stehender Männer sind oft »Kommandostationen«, wo das Bett zwischen andere funktionelle Gegenstände, beispielsweise einen Schreibtisch, Computer, Aktenschrank, Fernseher, eine Stereoanlage und Fitnessgeräte, eingepfercht ist. Vor der Tür, die in solch ein Schlafzimmer führt, stehen keine Geliebten Schlange.

Ich arbeitete mit einem allein stehenden Mann, dessen Schlafzimmer so chaotisch und mit Möbeln, Kisten und Geräten vollgestopft war, dass ich einige Sekunden benötigte, um sein Bett ausfindig zu machen. Er wollte gerne wissen, weshalb er nie sehr lange eine Freundin gehabt hatte. Es stellte sich heraus, dass sich jede Frau aus dem Staub machte, sobald sie sein Schlafzimmer gesehen hatte.

Sollten Sie eine Geliebte anziehen und behalten wollen, dann lassen Sie in Ihrem Schlafzimmer das Bett dominieren. Bringen Sie Ihre Fitnessgeräte, Ihren Fernseher und Ihren Computer möglichst in einem anderen Raum unter, oder schirmen Sie sie gegen das Bett hin ab, wenn sie nicht in Gebrauch sind. Schöne Kunstwerke, sinnliche Bettwäsche und warme Farben sollten allesamt sagen: »Komm schon rein und mach's dir bequem.«

Das war das Ziel eines Mannes, der entschlossen war, seinen Single-Status zu verändern. Abbildung 11T zeigt sein Schlafzimmer vor der Durchführung von Veränderungen. Das Bett befand sich unter dem Fenster, das Fitnessrad, nicht weniger beherrschend als das Bett, diente zugleich als Handtuchhalter, und der Lesesessel war unter Kleiderhaufen begraben. Auf dem einzigen Nachttisch stand ein Bild von einem einzelnen Typen, der dreinblickte, als hätte ihn all sein Glück verlassen, während die andere Bettseite von einer riesigen Palme okkupiert war. Bettwäsche, Nachttisch, Wände und ein Gemälde, allesamt in Weiß, zusam-

Abb. 11T: Dieses Schlafzimmer eines allein stehenden Mannes enthält viele Feng-Shui-Probleme. Dazu zählen die Platzierung des Betts, die Fitnessgeräte, das einen einsamen Mann darstellende Kunstwerk neben dem Bett, die einzelne Lampe und der Einzelnachttisch, eine »partnerfressende Pflanze« und ein genereller Mangel an Ordnung. Das große weiße Gemälde von Richard Haeger geht in einem weißen, vom Metall-Element dominierten Raum unter. (Auch in Farbe.)

men mit Fitnessgeräten aus Metall – das bedeutete, dass der Raum vom Metall-Element dominiert wurde. Interessanterweise war der Mann »immer in seinem Kopf« und hatte schon lange keine romantische Liebesbeziehung mehr.

Er stellte sein Bett an eine massive, durchgängige Wand und ersetzte das große weiße Gemälde durch ein farbenprächtiges leichtes Bild, das die Elemente Feuer und Wasser hereinbrachte (siehe Abbildung 11U). Er entfernte die große sperrige Palme, fügte mehrere dunkelrote Brücken hinzu und kaufte für seine Nachttische *zwei* Nachttischlampen, deren Schirme mit einem Leopardenfellmuster bedruckt sind. Er investierte eine Menge Geld in Bettwäsche und weitere Verbesserungen für seinen romantischen Rückzugsort. Der Tisch, die Skulptur und die Kerze

Abb. 11U: Zu den Veränderungen zählt das Umstellen des Betts an eine massive, durchgängige Wand. Außerdem wurden ein farbenprächtiges Bild von Sally Pearce, rote Brücken und ein zweiter Nachttisch mit Lampe hinzugefügt. Luxuriöse Wäsche gibt dem Bett Wärme. Zugleich verbessern eine rote Kerze, ein Tisch von Charles Thomas und eine Skulptur von Karin Swildens die Zone für Liebe und Partnerschaft. Eine gesunde neue Palme akzentuiert die Zone für Reichtum und Wohlstand. (Auch in Farbe.)

vervollkommnen die Zone für Liebe und Partnerschaft, und eine neue Palme in passender Größe verbessert die Zone für Reichtum und Wohlstand. Von kalt und unordentlich zu warm und einladend – das Schlafzimmer des Mannes symbolisierte dessen Liebesleben. Während der Wochen der Vervollständigung seines Schlafzimmers gedieh eine Freundschaft mit einer Frau, die er schon seit Jahren kannte, zu einem viel versprechenden Liebesverhältnis.

Sich von der Vergangenheit lösen und in der Gegenwart schwelgen: Liebende (beiderlei Geschlechts) lieben luxuriöse Bettwäsche. Sie können darauf zählen, dass sinnliche Bettbezüge einen positiven Eindruck machen. Bettwäsche, die verschlissen ist, nicht zusammenpasst oder mit dem Duft der Vergangenheit markiert ist, wird Ihnen nicht helfen, Ihre Liebe zu gewinnen. Ich arbeitete mit einem allein stehenden Mann, der noch immer die Bettwäsche benutzte, die seine Exgattin während der längst aufgelösten Ehe vor mehr als einem Jahrzehnt gekauft hatte. Jetzt, schon so viele Jahre im Gebrauch, waren die Bezüge völlig verschlissen. Noch dazu verletzten sie jede Feng-Shui-Regel – der Stoff in ausgeblichenem Marineblau war zur Hälfte aus Polyesterfaser. Dies signalisierte jeder scharfsichtigen Frau, dass die vergangene Ehe dieses Mannes seinem Schlafzimmer, und daher ihm, noch immer aufgeprägt war.

Als ich ihn fragte, welche Erinnerungen für ihn mit der Bettwäsche verknüpft seien, durchströmte ihn ein neues Bewusstsein. Als Kind hatte er gelernt, Besitztümer zu behalten, bis sie total abgenutzt waren. Er hatte es als Glücksfall empfunden, dass ihm seine Exgattin die Bettwäsche daließ, als sie sich trennten. Jetzt wurde ihm klar, dass seine Unfähigkeit, das Vergangene völlig loszulassen und ein neues romantisches Liebesverhältnis anzuziehen, zur Gänze von seiner Bettwäsche widergespiegelt wurde. Jetzt musste er endlich »den Blues«, das mit Melancholie behaftete blaue Zeug, loswerden und sein Schlafzimmer so einrichten, dass es seine eigenen einzigartigen Vorlieben und Neigungen ausdrückte.

Er wählte Bettwäsche aus ägyptischer Baumwolle mit hoher Garnfeinheit und eine Tagesdecke in glänzendem Bronze- und Goldton. Zu ihrer Abrundung vergrößerte und rahmte er mehrere Fotografien vom welligen kalifornischen Bergland im goldenen Lichtschein des Sonnenuntergangs. Die Wirkung war fantastisch, sowohl in seinem Schlafzimmer als auch seinem Liebesleben. Er lernte mehrere attraktive Frauen kennen und freut sich an seinen regelmäßigen Verabredungen mit ihnen. Aber das Beste ist, dass er entdeckt hat, wie viel Freude ihm der Umgang mit sich selbst macht.

Kunstwerke, die eine(n) Geliebte(n) anziehen: Wenn Sie eine neue Liebe in Ihr Leben locken wollen, dann entfernen Sie ungerahmte Poster, angepinnte Magazin-Ausklappbilder oder Gewalt darstellende Kunstwerke aus Ihrem Schlafzimmer. Geliebte springen darauf fast nie *an,* sondern springen vielmehr *ab.* Legen Sie den Stil und die Stimmung fest, indem Sie künstlerische Elemente einführen, die Sinnlichkeit und Heiterkeit andeuten. Es kann ein Landschaftsbild sein, auf dem hügelige Rundungen an Hüften oder Schultern denken lassen, oder ein Seestück, auf dem Segelboote Vergnügen und Entspannung ausdrücken. Sinnliche Skulpturen, eine Sammlung Kerzen, frische Blumen sowie gesunde Pflanzen können gleichfalls eine einladend romantische Atmosphäre schaffen. Mann/Frau wird diese Dinge bemerken und zu schätzen wissen.

Gästezimmer

Manche Häuser und Wohnungen verfügen auch über den höchst erfreulichen Luxus eines Gästezimmers. Sollten Sie Platz für ein reines Gästezimmer haben, dann sorgen Sie dafür, dass es als gleichberechtigter Teil in Ihren Haushalt integriert ist. Lassen Sie die Tür offen, und gestalten Sie es so, dass Sie jedes Mal angenehm berührt sind, wenn Sie es sehen. Lassen Sie es nicht zu einem chaotischen Lagerraum werden, weil sich dies auf den Chi-Fluss in Ihrem Zuhause negativ auswirken würde.

Statten Sie Ihr Gästezimmer mit den gleichen heiter-ruhigen Elementen der Behaglichkeit aus wie Ihr eigenes Schlafzimmer. Schaffen Sie im Wandschrank und der Kommode reichlich Platz für die Sachen Ihres Besuchers. Zusätzlich sollte Platz zum Auspacken und Verstauen von einem oder zwei Koffern vorhanden sein. Integrieren Sie die kleinen Bequemlichkeiten und Annehmlichkeiten, die Sie als Gast gerne vorfinden würden, beispielsweise warme Bademäntel und fein parfümierte Toilettenartikel. Zufriedene Gäste steigern die Energie in Ihrem Zuhause. Geben Sie Ihrem Gästezimmer eine persönliche Ausstrahlung, die Ihre Besucher dazu einlädt, sich zu entspannen und ihren Aufenthalt zu genießen.

Das Gästezimmer zählt außerdem zu den Räumen im Wohnbereich, die sich am leichtesten für andere Bedürfnisse und Interessen umfunktionieren lassen. Man kann es zu einem Arbeitszimmer, einem Fitnessraum oder einem Refugium umgestalten. Machen Sie hinsichtlich Ihrer eigenen Arbeitsleistung oder Ihrer persönlichen Bedürfnisse nicht das ganze Jahr lang Kompromisse, wenn Sie einen Raum für sich beanspruchen können, der nur gelegentlich für Gäste benutzt wird. Und bei seiner Neugestaltung für einen anderen Zweck können Sie immer noch einen Schlafplatz für Gäste integrieren, beispielsweise ein Schrankbett, eine Bettcouch, ein Klappbett oder einen Futon.

Wie Sie den Erfolg dazu verlocken, Ihr Gast zu sein: Positiver Wandel kann eintreten, wenn Sie Ihre speziellen Bedürfnisse durch Feng-Shui-Augen einschätzen. In einem Fall teilten zwei zusammenlebende Männer miteinander *ein* häusliches Büro. Beide fühlten sich beengt in einem Raum, der keinerlei Privatsphäre zuließ, weil man voneinander alles mitbekam. Sie bemerkten, dass dies ihre Beziehung zu strapazieren begann. Unterdessen dämmerte auf der anderen Seite des Flurs ein Gästezimmer vor sich hin.

Bis zu unserem Feng-Shui-Termin war es ihnen nicht in den Sinn gekommen, das Gästezimmer als zweites Büro in Beschlag zu nehmen. Die Familienmitglieder beider Männer kamen von Zeit zu Zeit zu Besuch, und sie hatten geglaubt, sie müssten einen Raum ausschließlich für Gäste frei halten. Aber jetzt waren ihre Arbeitserfordernisse wichtiger als der Luxus, ein reines Gästezimmer zu haben, das die meiste Zeit über leer blieb. Sie erkannten, dass sie die chronische Stauung in dem einen Raum lockern könnten, wenn sie das Gästezimmer zu einem zweiten Büro umgestalteten. Sie trafen beide ihre Wahl, verteilten sich auf die beiden Räume und breiteten sich aus. Zur Unterbringung von Gästen kauften Sie für das eine Büro einen Futon und für das andere einen großen Lesesessel, der sich in ein Einzelbett verwandeln ließ.

Kaum waren ihre Telefone wieder anrufbereit, als auch schon die Karrieren der beiden abhoben. Sie hatten jetzt jede Menge Platz, zu wachsen und ihre Berufe auszubauen. Nach über einem Jahr erlebten sie bereits mehr Erfolg und glückliche Zufriedenheit als je zuvor.

Schnell-Ratgeber für Schlafzimmer

- Stellen Sie Ihr Bett so auf, dass Sie die Tür sehen können.
- Bringen Sie Schreibtische und Fitnessgeräte in anderen Räumen unter, oder schirmen Sie sie gegen das Bett hin ab.
- Verzichten Sie entweder ganz auf einen Fernseher im Schlaf-

zimmer, oder stellen Sie ihn in ein verschließbares Gehäuse oder einen mittelgroßen Schrank.

- Verhängen Sie abends etwaige Spiegel oder entfernen Sie sie aus dem Zimmer.
- Wählen Sie sinnliche Bettwäsche aus natürlichem Gewebe.
- Wählen Sie Hauttöne und warme, satte Farben.
- Sorgen Sie dafür, dass man vom Bett aus eine schöne Aussicht hat.
- Integrieren Sie sinnliche oder heiter-ruhige Kunstwerke.
- Berücksichtigen Sie ernsthaft die fünf Sinne.
- Verwenden Sie die Bagua-Karte und bringen Sie die fünf Elemente ins Gleichgewicht.

Kapitel 12

Das Refugium – Raum für den Geist

Damit wir unseren Beziehungen, Berufen, Familien und Passionen gerecht werden können, müssen wir zuweilen kurz anhalten, um uns mit uns selbst zu befassen. Chris Casson Madden

Ein Refugium ist ein Raum, der ausschließlich der Erforschung unserer Passionen und Interessen dient. Es kann ein Ort absoluter Ruhe und vollkommenen Friedens sein, der dem Yoga, Heilen, Schreiben oder der Meditation geweiht ist, oder es kann die Form eines Künstlerateliers oder Tanzstudios annehmen. Im typischen Gebäude- oder Wohnungsgrundriss kommt ein Refugium normalerweise nicht vor, aber man kann so gut wie jeden Raum oder Innenbereich – also etwa ein Gästezimmer, Esszimmer, Freizeitzimmer, Schlafzimmer, einen Keller, Dachboden, eine Garage oder Bibliothek – dazu machen. An diesem besonderen Ort haben Sie die totale Freiheit, Ihr Selbst zum Ausdruck zu bringen, sei es nun, indem Sie Kunstwerke schaffen, musizieren, singen, tanzen, träumen, meditieren oder schreiben. Beanspruchen Sie einen wenig benutzten Raum als Refugium in Ihrem Zuhause, und geben Sie ihm eine völlig neue Identität – eine, die Ihr inneres Wachstum und Ihre Persönlichkeitsentfaltung unterstützt.

Als Linda, eine Klientin, ein Engagement an ihrem örtlichen Theater bekam, brauchte sie zu Hause einen Platz zum Proben. Sie und ihr Mann Kevin bewohnten ein Haus mit einer riesigen Schlafzimmersuite sowie zwei kleinen Schlafzimmern, von denen das eine als Gästezimmer und das andere als Büro genutzt wurde.

Linda musste feststellen, dass sie sich in keinem der beiden kleinen Schlafzimmer frei bewegen konnte und die Akustik darin grässlich war. Sie brauchte mehr Platz! Nachdem wir uns die Situation angesehen hatten, fanden wir, dass es ideal wäre, das große Schlafzimmer in ihr Refugium bzw. Studio umzuwandeln und das reguläre gemeinsame Schlafzimmer in das Gästezimmer zu verlegen. Kevin stimmte dieser ziemlich unkonventionellen Idee zu – als Experiment. Er wollte sichergehen, dass ihm die Veränderung auch gefiel, bevor er sie mit seiner Langzeitgenehmigung absegnete.

Linda und Kevin entdeckten, dass die Sache besser funktionierte, als sie es für möglich gehalten hätten. Sie strukturierten die Wandschränke um: Lindas Kleider ließen sie im großen Schlafzimmer und richteten den Wandschrank im häuslichen Büro für Kevins Kleidung her. Statt morgens auf Zehenspitzen herumschleichen zu müssen, um Linda möglichst nicht aufzuwecken, hatte Kevin jetzt sein eigenes Ankleidezimmer. Die große Suite gab Linda reichlichen Bewegungsspielraum, und die verspiegelten Wandschranktüren waren fürs Tanztraining genau richtig (siehe Abbildung 12C).

Und, eingemummelt in das heimelige Nest ihres kleinen Schlafzimmers, erwachten sie nicht mehr in aller Frühe durch

Abb. 12A: Dieses Refugium dient ausschließlich der Meditation und dem Heilen. Der Altar weist bedeutungsvolle Gegenstände, Bücher, Blumen und Kerzen auf. (Siehe dazu die Nahaufnahme auf Abbildung 4V, S. 149.)

Abb. 12B: Von dem Refugium auf Abbildung 12A gelangt man hinaus auf eine Holzterrasse zum Meditieren. Sie ist um einen Baum herum gebaut und wird durch Pflanzen, Blumen und eine Amethystgeode verbessert.

das in einer Wand aus Spiegeln reflektierte Tageslicht. Beide hatten bemerkt, wie viel besser sie deswegen schliefen. Obwohl es sie selbst und viele ihrer Freunde überraschte, befriedigte dieses Arrangement wundervoll ihre Bedürfnisse.

Seinen eigenen Raum beanspruchen

Ich habe festgestellt, dass Paare und Familien am glücklichsten sind, wenn jeder Einzelne von ihnen ein Refugium hat – als speziellen Raum oder als zugleich anderweitig genutztes Zimmer –, das ihm praktisch ganz allein gehört. Abbildung 12D zeigt ein Arbeitszimmer/Refugium, in dem man persönliche Erinnerungsstücke, für die sich andere Familienmitglieder nicht interessieren, stolz zur Schau stellen kann. Wenn unsere persönlichen Be-

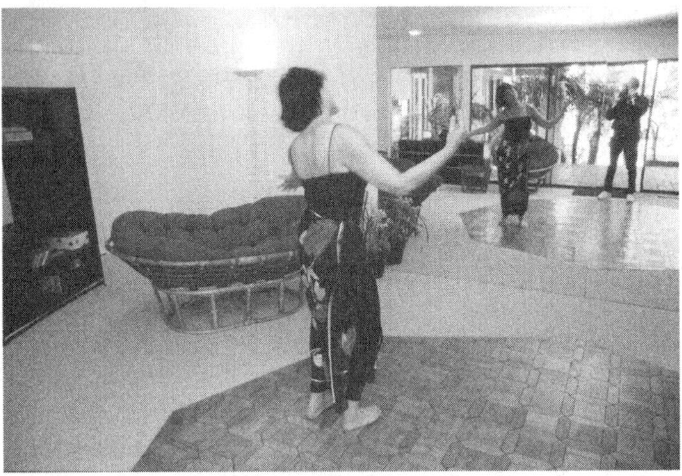

Abb. 12C: Ein mit Tanzboden und Spiegeln ausgestattetes überschüssiges Schlafzimmer bildet ein Refugium für eine junge Frau, die im Hauptfach Choreographie studiert.

Abb. 12D: Dieser Raum vereinigt ein Arbeitszimmer und ein Refugium in sich. Der Schreibtisch, mit Aussicht auf die Tür, steht im vordersten Bereich des Zimmers, die Couch hingegen bietet Platz zum Entspannen und Lesen. Die persönlichen Erinnerungsstücke dieses Mannes, unter anderem Andenken aus seinem Militärdienst und eine während eines Gesundheitsretreats angefertigte Trommel, finden hier ein Zuhause.

dürfnisse auf diese Weise befriedigt werden, fällt es uns meist wesentlich leichter, hinsichtlich der Gestaltung und Einrichtung von Bereichen, die wir mit anderen teilen, Kompromisse einzugehen.

Schnell-Ratgeber für das Refugium

- Widmen Sie es Ihrem inneren Wachstum und Ihrer Persönlichkeitsentfaltung.
- Gestalten und arrangieren Sie es so, dass es eine genaue Widerspiegelung von Ihnen wird.
- Verwenden Sie nach Bedarf die fünf Elemente und die Bagua-Karte.

Kapitel 13

Badezimmer – reinigende Wasser

Das Badezimmer ist ein Körpertempel, der Ort, an den wir uns täglich mehrmals rituell zurückziehen, um uns wieder mit unserer physischen Natur zu verbinden – wo wir körperlichen Zyklen nachgeben, uns an unserer nackten Haut erfreuen, träge im warmen Wasser baden oder uns mit einer frischen Dusche beleben.

Carol Venolia

Es steckt schon eine gewisse Komik in der Tatsache, dass dieses Kapitel die Zahl 13 trägt. »Kapitel 13«, ein Synonym für Bankrott, erinnert mich an die weitverbreitete Feng-Shui-Überzeugung, dass Badezimmer und Gästetoiletten finanzielle Probleme verursachen. Die Redensart »Da hätte ich ja genauso gut mein Geld im Klo runterspülen können!«, fasst es zusammen. Man ist der Ansicht, dass die Rohrleitungen im Bad buchstäblich Lebenskraft und elementare Ressourcen aus dem Wohnbereich abfließen lassen. Aber wenn Sie Ihre Badezimmer so gestalten, dass sie nicht nur funktionsfähig, sondern gleichermaßen freundlich und erfreulich sind, muss es nicht dazu kommen. Mit Feng Shui können Sie die Energie im Gleichgewicht halten und ihren kontinuierlichen Fluss durch Ihre Badezimmer und Ihre Bankkonten sicherstellen.

Schließen Sie die Abflüsse oder die Türen

Beginnen Sie damit, dass Sie die Abflüsse geschlossen halten, wenn sie nicht in Gebrauch sind. Das ist zwar beim Klosettbecken wegen seiner großen Öffnung ganz besonders wichtig, aber auch alle Abflüsse können das Chi bis zu einem gewissen Grade hinunterziehen. Stöpseln Sie das Waschbecken, die Duschwanne und die Badewanne zu, wenn Sie sie nicht benutzen, oder bedecken Sie die Abflüsse mit kleinen, zu diesem Zweck hergestellten Gummimatten.

Wenn es gar nicht anders geht, sollten Sie zumindest das Badezimmer geschlossen halten. Das können Sie problemlos sicherstellen, indem Sie die Tür mit einer lockeren Zugfeder versehen, so dass sie sich leicht öffnen lässt und sich sacht hinter Ihnen schließt. Damit ist auch gewährleistet, dass das Chi unbeeinträchtigt durch alle übrigen Räume im Wohnbereich fließt.

Falls Ihr Schlafzimmer zu einem türlosen Bad führt, sollten Sie unbedingt eine Tür, einen Vorhang oder einen Paravent anbringen, um so eine Sichtbarriere zwischen dem Bad und dem Schlafzimmer zu schaffen (siehe dazu die Abbildungen 11H und 11I, S. 239). Dadurch sind nicht nur Ungestörtheit und eine angenehme Aussicht sichergestellt sondern auch ein guter Energiefluss in *beiden* Zimmern.

Im Idealfall ist eine Toilette so platziert, dass man sie von der Badtür aus nicht sieht. Bringen Sie sie in einem separaten WC oder hinter einer Wand unter, oder stellen Sie einen Paravent davor. Sollte das nicht möglich sein, dann hängen Sie an der Decke, auf halbem Weg zwischen Tür und Toilette, einen runden facettierten Glaskristall auf (wie auf Abbildung 4E, S. 119); er hebt das Chi an und lässt es zirkulieren.

Bedeutungsvolle Motive

Machen Sie alle Badezimmer schön! Mit einem frischen Farbanstrich, neuer Badwäsche, Kerzen, Kunstwerken und Pflanzen werden Sie das Chi rasch anheben. Sollte ein Bad wenig oder kein natürliches Licht haben, dann integrieren Sie eine Niedrigwattlampe oder ein Nachtlicht, und lassen Sie diese Lichtquelle die meiste Zeit über oder immer an, wie auf Abbildung 13A veranschaulicht. Kleine Bäder wirken größer und einladender, wenn Sie eine Tapete mit Raumtiefe oder dementsprechende Kunstwerke wählen. Bringen Sie Gegenstände ins Badezimmer, die Sie gerne sehen, und halten Sie die Stellflächen, den Wannenbereich und die Hängeschränke in Ordnung. Und entsorgen Sie die überflüssigen »Helfer« – Shampoo- und sonstige Kosmetikaflaschen, die fast leer oder längst nicht mehr verwendbar sind.

Berücksichtigen Sie für die Badezimmerfarben und -motive die fünf Elemente (Kapitel 3). Hinsichtlich der Elemente ist das Bad sehr wässrig. Das kann man ausgleichen, indem man dem Erd-Element zugeordnete Komponenten hinzufügt, beispielsweise gelbe oder erdige Farbtöne, irdene Gegenstände und keramische Fliesen. Das Feuer-Element, das Erde »schafft« und stärkt, bringt außerdem Wärme und Licht herein, und zwar über Kerzen, Lampen, feurige Farben und Kunstwerke, die Tiere oder Menschen darstellen. Da das Holz-Element Wasser »trinkt« und Feuer »nährt«, können Sie Ihr Bad mit gesunden Pflanzen, frischen Blumen, Bildern/Gemälden von Gärten, einer geblümten oder gestreiften Tapete und ebensolchen Handtüchern, mit Gegenständen aus Holz sowie mit Blau- und Grüntönen verbessern. Abbildung 4E auf S. 119 zeigt ein Beispiel für ein kleines Bad, das durch Erd-, Feuer- und Holz-Akzentuierungen ausbalan-

Abb. 13A: Viele Chi-Verbesserer, besonders rote Wände, eine Pflanze, ein Kunstwerk, luxuriöse Handtücher und eine Niedrigwattlampe, die immer an ist, halten in diesem fensterlosen Bad das Chi in Schwung. (Auch in Farbe.)

ciert wurde. Das weißen, steinernen und metallischen Gegenständen zugeordnete Metall-Element wird nicht betont, weil es dazu neigt, das bereits dominante Wasser-Element zu »halten« und folglich zu verstärken. Es geht ja darum, in einem ursprünglich extrem wässrigen Raum ein Gleichgewicht herzustellen.

Badezimmer-Bagua

Berücksichtigen Sie außerdem, in welchem Teil der Bagua-Karte Ihr Badezimmer liegt, und schneiden Sie Ihre Ausstattung passend darauf zu. Die Zone für Reichtum und Wohlstand kann, genau wie jede andere Bagua-Zone, in Ihrem Badezimmer »landen«. Als eine Klientin erkannte, dass sich ihre Zone für Reichtum und Wohlstand in dem schmuddeligen, nach hinten hinaus gelegenen Bad befand, das sie nie benutzte, veränderte sie es, indem sie gleich neben der Badewanne Vorhänge in sattem Burgunderrot aufhängte, sämtliche Handtücher entsprechend dazu harmonierend austauschte und luxuriöse Accessoires hinzufügte. Es wurde schnell zum beliebtesten Badezimmer im Haus, und mehr Wohlstand denn je strömte in ihren Haushalt.

Sie können ein Badezimmer in der Zone für Reichtum und Wohlstand ausgesprochen opulent gestalten, ein in der Zone für Liebe und Partnerschaft liegendes sinnlich und duftend (siehe Abbildung 13B) und ein in der Zone für Gesundheit und Familie befindliches lebhaft und fröhlich durch künstlerische Blumendarstellungen und dementsprechende Accessoires. Ganz gleich, in welcher Zone es liegt: Wenn Ihr Badezimmer ein schöner Ort ist, der sein eigenes besonderes Ambiente hat, wird dadurch ein guter Chi-Fluss sichergestellt.

Abb. 13B: Dieses Badezimmer liegt in der Liebe-und-Partnerschaft-Zone des Hauses. Eine gewölbte Mauernische, Blumen und eine geblümte Bordüre von der Wandgestalterin Jacki Powell geben dem Raum ein romantisches Flair. Zu weiteren Verbesserungen zählen rosa Handtücher, Duftöllampen und fein parfümierte Badeöle.

Kontemplative Übung

Badezimmer symbolisieren Reinigung und Loslösung vom Alten, um dadurch Platz für das Neue zu schaffen. Vergewissern Sie sich, dass Sie nicht an alten Einstellungen festhalten, die Sie daran hindern, die Freude und Verheißung jedes neuen Augenblicks zu empfinden. Forschen Sie nach »giftigen« Denk- und Empfindensmustern wie etwa Groll, Ärger oder Hilflosigkeit. Entlassen Sie sie dann beim nächsten Duschen oder Baden bewusst in die reinigenden Wasser. Lassen Sie sie zusammen mit dem Seifenwasser direkt durch den Abfluss wegfließen. Während Sie Ihren Körper waschen, können Sie sich immer auch tiefer gehend reinigen, von unglücklichen oder ungesunden Gedanken und Gefühlen, so dass Sie innen und außen blitzsauber bleiben.

Schnell-Ratgeber für Badezimmer

- Halten Sie alle Abflüsse geschlossen, wenn sie nicht benutzt werden.
- Schirmen Sie möglichst die Toilette gegen die Badtür hin ab.
- Trennen Sie das Bad und das Schlafzimmer mit einer Tür, einem Vorhang oder einem Paravent.
- Bringen Sie das Badezimmer gemäß den fünf Elementen und der Bagua-Karte ins Gleichgewicht.
- Gestalten Sie Ihr Badezimmer durchweg schön und halten Sie es aufgeräumt.

Kapitel 14

Wäscheräume und Garagen – Diamanten im Rohzustand

Die Garage ist für die meisten von uns ein geschlossener, schuttabladeplatzartiger Bereich eines riesigen Lagerkellers für unsere strittigen Besitztümer.
Don Aslett

Der Wäscheraum

In den meisten Häusern und Wohnungen gelten Wäscheräume nicht als Zimmer und sind, wie Lagerräume, Garagen und Keller, oft unordentlich, vollgestopft, schlecht beleuchtet und schmucklos. Da im Feng Shui jeder Raum als gleichwertig gilt, sollten Sie auch Ihren Wäscheraum so gefällig gestalten wie jedes andere Zimmer.

Die geeignetste Lage für Wäscheräume ist in der Nähe der Schlafzimmer, wo ja die meiste Wäsche anfällt. Sie sollten hinreichend geräumig sein, also Platz für die notwendigen Geräte und Waschmittel, ein Bügeleisen und Bügelbrett sowie einen Bereich zum Sortieren und Aufhängen bieten. Sollte Ihr Wäscheraum zugleich eine zweite Diele direkt neben der Garage oder dem Hintereingang sein, wie auf Abbildung 14A, dann arrangieren Sie darin Symbole, die Sie jedes Mal gerne sehen, wenn Sie das Haus verlassen oder betreten. Bringen Sie möglichst Ihre Waschma-

Abb. 14A: Leuchtende Sonnenblumen in diesem Waschraum heißen die Besitzer daheim willkommen, wenn sie durch die Garage ins Haus treten.

schine und Ihren Trockner in einem Einbauschrank oder hinter einem Paravent oder Vorhang unter, damit man sie nur bei Gebrauch sieht.

Ob Ihr Wäscheraum zugleich als Eingangsbereich dient oder nicht: Beim Auswählen von geeigneten Akzentuierungen können Sie so spielerisch und einfallsreich sein, wie Sie möchten. Prüfen Sie auf der Bagua-Karte nach (Kapitel 2), in welcher Zone Ihr Wäscheraum liegt, damit Sie ein Grundthema für seine dekorative Ausstattung festlegen können. Stellen Sie Dinge zur Schau, die Sie lieben, die aber möglicherweise nicht in andere Zimmer passen, beispielsweise Poster von Rock-and-Roll-Stars oder Sportskanonen, Erinnerungsstücke aus der Collegezeit oder die mit den Fingern gemalten Bilder Ihres Kindes. Eventuell sollten Sie die Wäscheraumtür – oder den Wäscheraum selbst – in einer ausgefallenen und verrückten Farbe streichen. Oder vielleicht wollen Sie gegen die Tradition verstoßen und Dinge in den Wäscheraum integrieren, die man hier normalerweise nicht findet. Alles, was bei Ihnen ein Wohlgefühl erzeugt, verbessert das Chi. Beleben Sie den Raum mit einem Kristallkronleuchter, einem tollen Spiegel oder einer Sammlung antiker Glassachen. Das Sortieren und Zusammenlegen Ihrer Wäsche erhält eine völlig neue Bedeutung, wenn Sie von lustigen oder schönen Dingen umgeben sind. Geben Sie dem Wäscheraum Flair und Individualität, so dass Sie bei seinem Anblick jedes Mal lächeln müssen.

Die Garage

Das simple, unfertige Design der meisten Garagen stammt aus einer Zeit, wo unsere Beförderungsmittel in Scheunen und Ställen untergebracht waren. Pferde und Kutschen befanden sich in einem vom Haus getrennten Gebäude. Es war und ist noch immer eine gute Idee, Beförderungsmittel in einem anderen Gebäude unterzubringen, denn dadurch sind im Haus eine reinere Luft und ein ruhigerer Chi-Fluss gewährleistet. Außerdem werden damit gefährliche Autoabgase sowie mehr oder minder periodische Aktivitäten in der Garage von Ihnen und Ihrer Familie fern gehalten. Da jedoch Grund und Boden teurer werden und unser Hang zur Bequemlichkeit wächst, werden Garagen oft mit dem Haus verbunden. Daraus ergeben sich einige Feng-Shui-Probleme.

Sollte die Garage mit Ihrem Haus verbunden sein, dann lassen Sie nach dem Abstellen des Wagens das Garagentor ein paar Minuten lang offen, damit keine Abgase ins Haus eindringen. Über oder neben der Garage befindliche Räume werden von der mehr oder minder periodischen Energieausstrahlung der Garage be-

Abb. 14B: In der Garage herrscht das Chaos, folglich sind Automobile auf die Straße verbannt. Diese außer Kontrolle geratene Garage symbolisiert die Gefühle des Besitzers – im eigenen Leben die Kontrolle verloren zu haben.

einflusst und sollten vornehmlich zu Arbeits- oder Spieltätigkeiten benutzt werden und eher nicht als Schlafzimmer.

Neben den Kernfragen Sicherheit und Bequemlichkeit müssen Sie bei Ihrer Garage gleichermaßen beachten, dass sie sauber, übersichtlich und wohl geordnet bleibt. (Das gilt auch für eine freistehende Garage sowie für jedes sonstige »Nebengebäude« auf Ihrem Grundstück.) Jedes Mal, wenn Sie sich in der Garage verwirrt oder erdrückt fühlen, wissen Sie, dass es Zeit ist, sie auszumisten und wieder in Ordnung zu bringen. Lassen Sie immer reichlich Platz frei, damit Sie Ihren Wagen hinein- und herausmanövrieren können, ohne gegen Spielsachen, Sportgeräte oder einen wachsenden Haufen von Gegenständen für den Trödelmarkt zu stoßen. Ich war in Garagen, wo man gerade noch genug Platz zum Parken und Aussteigen hatte, und sich durch stapelweise angehäuftes Zeug zwängen musste, um ins Haus zu gelangen. Und dann gibt es Garagen wie die auf Abbildung 14B gezeigte, wo kein Fleckchen zum Parken mehr übrig ist. Selbst bei geschlossen gehaltenem Garagentor führt dies zum Stillstand des Chi und hat unweigerlich negative Auswirkungen auf das Leben der Besitzer.

Sollten Sie vorhaben, Ihre Garage durchzustrukturieren, dann richten Sie spezielle Bereiche zum Lagern von Sachen sowie für Tätigkeiten ein, etwa fürs Pflanzeneintopfen, Anfertigen von kunsthandwerklichen Gegenständen und für das Arbeiten mit Maschinen oder Holz. Leisten Sie sich all die Regale und Behälter, die Sie brauchen, um den Raum organisieren zu können. Wie

Abb. 14C: Die neu gewonnene Kontrolle über die Garage bringt Vitalität in jeden Aspekt des Lebens. Nachdem der Eigentümer das meiste Zeug in der Garage weggeworfen oder als Schenkung abgegeben hatte, brachte er den Rest übersichtlich geordnet in den vorhandenen Regalen unter und fuhr die Wagen wieder hinein. Jetzt ist der Plunder weg und die wirklich nützlichen Besitztümer haben ein Zuhause. Ein Regisseurstuhl und ein gerahmtes Foto von einem weißen Tiger fungieren als Begrüßer neben dem Garageneingang ins Haus.

Abb. 14D: Diese von der Besitzerin als »Autozimmer« bezeichnete Garage ist in einem zu den übrigen Raumbereichen des Hauses passenden Farbton gestrichen und wird durch kleine Schränke sowie Kunstgegenstände und Blumen verbessert.

Abbildung 14C veranschaulicht, braucht er nicht exquisit zu sein; er muss nur ordentlich sein, so dass Sie wissen, wo sich jedes einzelne Ding befindet. Mieten Sie wenn nötig einen verschließbaren Lagerraum zur Unterbringung von Gegenständen, die kostbaren Platz wegnehmen, und sagen Sie Ihren Freunden und Verwandten, dass sie dasselbe tun sollen! Ihre Garage ist *nicht* deren Lagerraum. Und bitte bringen Sie Ihre Sachen *jetzt* zum Trödelmarkt, wie Sie es seit Monaten oder Jahren planen. Indem Sie die Gegenstände loswerden, die Sie nicht mehr wollen oder brauchen, geben Sie Ihrem Zuhause neue Lebenskraft und schaffen Platz für das, was Sie *wirklich* in Ihr Leben strömen lassen wollen.

Vergessen Sie beim Ordnen Ihrer Garage nicht, ihr außerdem eine gewisse Individualität zu geben, wie auf Abbildung 14D veranschaulicht. Hängen Sie dort Poster oder andere ansprechende

Dinge auf. Streichen Sie sie in Ihrer Lieblingsfarbe. Verwenden Sie das Teppichmaterial, das Sie in einem anderen Raum durch einen neuen Belag ersetzt haben, um den Boden weicher zu machen, und sorgen Sie für großzügige Beleuchtung. Oder wandeln Sie die Garage in ein Künstleratelier, ein Familienzimmer oder ein Büro um. Prüfen Sie nach, wo sich Ihre Garage auf der Bagua-Karte befindet (Kapitel 2), und wählen Sie Verbesserungen, die der betreffenden Zone entsprechen. Alle Verbesserungen, die Ihnen zusagen, werden das durch Ihr Zuhause fließende Chi stärken.

Schnell-Ratgeber für Wäscheraum und Garage

- Gehen Sie mit dem Wäscheraum und der Garage wie mit jedem anderen Raum in Ihrem Zuhause um.
- Machen Sie sie reizvoll, indem Sie sie nach Ihrem Geschmack dekorieren.
- Verschaffen Sie sich zur Erhaltung der Ordnung die nötigen Regale und Schränke.
- Vermeiden Sie die Tendenz zu erlauben, dass sich dort überschüssige Besitztümer ansammeln.

Kapitel 15

Dachböden, Keller und sonstige Lagerbereiche – allem ein Zuhause geben

Es ist entmutigend, sich vorzustellen, dass ein Haufen Wirrwarr uns um unsere Zukunft – ein pulsierendes, genussreiches, von Begeisterung erfülltes Leben – betrügen könnte. Er kann es! Und tut es! Don Aslett

Wenn ich an Dachböden und Keller denke, denke ich an Dunkelheit. Ich wuchs in einem Haus auf, das sowohl einen Dachboden als auch einen Keller hatte, und beide waren schlecht beleuchtet. Ich erinnere mich, wie ich auf dem oberen Absatz der Speichertreppe in dem pechschwarzen Dunkel mit unsicherer Hand nach dem Lichtzugschalter herumfischte. Sobald ich die Schnur gefunden hatte, erhellte eine nackte Glühbirne schwach einen kleinen Bereich bei der Treppe – der restliche Dachboden blieb nach wie vor dunkel.

Der Keller war noch schlimmer. Dort musste ich durch die tintenschwarze Finsternis bis zur gegenüberliegenden Wand gehen, wo sich die Lichtschalter befanden. Meine Einbildungskraft besiegte mich immer, während ich durch die Dunkelheit hastete, und bis ich dann zu den Schaltern gelangt war, pochte mein Herz wie wild. Das war kein »gutes Feng Shui«. Beleuchtung, ein klares Symbol der Sicherheit und Behaglichkeit, hatte in unserem dunklen, schaurigen Speicher- und Kellerbereich kein Zuhause. Im Hauptgeschoss des Hauses hingegen, wo sich die »wirklichen Zimmer« befanden, erhellten Lampen jeden Raum.

Der Dachboden und der Keller meiner Familie waren nicht außergewöhnlich. Meine sämtlichen Freundinnen hatten ebenso unheimliche und bedrohliche Keller, Speicher und Lagerräume, wo Chaos in der Dunkelheit herrschte. Das waren reinste Indoor-Müllkippen, in die man, ohne lange zu überlegen, besonderes, altes, saisonales und kaputtes Zeug werfen konnte. Die meisten Häuser und Wohnungen waren sehr präsentabel – bis wir zu den Lagerbereichen kamen. Dann fiel es einem wegen des erdrückenden Chaos schwer, sich überhaupt zu bewegen, geschweige denn, irgendetwas zu finden.

Erhellen Sie Ihre Habe

Auch wenn dies für unsere westliche Denkweise eine neue, ungewohnte Auffassung ist: Unsere Lagerbereiche wie etwa Dachböden und Keller müssen in der Familie der Zimmer, die unser Zuhause bilden, als gleichberechtigte Mitglieder respektiert werden. Wenn sie dunkel und unordentlich vollgestopft sind, werden sie zu gefährlichen Herden, die die Lebenskraft unseres Zuhauses unterminieren. Beleuchten Sie Ihre Lagerbereiche genauso gut wie jeden anderen Raum. Das ist eine der einfachsten Möglichkeiten, diese Raumbereiche anzuheben und zu kräftigen. Bringen Sie Lichtschalter und Nachtlichter bequem erreichbar an. Räumen Sie dann bei dieser vollen Gesamtbeleuchtung den ganzen Bereich auf, und strukturieren Sie ihn durch, unter dem leitenden Gesichtspunkt, dass alles, was hier wohnen bleibt, einen hohen Gefühlswert hat oder in irgendeiner Hinsicht von Nutzen ist. Dazu zählen Urlaubsutensilien, Verpackungsmaterial für Geschenke, Möbel, Bücher, Zeitungen, Kleidungsstücke, Werkzeuge, Künstlerbedarfsartikel, schriftliche Unterlagen sowie Erinnerungsstücke. Sorgen Sie dafür, dass diese Gegenstände leicht zu finden und herauszuholen sind, indem Sie sie etikettieren und leicht erreichbar lagern. Geben Sie Ihren Besitztümern – *ausnahmslos allen* – ein gutes Zuhause. Lagerbereiche müssen mindestens einmal jährlich aufgefrischt und neu durchstrukturiert werden, denn was Sie letztes Jahr noch behalten wollten – von Steuerunterlagen bis zu Omas Garderobenständer –, ist jetzt vielleicht endgültig aussortierbar.

Wenn Sie Ihre Lagerräume so gestalten, dass sie freundlich und wohl geordnet sind – und dabei jedes einzelne Ihrer Besitztümer achtsam und pfleglich verwahrt ist –, wird Ihre Lebensqualität, einschließlich Ihrer Kreativität und Seelenruhe, eminent verbessert. Vergessen Sie nicht: Ihre Umgebung zeigt Ihren Bewusstseinszustand, und der enthüllt sich nirgends augenfälliger als in Ihren Lagerbereichen.

Chaos-Boten im Lagerraum

Ich bekam in meinem Leben eine wunderbare Gelegenheit zu lernen, wie heikel Lagerräume sein können. Brian und ich wohnen auf einem Grundstück am Strand, das zwei Cottages umfasst. Unser Wohnbereich befindet sich größtenteils im vorderen Cottage. Dazu zählen unser Wohn- und unser Esszimmer, unsere Küche und unsere beiden Büros. Unser gemeinsames Schlafzimmer befindet sich im hinteren Landhaus, zusammen mit einer Unterkunft für Gäste und einem Lagerraum. Eines Nachts registrierten wir das Getrippel kleiner Füße gleich nebenan, und wir fanden schnell heraus, dass unser Lagerraum zur Herberge für mehrere Familien von Nagetieren, nämlich Wanderratten, geworden war. Sie waren zwar kleiner und niedlicher als andere Rattenarten, aber sie beschmutzten und zerstörten zusehends alles und mussten entfernt werden.

Vor ihrem Erscheinen hatte ich den Eindruck gehabt, unser Lagerraum sei eigentlich völlig okay – ein bisschen unordentlich vielleicht, aber schließlich hatten wir ja viel zu tun. (Kommt Ihnen das bekannt vor?) Irgendwann demnächst würden wir's schon schaffen, ihn aufzuräumen. Als die Wanderratten es erforderlich machten, dass ich ihn mir wirklich genau ansah, war ich verblüfft, wie viel Plunder sich in der Zeit, wo wir nicht nachsahen, angesammelt hatte. Kein Wunder, dass es den Ratten hier so gut gefiel – der Ort war ein Katastrophengebiet!

Leider gönnten uns die Ratten keine Pause. Sie warteten nicht, bis wir einen günstigen Zeitpunkt festlegten, um uns mit ihnen und dem Lagerraum zu befassen, den sie jetzt bewohnten. Innerhalb eines Tages nagten sie einen Gang durch die Wand des Lagerraums in unser Schlafzimmer. Dort erwischte ich sie am helllichten Tag, wie sie sich an »Zahltag«- und »1-Million-Dollar«-Zuckerstangen gütlich taten – humorigen Symbolen der Zone für Reichtum und Wohlstand, die mir Freunde geschenkt hatten. Meine Ankunft war das Signal für die abrupte Beendigung ihrer Party, und sie rasten über das Bett, um in »ihren« Lagerraum zurückzugelangen.

Gründlich gewarnt (und ein bisschen belustigt) begriff ich, dass wir uns keinen weiteren Moment mehr vor dieser Situation drücken konnten. Wir waren nunmehr gezwungen, *der Sache Beachtung zu schenken!* Wir ließen alles stehen und liegen und räumten unseren Lagerraum aus. Dabei stellten wir fest, dass wir für das meiste von dem hier Vorhandenen, wozu Möbel, Koffer, Kleidung, Schriftstücke und Bücher zählten, jetzt keine Verwendung mehr hatten. Während der nächsten paar Tage füllten wir zwei offene Lieferwagen mit »Trödel« für den Garagenverkauf eines Freundes. Wir recycelten rund 115 Kilo alter Geschäftsunterlagen, kauften 37 große Plastikcontainer, um die Dinge durchzustrukturieren, die wir auf Lager behalten wollten, und dabei entdeckten und verschlossen wir dann die »Tür«, durch die die Wanderratten hereingelangten.

Die hektische Aufräumaktion, die im Lagerraum begonnen hatte, flammte überall in beiden Cottages auf. Wir durchforsteten jeden einzelnen Raum nach Dingen, die nicht mehr in unser Leben gehörten. Das führte zu weiteren sechs Kisten voll »brauchbarem Zeug« für den Flohmarkt. Ein schwindelerregendes Gefühl der Erleichterung erfüllte uns beim Ausmisten jedes einzelnen Raumes. *Ausschließlich* von den Dingen umgeben, die wir liebten, fegten wir jegliche aus der Vergangenheit stammende Schwere hinweg und schwelgten in der Klarheit des Augenblicks. Und unvermutet ergaben sich neue Arbeit und neue gesellschaftliche Chancen in unserem Leben, wie dies sooft der Fall ist.

Ich lache noch immer stillvergnügt in mich hinein, wenn ich daran denke, wie diese kleinen Wanderratten sich an meinen süßen Symbolen von Reichtum und Wohlstand gütlich taten. Was waren sie doch für ein Geschenk!

Schnell-Ratgeber für Lagerbereiche

- Sorgen Sie für gute, volle Beleuchtung.
- Erhalten Sie diese Bereiche ansprechend und wohl geordnet, indem Sie allen gelagerten Gegenständen ein gutes Zuhause geben.
- Strukturieren Sie die betreffenden Räume mindestens einmal jährlich neu durch.
- Überprüfen Sie jeden Lagerraum auf ein eventuell sich anbahnendes Chaos, und schreiten Sie gegebenenfalls sofort ein.

Kapitel 16

Korridore und Treppen – verbindende Passagen

Wenn man ein Treppenhaus nicht mit Leben erfüllt, verödet es und bewirkt, dass das Gebäude zertrennt wird und die darin ablaufenden Prozesse auseinander gerissen werden.
Christopher Alexander

Korridore und Treppen verbinden die Zimmer und Stockwerke unserer Häuser und Wohnbereiche und sind die Passagen, durch die wir uns hindurchbewegen – zusammen mit der Lebensenergie, die unser Zuhause nährt. In vielen Fällen weisen sie jedoch extreme Eigentümlichkeiten auf und müssen ausbalanciert und verbessert werden, damit das Chi sie adäquat und förderlich durchfließen kann.

Korridore

Korridore sind häufig dunkel und kahl. Je länger, schmaler und dunkler sie sind, desto mehr fühlt man sich gezwungen, möglichst schnell hindurchzugehen. Im Feng Shui wollen wir das Gegenteil fördern und die Menschen auf ein gesundes Tempo herunterbremsen. Das erreichen wir, indem wir den Flur zu einem gefälligen, freundlichen und interessanten Aufenthaltsort machen.

Gehen Sie an Ihren Korridor heran wie an ein »Zimmer« mit ganz speziellen Eigenschaften. Beispielsweise eignet sich seine lang gestreckte, schmale Form als Kunstgalerie, an deren Wänden Sie Gemälde, Fotografien, Poster, Spiegel oder andere Sammelobjekte zur Schau stellen können. Jedes einzelne Stück fungiert als »Fenster«, das den Flur farbig und interessant macht. Deckenstrahler und Halogenbeleuchtung auf Stromschienen können einen Hauch Dramatik hinzufügen und einen lang gestreckten dunklen Raumbereich in einen hellen Salon verwandeln. Um Aussichten zu eröffnen und aufzuhellen, sollten Sie direkt gegenüber von Türen, durch die man auf einen Korridor gelangt, Spiegel oder Kunstwerke aufhängen, wie auf Abbildung 16A veranschaulicht. Umgekehrt verbessert man das Ende eines langen Gangs durch Kunstwerke ohne Raumtiefe, etwa ein Stillleben, das den Raumbereich akzentuiert, ohne den Flur dem Anschein nach zu verlängern.

Ist der Flur breit genug, dann durchsetzen Sie ihn mit Möbeln, Teppichen, Pflanzen und anderen Gegenständen, die dem Raumbereich ein freundliches Ambiente geben. Ein Korridor kann der perfekte Platz für eine Bibliothek sein, wobei Bücherregale und akzentuierende Beleuchtung für eine Menge Interesse sorgen, wie auf Abbildung 16B dargestellt. Überfüllen Sie einen Korridor nicht, in dem Bemühen, ihn noch interessanter zu machen! Stellen Sie sicher, dass die von Ihnen gewählten Lösungen den Chi-Fluss verbessern und nicht blockieren.

Außerdem verwendet man in Korridoren facettierte Kristalle; sie begünstigen dort die Zirkulation und Ausgewogenheit der Energie. Man kann sie in Abständen von zirka drei Metern un-

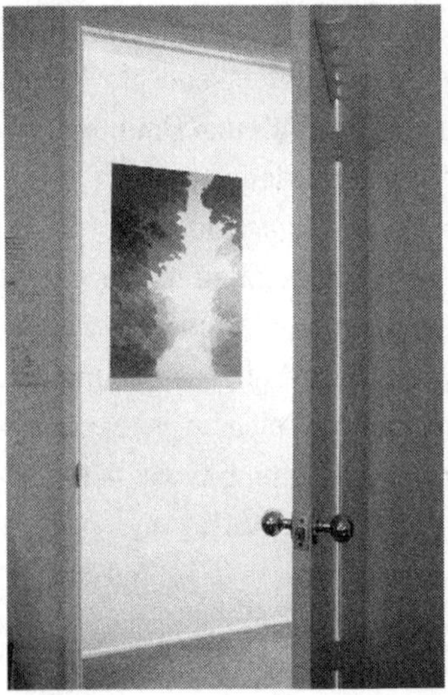

Abb. 16A: Ein Kunstwerk mit Raumtiefe, beispielsweise diese Naturszene von dem Künstler Jeff Kahn, öffnet die Wand gegenüber einer zum Flur führenden Tür.
Abb. 16B: Bücherregale, Beleuchtung und Kunstwerke verwandeln diesen Flur in einen reizvollen Ort, wo man sich an den vielen interessanten Gegenständen erfreuen kann.

aufdringlich etwa fünf bis zwölf Zentimeter weit von der Decke herunterhängen lassen. Oder benutzen Sie Beleuchtungskörper aus Kristallglas, um so für Licht und kristallbedingte Verbesserung zu sorgen.

Treppen

Treppen betrachtet man im Feng Shui oft als »reißende Wasserfälle«, die die Energie zu rasch von einem Stockwerk zum anderen lenken. Sie sind besonders problematisch, wenn sie direkt zum Haupteingang eines Domizils hinunterführen: Dann schießt das Chi, das eigentlich Gesundheit und Glück der Bewohner nähren sollte, hinunter und zum Haus hinaus. In diesem Fall fließt die durch die Tür hereinkommende Lebensenergie »gegen den Strom« und hat keine Möglichkeit, durch das Haus zu wandern, weil sie ja vorher schon wieder hinausgerissen wird. Egal, wo sich im Haus die Treppe befindet: Je länger und steiler sie ist, desto notwendiger ist es, sie ins Gleichgewicht zu bringen. Sollten Sie den Bau einer Treppe planen, dann achten Sie darauf, dass sie nicht auf Türen zuläuft, besonders nicht auf die Haustür, und gestalten Sie sie breit und komfortabel-elegant, mit entsprechenden Futterstufen und Treppenabsätzen, um so den Chi-Fluss zu dämpfen.

Abb. 16C: Ein Schränkchen definiert den Treppenabsatz, und ein Spiegel von Dan Diaz fängt das hinunterfließende Chi auf und lässt es beständig zirkulieren. Beide Verbesserungen sind zugleich funktionell: Damit haben die Bewohner einen Platz für ihre Schlüssel und können kurz ihr Äußeres checken, bevor sie das Haus verlassen.
Abb. 16D: Kunst mit einer Auftrieb gebenden Grundtendenz wie etwa diese Blumenmalerei von Jacki Powell hebt das Chi im Treppenschacht an und bringt es ins Gleichgewicht.

Wenn Sie an einer vorhandenen Treppe arbeiten wollen, dann stellen Sie in der Nähe der Treppenbasis reizvolle Gegenstände auf, beispielsweise eine Skulptur, einen Paravent, ein Möbelstück (Abbildung 16C), Wasser-Merkmale oder Pflanzen. Vergewissern Sie sich aber, dass diese Dinge den Bereich nicht überfüllen. Außerdem begünstigt ein facettierter Kristall über der untersten Stufe die Anhebung und Zirkulation des herabstürzenden Chi.

Ist nur wenig Platz vorhanden, dann hängen Sie direkt gegenüber der Treppe einen Spiegel auf, wie auf Abbildung 16C, um symbolisch die reißend herabströmende Energie aufzufangen und wieder die Treppe hinaufzureflektieren. Kunstwerke mit einer Auftrieb gebenden Grundtendenz (Abbildung 16D) sind ebenfalls empfehlenswert. Oder stabilisieren Sie die Treppe selbst, indem Sie ein schönes Tuch über die Geländersäule hängen (Abbildung 16F). Indem Sie die Treppe interessant und schön machen, tragen Sie dazu bei, dass die Lebensenergie überall in Ihrem Zuhause ausgeglichen und gleich bleibend fließt.

Wenn Sie Kunstwerke in einer stufenförmig nach unten verlaufenden Anordnung neben der Treppe aufhängen, betonen Sie das Gefälle der Treppe. Schaffen Sie stattdessen mit Hilfe von Kunstwerken eine starke horizontale Linie, indem sie im Treppenschacht ein oder mehrere gerahmte Werke in gleicher Höhe aufhängen, wie auf Abbildung 16F veranschaulicht. Das ist vergleichbar mit dem Festlegen der Linie zwischen Himmel und Erde (S. 176). Empfohlen werden künstlerische Darstellungen mit lebhafter, Auftrieb gebender Grundtendenz – wie etwa von Bäumen, Vögeln im Flug und lächelnden oder tanzenden Menschen – sowie auch Kunstwerke, die größtenteils aus horizontalen Linien bestehen.

Auch Wendeltreppen betrachtet man im Feng Shui als extreme

Abb. 16E: Hier führt eine Treppe von einer kleinen Diele nach unten. Sogar die Katze wagt sich da nur ungern hinunter.

Abb. 16F: Zur Ausbalancierung der Treppe hängten die Besitzer Kunstwerke auf, um so eine starke horizontale Ebene zu schaffen, die ein Gegengewicht zur Vertikalität der Treppe bildet. Die Diele wird durch einen handgewebten Tuchbehang und Blumen stabilisiert und einladender gemacht. Der unten stehende Sessel wurde verschoben, damit in ihm Sitzende wenigstens halbwegs die Tür sehen können und, um Energie ins Wohnzimmer zu lenken. Ein Kristall hängt über der untersten Stufe, um die Chi-Zirkulation auszugleichen.

Komponenten. Ihre Korkenzieherform lässt wie ein riesiges Abflussrohr das Chi nach unten strömen, und durch das Fehlen von Futterstufen wird das Chi in alle Richtungen hinausgefegt. Daher kann man sich auf Wendeltreppen gefährdet fühlen, ganz wie bei einem Strudel. Betonen Sie zum Ausgleichen des hinunter- und hinausziehenden Sogs die Mittelachse, indem Sie diese in einer anderen Farbe streichen als die übrige Treppe. Wendeltreppen deuten die Bewegung des Wasser-Elements an. Erwägen Sie also, die Mittelachse blau oder grün zu streichen, um das Holz-Element zu stärken, und die Stufen in einem erdfarbenen Ton, um das Element Erde hereinzubringen. Oder Sie könnten gesunde, aufwärts wachsende Pflanzen (Holz) in Terrakottatöpfen (Erde) um die Treppenbasis herum aufstellen.

Schnell-Ratgeber für Korridore und Treppen

- Halten Sie Korridore und Treppen offen und frei von Gegenständen, die ein bequemes Passieren unmöglich machen.
- Statten Sie diese Passagen wenn möglich mit Kunstwerken, Regalen, Möbeln, kleinen Teppichen, Pflanzen und anderen Verbesserungen aus.
- Passen Sie Verbesserungen jeweils an die entsprechende Zone auf der Bagua-Karte an.
- Verwenden Sie Kunstwerke, Spiegel und Kristalle, um den Chi-Fluss auszugleichen.

Kapitel 17

Fenster und Türen – die Augen und Münder

Wir entdecken, dass Fenster und Eingänge sich zu ganz besonderen Zonen entfalten – zu Orten für die Zusammenfügung des Inneren und des Äußeren, des Öffentlichen und des Privaten, Orten für die Zeremonien des Begrüßens und des Sich-Verabschiedens. Wir entdecken wieder, wie individuell und unendlich vielfältig Sitze am Fenster und Haustürstufen beschaffen sind, wenn es zur Berührung der zwei verschiedenartigen Welten kommt.

Thomas Bender

Fenster

Fenster gelten als die Augen des Hauses. Sie bringen Licht und Aussichten in unser Heim, und ihre Platzierung und Behandlung ist entscheidend, wenn es darum geht, die Luftströmung und den Chi-Fluss im ganzen Wohnbereich zu regulieren.

Beim Hausbau sollte man tunlichst keine Tür setzen, die einem Fenster (oder einer Außentür), insbesondere einem großen Panoramafenster mit eindrucksvoller Aussicht, direkt gegenüberliegt, weil dies dazu führt, dass die Energie zu rasch durch den Raum gezogen wird. So reizvoll ein solcher sich unmittelbar eröffnender Ausblick sein mag: Er kann die Menschen übermäßig anregen, während der betreffende Raum dadurch »unter-

Abb. 17A (links): Eine Skulptur auf einem Sockel trägt dazu bei, das durch die Vordertür zu den rückwärtigen Fenstern strömende Chi zu verlangsamen und zirkulieren zu lassen.

Abb. 17B: Die einfache Hinzufügung eines facettierten Kristalls vor einem Fenster kann das durch einen Raum fließende Chi ausgleichen.

ernährt« bleibt. Im Idealfall haben wir – sowie auch das Chi – einen Moment Zeit, uns auf einen Raum einzustellen und in ihm heimisch zu werden, bevor wir ganz auf die andere Seite hinübergezogen werden. Und Aussichten sind oft verführerischer, wenn sie sich eher auf den zweiten Blick erschließen, statt einem sofort ins Auge zu fallen.

Sollten Sie ein großes Fenster und eine Tür haben, die einander direkt gegenüberliegen, dann stellen Sie dazwischen etwas Reizvolles auf, beispielsweise ein Aquarium, Pflanzen, Blumen oder eine Skulptur, wie auf Abbildung 17A veranschaulicht. Auch Vorhänge, Möbel, Pflanzen und Kunstwerke in der Nähe des Fensters können dazu beitragen, die durch den Raum hindurchströmende Energie zu verlangsamen und teilweise zurückzulenken. Ist kein Platz für diese Dinge vorhanden, dann hängen Sie einen runden facettierten Kristall vor das Fenster, wie auf Abbildung 17B veranschaulicht; oder hängen Sie ihn auf halbem Wege zwischen Fenster und Tür auf.

Überprüfen Sie, was für eine Aussicht Sie von jedem Fenster (und jeder Außentür) haben. Was sehen Sie? Wenn Sie lieben, was Sie sehen, ist alles bestens. Wenn nicht, dann überlegen Sie, was Sie zur Verbesserung der Aussicht tun können. Sollten Sie direkt auf einen Zaun blicken, dann pflanzen Sie vor ihm etwas Grünes und üppig Wachsendes an, oder streichen Sie ihn in einer schönen Farbe. Sollten Sie auf einen Parkplatz oder eine belebte Straße hinausschauen, dann versehen Sie die untere Fensterhälfte mit Fensterläden und lassen Sie das Licht von oben hereinströmen, oder hängen Sie Vogelfutterautomaten oder blühende Pflanzen in der Nähe des Fensters auf. Akzentuieren Sie Aussichten mit Vogeltränken, Skulpturen und anderen »Schönheitszeichen«, wie auf Abbildung 17C veranschaulicht. Schaffen Sie »Geheimplätze«, die Sie vielleicht nur von einem einzigen Fenster aus sehen können, wie etwa die auf Abbildung 17D gezeigte Vogeltränke. Sollten Sie keinerlei Möglichkeit haben, die vorhandenen Aussichten zu verbessern, oder wollen Sie nach Einbruch der Dunkelheit Ihre Privatsphäre vor fremden Blicken schützen, dann versehen Sie Ihre Fenster mit geeigneten Abschirmvorrichtungen.

Sollten Fenster nicht so groß sein, wie Sie es gerne hätten, dann bringen Sie gegenüber dem betreffenden Fenster einen Spiegel oder ein Bild hinter reflektierendem Glas an, um so das natürliche Licht zu verstärken. Hängen Sie vor dem Fenster oder in seiner Nähe einen facettierten Kristall auf, der das Chi anzieht und zirkulieren lässt.

Dachfenster sind in aktiven Räumen empfehlenswert, beispielsweise Wohnzimmern, Arbeitszimmern und Büros, Familienzimmern, Küchen, Garagen und Badezimmern – aber nicht direkt über Ihrem Bett, Schreibtisch oder Esstisch. Dachfenster

Abb. 17C: Eine für den Garten bestimmte Plastik und Pflanzen schaffen draußen vor einem Fenster eine inspirierende Ansicht. (Auch in Farbe.)

Abb. 17D: Arrangieren Sie draußen vor den Fenstern des häuslichen Büros, der Küche, des Schlafzimmers und des Badezimmers anregende Anblicke mit Schönheitszeichen wie diese Vogeltränke mit Engel und jahreszeitlichen Blumen.

tragen zur Aktivierung des nach oben gerichteten Chi-Flusses bei, so dass es einem schwer fällt, längere Zeit unter solchen Fenstern zu sitzen oder zu ruhen. Sollte sich über einem Lieblingsmöbelstück ein Dachfenster befinden, dann räumen Sie das Zimmer um, oder montieren Sie eine Blende, die man je nach Erfordernis regulieren kann.

Wie dies auch für Spiegel gilt, verschaffen Ihnen große, aus einer einzigen Scheibe bestehende Fenster eine klare unzerteilte Ansicht. Zur künstlerischen Dekoration – und nicht in Fenstern zum Hinausschauen – verwendetes Buntglas kann so reich verziert sein, wie Sie wollen. Alle Fenster sollten sauber und in gutem Zustand gehalten werden, einschließlich der Fenster in Garagen, Kellern, Dachböden und sonstigen eher abgelegenen Räumen.

Türen

Ihr Haupteingang, im Feng Shui oft als der »Mund des Chi« bezeichnet, gilt als wichtigste Öffnung, durch die Lebensenergie und günstige Gelegenheiten in Ihr Leben strömen. Alle übrigen Türen betrachtet man als kleinere »Münder«, durch die das Chi wie frische Luft in die Zimmer Ihres Zuhauses hineingelangt.

Sollten Sie einen Hausbau oder Anbau planen, dann nehmen Sie sich vor, eines von den beiden folgenden Dingen zu tun: Setzen Sie entweder Ihre Türen so, dass sie nicht anderen Türen oder großen Fenstern direkt gegenüberliegen, oder lassen Sie genügend Platz frei, damit man dazwischen ein Möbelstück, eine Pflanzeninsel, eine Skulptur oder einen Paravent platzieren kann. Wie dies auch für Fenster gilt: Wenn Türen anderen Türen direkt gegenüberliegen, strömt die Energie zu schnell durch den Raum, es sei denn, etwas Massives zwischen ihnen verlangsamt die Energie und lässt sie zirkulieren. Man möchte ja lieber, dass das Chi wie eine erfrischende Brise im Raum umherfächelt, als dass es auf kürzestem Wege hindurchfegt wie ein Sturmwind.

Sorgen Sie dafür, dass man von Türen, die in einen relativ engen Raumbereich hinausführen, beispielsweise einen Flur oder eine Diele, eine Aussicht hat, die den betreffenden Bereich öffnet. Dies kann man mit einem Spiegel erreichen oder einem Kunstwerk, das Raumtiefe hat, wie auf Abbildung 16A, S. 302. Fast jeder relativ enge Raumbereich lässt sich auf diese Weise einladender und interessanter machen.

Der Nahbereich jeder Tür sollte gut beleuchtet sein. Stellen Sie sicher, dass sich in der Nähe all Ihrer Türen, einschließlich der in Fluren, Kellern und Dachböden, bequem erreichbare Lichtschalter oder Lampen befinden. Überprüfen Sie sämtliche Türen in Ihrem Zuhause, zur Vergewisserung, dass sie sich vollständig und mühelos öffnen lassen. Alles, was den vollen Bewegungsspielraum einer Tür behindert, muss anderswo untergebracht werden. Reparieren Sie Türen, sobald Sie bemerken, dass sie klemmen oder wackeln oder dringend ein neues Metallteil oder einen neuen Anstrich brauchen.

Schnell-Ratgeber für Fenster und Türen

- Dämpfen Sie den Chi-Fluss zwischen Fenstern und Türen.
- Verschönern Sie Aussichten.
- Behandeln Sie Fenster und Türen im Hinblick auf die Sicherung der Privatsphäre.

- Wählen Sie wenn möglich Fenster mit einer einzigen Scheibe (und daher unzerteiltem Lichteinfall).
- Halten Sie alle Fenster und Türen in gutem Zustand.
- Installieren Sie in der Nähe von Türen bequem erreichbare Lichtschalter.

Kapitel 18

Reinigungen und Segnungen – baden Sie die Seele Ihres Zuhauses

Möge ich friedvoll sein und mich wohl fühlen
Möge mein Zuhause von Herzensgüte erfüllt sein
Möge es ein sicherer Hafen sein
Möge ich glücklich sein
Daheim, im gegenwärtigen Augenblick.

Jack Kornfield

Säubern und Reinigen

Die gründliche Säuberung unseres Zuhauses reinigt es nicht nur von Schmutz und Durcheinander, sondern auch von stagnierender, ungesunder Energie. Es passiert jedoch hin und wieder, dass ein Raum sauber aussieht, einem aber irgendwie unsauber vorkommt. Selbst nach einer ordentlichen Reinigung strahlt der betreffende Raum noch immer etwas Muffiges, Drückendes oder Gespenstisches aus. Viele empfinden dies in älteren Häusern oder Wohnungen, in denen schon mehrere Generationen lebten. Andere bemerken ein unsauberes Gefühl, wenn sie in ein neues Domizil einziehen, das vorher bewohnt war. Manche sind so sensitiv, dass sie in einem Raum, wo eine Auseinandersetzung stattfand oder wo jemand seelischen Kummer litt oder starb, die jeweiligen energetischen Rückstände spüren können. In diesen Fällen ist es wichtig, den Raum nicht nur materiell zu säubern, sondern ihn auch energetisch zu reinigen.

Beim Einzug in ein Domizil, das vorher bewohnt war, sollten Sie immer sofort eine tief greifende Säuberung der Teppiche oder Bodenbeläge vornehmen und die Wände streichen. In den meisten Fällen entfernen Sie dadurch die Energie der Menschen, die dort vor Ihnen gewohnt haben, und prägen Ihrem »neuen« Heim Ihre persönliche Signatur auf. Besprühen Sie dann die Fußleisten sowie auch sämtliche Ecken Ihres Zuhauses mit einem reinigenden Nebel, um das Chi aufzufrischen und zu revitalisieren. Reinigungssprays enthalten Zitrusöl und sind in Geschäften erhältlich, die Produkte für Aromatherapie führen, oder Sie können selbst einen herstellen, indem Sie mehrere Tropfen Orangen- oder Zitronenöl in einen mit Wasser gefüllten Zerstäuber geben (man kann auch andere Öle hinzufügen). Oder bringen Sie zwei Tassen Wasser zum Kochen, nehmen Sie dann das Gefäß vom Herd und geben Sie die Schale einer Orange oder Zitrone hinein. Lassen Sie es abkühlen, sieben Sie die Schalenteile heraus, und füllen Sie das Wasser in einen Zerstäuber.

Reinigen mit Hilfe der fünf Elemente

Sie können beim Durchführen einer Reinigung auch die Kraft der fünf Elemente anzapfen (Kapitel 3). Zu Reinigungszwecken können Sie sie miteinander verknüpfen, um eine »Kraft«-Gruppierung in einem einfachen oder kunstvollen Arrangement zu schaffen, ganz wie Sie möchten. Abbildung 18A zeigt ein Tablett mit Kerzen, das sämtliche Elemente in sich vereinigt, mit dem

Abb. 18A: Diese Kerzen wurden so zu einer Gruppe zusammengestellt, dass sie die fünf Elemente repräsentieren und die Energie in dem Raum reinigen und läutern. (Auch in Farbe.)

Ziel, den Raum zu reinigen. Eine rote Kerze (Feuer) und gelbe Blumenblütenblätter (Erde und Holz), die in einer silbernen Schale voll Wasser (Metall und Wasser) schwimmen – das ist eines von zahllosen Beispielen für eine Kombination der fünf Elemente, die zu Reinigungszwecken eingesetzt werden kann. Denken Sie darüber nach, wie *Sie* die fünf Elemente kombinieren würden, um ein reinigendes Arrangement zu kreieren.

Verwenden Sie die folgende Liste, wenn Sie zur Reinigung eines Raumes elementebezogene Komponenten auswählen wollen:

Holz

- Gegenstände aus Holz
- Salbei (wie Räucherwerk verbrennen oder in heißes Wasser legen, damit seine aromatischen Öle verdampfen)
- Natürliches Räucherwerk aus Rinden und Blüten
- Ätherische Öle aus Blüten und Früchten
- Schalen von Zitrusfrüchten
- Frische Blumen, Blumenblütenblätter, Pflanzen
- Gewebe aus Pflanzenfasern, beispielsweise Baumwolle, Leinen und Kunstseide
- Gegenstände in Blau und Grün und/oder säulenartiger Grundform

Feuer

- Kerzen
- Elektrische Lampen und Öllampen
- Statuetten von Menschen oder Tieren
- Gegenstände aus tierischem Material, beispielsweise Leder, Knochen und Federn

- Gewebe aus tierischen Fasern, etwa Wolle und Seide
- Gegenstände in Rottönen und/oder mit dreieckiger Grundform

Erde

- Keramische und irdene Figuren, Fliesen, Kacheln und Gefäße
- Lehm/Ton oder Erdreich (oft von einem speziellen Ort geholt oder mitgenommen)
- Gegenstände in Gelb oder Erdtönen und/oder mit viereckiger Grundform

Metall

- Metallene Figuren und Gefäße
- Salz und Epsomer Bittersalz
- Natürliche Kristalle
- Felsen und Steine
- Gegenstände in Weiß, sehr hellen Pastelltönen und/oder runder Grundform

Wasser

- Reines, klares Wasser und Wasser-Merkmale
- Gegenstände aus Glas oder Kristall, beispielsweise Vasen, Schalen und Kerzenleuchter
- Spiegel
- Gegenstände in Schwarz, sehr dunklen Farbtönen und/oder frei fließender Grundform

Experimentieren Sie beim Zusammenstellen von Gegenständen in dem Raum, den Sie gerade reinigen, bis Sie eine Kombination finden, die Ihnen wirklich gefällt. Sollten Kerzen zu Ihrer Gruppierung zählen, dann vergewissern Sie sich, dass sie mindestens eine Stunde lang gefahrlos brennen können. Sind Sie schließlich mit Ihrem Arrangement zufrieden, dann zünden Sie alle eventuell vorhandenen Kerzen an, und bekräftigen Sie Ihre Absicht, den Raum zu läutern und ins Gleichgewicht zu bringen, im Bewusstsein, dass Ihr Arrangement Ihre Wunschziele vergrößert. Belassen Sie es mindestens eine Stunde oder gegebenenfalls länger so, wie es ist. Entfernen und beseitigen Sie dann »Wegwerfdinge« wie etwa Wasser und Blütenblätter. Waschen Sie gründlich alle Gefäße und reinigen Sie Gegenstände wie etwa Statuetten und Steine, indem Sie sie einen Tag lang in die Sonne stellen.

In äußerst seltenen Fällen, wenn in Bezug auf den betreffenden Raum ein Verdacht auf Gespenster oder Poltergeister besteht, werden Sie die Sachkenntnis von jemandem brauchen, der sich auf Exorzismus spezialisiert hat. Normalerweise können Sie sich aber auf die fünf Elemente verlassen sowie auf Ihre konzentrierte Absicht, Ihre Räume in von Licht und guter Energie erfüllte Orte zu verwandeln.

Haus-Segnungen

Segnungen sind und waren immer schon ein Bestandteil aller Kulturen, weil sie viele unserer Lebensumbrüche oder entscheidenden Daseinsphasen mit Sinn und spirituellem Gehalt erfüllen. Jedoch dürfen Sie eines nicht vergessen: Ganz gleich, wie oft Segnungen gesprochen oder ausgeführt werden, nur *Sie* können ihnen Bedeutung verleihen. *Ihre Lebensenergie* und volle Mitwirkung sind es, die Segnungen und gute Wünsche aktivieren. Im Wesentlichen *sind Sie die Segnung.*

Wenn Sie im Rahmen des Feng Shui Ihr Zuhause segnen, segnen Sie das dynamische Wesen, das Sie jeden Tag beschirmt. Ihr Zuhause *verdient,* geehrt, gesegnet und gefeiert zu werden. Einzugspartys sind eine beliebte Möglichkeit, ein neues Zuhause zu segnen, aber was kommt danach? Sie sollten Ihr Zuhause häufig durch Ihre Gedanken und Taten segnen. Setzen Sie Ihr Zuhause auf Ihre Dankbarkeitsliste, und schreiben Sie sämtliche Dinge auf, die Sie an ihm lieben.

Segnungszeremonien sind in jeder Religion und spirituellen Schule reichlich vorhanden. Wählen Sie eine aus, die Sie instinktiv für richtig halten, oder kreieren Sie selbst eine. Geben Sie Ihrem Zuhause einen Namen, feiern Sie seinen Geburtstag und taufen Sie es mit Wasser und Gebeten. Laden Sie Ihre Freunde dazu ein, zu kommen und Ihnen dabei zu helfen, Ihr liebes, trautes Heim zu segnen und zu feiern.

Sorgen Sie vor dem Ausführen einer offiziellen Segnung dafür, dass es sauber ist. Bereiten Sie es ähnlich vor, wie Sie sich selbst vor einem besonderen Anlass zurecht machen würden – eben durch »Körperpflege«.

Vergessen Sie nicht, dass eigentlich Sie die Segnung sind. Die Qualität Ihres Innenlebens spiegelt sich direkt in Ihrem Zuhause wider. Keine noch so große Menge an äußeren Segnungen wird Licht in Ihre vier Wände bringen, wenn Sie abgeneigt sind, es in Ihrem Inneren zu tragen.

Kontemplative Übung

Treten Sie in Verbindung mit dem tiefen Urquell Ihres Geistes und rufen Sie die Kraft, sich und anderen Segnungen zuteil werden zu lassen. Meditieren Sie darüber, was Sie genau tun können, um Ihr Zuhause zu segnen. Es mag ein andächtiges Anzünden von Kerzen in jedem Raum sein, ein Freundeskreis, der sich versammelt hat, um gemeinsam mit Ihnen Ihr Zuhause zu segnen, oder eine Feier samt Essen, Musik und Tanz. Segnen Sie Ihr Heim und seien Sie sich dabei voll bewusst, dass Ihr ganzes Leben ein Segen ist.

Kapitel 19

Übungen zum Auffüllen des Chi – das Chi im Innern nähren

Bleiben Sie erfüllt, bleiben Sie im Zustand der Liebe. Denken Sie daran: Sobald Sie diesen Zustand der Liebe erreichen, kann nichts und niemand Ihnen mehr Energie entziehen, als Sie ersetzen können. James Redfield

Das Chi – die Lebensenergie – belebt jeden Organismus, jeden Ort und jedes Ding. Deshalb konzentriert sich Feng Shui auf das Verbessern des Chi in uns selbst und in unserem Zuhause. Wir arrangieren unsere Einrichtungsgegenstände und Besitztümer, um dadurch einen guten Energiefluss zu fördern, leben mit dem, was wir lieben, und wählen Formgebungen, die sicher, bequem und behaglich sind. Wir vereinfachen unsere Umgebung, um dadurch kreativen Selbstausdruck und Klarheit der Zielsetzung zu begünstigen.

Vergessen Sie bei Ihren Umweltverbesserungen nicht, sich zugleich auch um Ihre innere Balance zu kümmern. Hier folgen zwei einfache meditative Übungen zum Sammeln und Auffüllen Ihres Chi. Die erste kann man jederzeit durchführen. Für die zweite Übung benötigen Sie einen speziellen Platz.

Übung für die Chi-Sphäre

Diese nützliche Übung zur Auffüllung des Chi kann man überall und jederzeit durchführen.

Stellen, setzen oder legen Sie sich ruhig hin, und atmen Sie langsam und tief. Visualisieren Sie, dass ein strahlendes, goldenes, reinem Sonnenschein gleichendes Energiefeld Ihren Körper umschließt. Das ist Ihre Chi-Sphäre. Entspannen Sie sich, und visualisieren Sie, dass dieses Energiefeld reine Lebenskraft in jeden Teil Ihres Körpers ausstrahlt. Atmen Sie tief ein und atmen Sie alle Spannungsempfindungen aus. Atmen Sie tief ein, und visualisieren Sie, dass Ihre Chi-Sphäre jeden Teil Ihres Körpers, Gemüts und Geistes mit heilender, revitalisierender Energie durchdringt und auffüllt. Atmen Sie vollständig aus, und atmen Sie wieder ein: Senden Sie dabei Lebensenergie zu den Partien Ihres Körpers – oder Ihres Lebens –, die ihrer bedürfen, und füllen Sie jeden quälenden Bereich mit Energie und Licht. Atmen Sie alles aus, von dem Sie sich lösen wollen. Atmen Sie weiterhin tief und nähren Sie Ihr ganzes Sein mit der heilenden Energie Ihrer Chi-Sphäre.

Sie können durch Anwendung dieser einfachen Übung Ihr Chi jederzeit auffüllen. Sie ist das perfekte Gegenmittel gegen Stress, und sie kann Sie revitalisieren, wann immer Sie sich energetisch leer fühlen.

Übung für die Chi-Bewegung

Diese aktive Übung funktioniert besonders gut, wenn Sie von Trommelrhythmen oder beschwingter Musik begleitet wird.

Stellen Sie sich breitbeinig, mit etwa schulterbreitem Fußabstand hin. Achten Sie darauf, wie Sie sich fühlen, während Sie stehen und der Musik lauschen. Erlauben Sie dann Ihrem Körper, sich zum Rhythmus der Musik zu bewegen und zu schütteln. Beziehen Sie Arme, Kopf, Knie und Ihren ganzen Körper in die Empfindungen der Bewegung, des Schüttelns und federnden Springens ein. Das ist keine Tanznummer, die gut aussehen soll, sondern vielmehr eine spontane Bewegung des Körpers, um Anspannung abzubauen und Chi anzusammeln. Schütteln Sie abwechselnd Ihre Füße. Lassen Sie Ihren Rücken sich bewegen, federn und springen und dabei Anspannung und Stress aus jedem Wirbel herausschütteln. Lassen Sie los, lassen Sie immer wieder von neuem los. Halten Sie jetzt inne, und bleiben Sie reglos stehen. Sie werden die prickelnde Gegenwart des Chi spüren, das durch jeden Teil Ihres Körpers fließt. Wenn Sie Zeit dazu haben, dann setzen oder legen Sie sich hin und führen Sie die Übung für die Chi-Sphäre durch.

Diese Bewegungsübung kann man eine bis fünfzehn Minuten lang allein und privat oder in einem Bewegungskurs durchführen. Auch zusammen mit Kindern macht sie großen Spaß.

Nachwort

Wir müssen bereit sein, das von uns geplante Leben loszuwerden, um das Leben zu erlangen, das schon auf uns wartet. Joseph Campbell

Vor einem Jahr verbrachte ich einen einmonatigen Schreiburlaub im Herzen von Englands Lake District. Es war mitten im Frühling, und während der dreißig Tage regnete es nur ein einziges Mal. Es gab da vor allem *eine* Aussicht von der Rückseite von Sawrey House, die wirklich bemerkenswert war. Von meinem Aussichtspunkt aus lag das Land wie eine sich in alle Richtungen erstreckende smaragdgrüne Decke vor mir. Frisch entfaltete Eichen- und Ahornblätter glänzten in der Sonne, während eine wuchernde Schar farbenprächtiger Azaleen und Akeleien zu einem in rosa Rhododendron gehüllten Stecklinggarten hinunterführte. Purpurne Glyzinien und Büsche von weißem Flieder schütteten ihren lieblichen Duft in den leichten Wind, und Bienen zogen summend von Blume zu Blume. Hinter dem Garten führten Weiden zu uralten Bäumen, die aneinander gereiht die glitzernde Wasserfläche des Lake Esthwaite säumten. Jenseits des Sees erhoben sich die sanften Hügel des Grisedale Forest in allen Grünschattierungen. Eine kühle Brise bewegte alles in einem langsamen Walzer. Es war der Himmel auf Erden.

Ich war schon immer der Überzeugung, dass das Leben der Himmel auf Erden sein kann, und dass ich ihn durch liebevolle Gedanken, Worte und Taten schaffen könnte. Und ich glaube, dass wir alle dazu befähigt sind, wenn wir uns dafür entscheiden. Doch je nach den konkreten Umständen kann der Beschluss, ein himmlisches Leben zu schaffen, mit einigen höllischen Phasen beginnen.

Vor einem Jahrzehnt zog ich von Washington, D. C., nach San Diego um. Auf meiner Fahrt in den Westen wusste ich hundertprozentig, dass ich meinen Beruf nicht fortsetzen würde (ich praktizierte und lehrte Polaritätstherapie). Statt dessen gewöhnte ich mich in mein neues Zuhause ein und wartete auf meinen nächsten Satz Lebensanweisungen. Ich war mit einem Mann verheiratet, der gleichfalls seine berufliche Laufbahn neu definierte, und unsere beiderseitige Ungewissheit hinsichtlich der Arbeit führte zu einer enormen Spannung in unserer Ehe. Es ging ihm einfach nicht in den Kopf, wie ich lieber »mit mir selbst schwanger gehen« konnte, statt zu lehren oder eine neue Praxis aufzumachen. Um einen gewissen Anschein von Frieden zu wahren, nahm ich einen Job in einem örtlichen Gewächshaus an und wartete weiter ab.

Dann ließ sich eine wohlmeinende Freundin nicht davon abbringen, mich zu einem Vortrag über Feng Shui zu schleppen. Über dieses Thema hatte ich zwar versuchsweise mehrmals etwas gelesen, aber jedes Mal war ich davon frustriert gewesen. Meine Frustration endete an diesem Tag. Der Referent war Dr. Richard Tan, und er hatte erst ein paar Minuten lang gesprochen, als mir klar wurde: Das genau war es! Jedes Wort von Dr. Tan lag auf der absolut gleichen Wellenlänge wie das, was ich schon immer intuitiv wusste. Die neue Arbeit, auf die ich gewartet hatte, sollte bald beginnen.

Die kurz danach eintretenden Ereignisse zählen zu den größten Überraschungen meines Lebens. Es begann mit einem großen Begeisterungsausbruch bei der Anwendung von dem, was ich in Dr. Tans Seminaren hinsichtlich der Stärkungs- und Erneuerungsmöglichkeit unserer miserablen Ehe lernte. Ich verbesserte unsere Zone für Liebe und Partnerschaft mit lebensprühenden Blumen, arrangierte augenfällig Fotos von uns beiden in glücklicheren Zeiten, stellte Möbel um und räumte das von unserem Umzug übrig gebliebene Durcheinander weg. Ich sprach die Affirmation, dass mein Mann und ich es verdienten, in jederlei Hinsicht glücklich zu sein. Ich war ganz hingerissen, dass ich entdeckt hatte, wie man unsere Ehe wieder zu einer glücklichen machen konnte.

Weniger als dreißig Tage später wohnte ich in meinem eigenen Einzimmerappartement. Die Ehe, die ich vermeintlich hatte retten wollen, endete abrupt nach nur wenigen Tagen meiner Feng-Shui-Maßnahmen. In tiefer Verzweiflung und hellem Aufruhr fragte ich mich: »Was zum Teufel ist passiert?« Ich war bestürzt darüber, wie schnell mein Leben sich verändert hatte – noch dazu genau so, wie ich es nicht gewollt hatte. Oder doch? Wenn ich innerlich darauf ausgerichtet war, den Himmel auf Erden zu schaffen und ein vortreffliches Leben zu führen, dann war dies vielleicht der Weg dazu. Und ich musste darauf bauen, dass das zutraf. Heute wird mir klar, dass aufgrund des von mir verbesserten Chi-Flusses in meinem Hause unser mittelmäßiges Dasein keinen Lebensraum mehr hatte. Meine Absicht, glücklich zu werden, gekoppelt mit meinen Feng-Shui-Verbesserungsmaßnahmen, enthüllte die Wahrheit, dass wir tatsächlich nicht zusammengehörten. Es war stimmig.

Ich segnete meine kleine Wohnung, behielt nur die Dinge, die für mich mit sehr positiven Assoziationen und Erinnerungen verbunden waren, und verbesserte sämtliche Bagua-Zonen meines

Domizils. Dies würde eine Zeit lang mein Miniparadies sein. Ohne schwierige Beziehung, um die ich mir hätte Sorgen machen müssen, konnte ich mich vollständig in mein Feng-Shui-Studium bei Dr. Tan, Louis Audet und Meister Lin Yun vertiefen. Ich las auch alle Feng-Shui-Bücher, die ich in die Hand bekommen konnte. Dabei nahm ich viele von den Grundgedanken und Methoden auf und integrierte sie entsprechend modifiziert in meine eigene Praxis. Und ich stellte mit mir selbst Versuche an. Wenn ich wollte, dass in meinem Leben etwas Bestimmtes passierte, benutzte ich meine klare Absicht und Feng-Shui-Verbesserungsmaßnahmen, um das Initialprogramm für meinen Weg zu einer himmlischen Existenz zu laden. Dazu gehörte auch ein passabler Job. Mit der ständigen inneren Bekräftigung, dass meine sämtlichen Bedürfnisse vollkommen befriedigt werden würden, stattete ich die Beruf-und-Karriere-Zone meiner Wohnung reichlich und kontinuierlich mit frischen Blumen und fließendem Wasser aus und hielt sie sauber und in Ordnung. Bald darauf offerierte man mir einen Job – die Leitung einer nahe gelegenen Kunstgalerie –, den ich dankbar annahm.

Es entfaltete sich nun ein ganz neues Leben, weil sich für mich Gelegenheiten zum Praktizieren des Feng Shui ergaben – sowohl beim Einrichten der Kunstgalerie als auch bei der Beratung von Kunden. Ich erlebte mit, dass viele Menschen sich deutlich veränderten, während sie sich Feng Shui aneigneten, und beobachtete außerdem, wie manche von ihnen auf ihrem Weg zur Schaffung eines besseren Lebens schwierige Zeiten durchmachten. Meine Studien und Erfahrungen begeisterten mich so sehr, dass ich anfing, in örtlichen Läden, Schulen und Gemeinschaftszentren Vorträge über Feng Shui zu halten. Bei einem dieser Vorträge lernte ich Louise Hay kennen. Wir entdeckten, dass wir viele leidenschaftliche Interessen gemeinsam hatten, unter anderem das am Feng Shui und an Regenwürmern, und so begann eine wunderbare Freundschaft.

Ein Jahr verging wie im Fluge, und ich war bereit zu einem romantischen Liebesverhältnis. Um meine Absicht zu feiern und zu verankern, hängte ich ein Hochzeitsglocken-Windklangspiel in meiner Zone für Liebe und Partnerschaft auf und beschloss, meine gesamte Wohnung umzuräumen. An dem Tag, wo ich alles von den Wänden herunternahm und jedes Möbelstück herumschob, läutete das Telefon. Es war Brian Collins, ein neuer Bekannter, der anrief, um mich zum Mittagessen einzuladen. Das chinesische Sprichwort: »Wenn du eine Veränderung in deinem Leben willst, dann bewege 27 Dinge in deinem Hause«, nahm an diesem Tag eine sehr konkrete Bedeutung an. Unser Mittagessen kennzeichnete den Beginn eines romantischen Liebesverhältnisses, das ich immer für möglich gehalten hatte.

Unsere Beziehung wirkte sich auf alle Teile meines Lebens positiv aus. Mit jeder Verabredung wurde eine weitere Feng-Shui-Geschichte geboren – das bildete die Grundlage von ***Feng Shui im Westen,*** meinem ersten Buch. Brian, selbst ein Feng-Shui-Naturtalent, unterstützte mich in jeder Hinsicht und steuerte seine Einsichten und fachkundigen redaktionellen Fähigkeiten zu meinem sich entwickelnden Werk bei.

An Thanksgiving 1995 leitete Louise Hay unsere Hochzeitsfeier in ihrem von Kerzen beleuchteten Wohnzimmer. Die Zeremonie begründete voll und ganz den Himmel auf Erden – das heißt, sie brachte ihn in unser Alltagsleben. ***Feng Shui im Westen*** (das ich oft als unser erstes Kind bezeichne) erschien bei Hay House im Frühling 1996. Bald meldeten sich zahlreiche Interessenten an einer Feng-Shui-Ausbildung und an Feng-Shui-Beratungen. Um der Nachfrage zu entsprechen, gründeten mein guter Freund und Marketing-Berater Jonathan Hulsh und ich gemeinsam *The Western School of Feng Shui*. Er verfasste einen Lehrplan, machte instruktive Videos für das Berater-Trainingsprogramm *Essential Feng Shui*, nahm eine Million »Vorher-Nachher-Dias« auf, konzipierte eintägige Workshops und fügte Beratungsdienste sowie ein Referentenforum (für Feng-Shui-Gruppenpräsentationen) hinzu. Angetrieben von der vollen Schwungkraft des Feng Shui verfasste ich die sechsteilige Hörkassettenversion von *Feng Shui im Westen*, den Schnellratgeber *Home Design with Feng Shui A-Z* sowie, ohne nur einen Takt auszusetzen, dieses Buch. Noch nie habe ich so hart gearbeitet, war ich derart gefordert oder hatte ich mehr Spaß gehabt! Das Leben samt seinen Herausforderungen, Erfolgen und stillen Zeiten ist himmlisch.

Jetzt, während ich in meinem Arbeitszimmer sitze, betrachte ich das Leben, das ich weiterhin forme und genieße. Ich liebe das Refugium unseres Zuhauses und unseres Gartens, das den idealen Ausgleich für meinen hektischen Arbeitstag bietet. Ich bin dankbar für jede Gelegenheit, die Samen zu säen, die in unserer Welt positiven Wandel fördern und in Gang setzen. Zweifellos gehört zu meinem Himmel auf Erden, dass ich derzeit mehr in Anspruch genommen, ausgelastet und belohnt werde als je zuvor. Und die praktische Umsetzung des Feng Shui lenkt alle meine Schritte.

Möge sie auch die Ihren lenken.

Literaturempfehlungen

Alexander, Christopher: *The Timeless Way of Building.* New York: Oxford University Press, 1979

Alexander, Christopher / Ishikawa, Sara / Silverstein, Murray: *Eine Muster-Sprache.* Wien: Loecker Verlag, 2000

Aslett, Don: *Clutter's Last Stand.* Cincinnati, OH: Writer's Digest Books, 1984

Breathnach, Sarah: *Ein guter Tag.* München: Goldmann Verlag, 1997

Bridges, Carol: *A Soul in Place.* Nashville, IN: Earth Nation Publishing, 1995

Brown, Simon: *Feng-Shui-Praxis.* München: Goldmann Verlag, 1998

Brown, Simon: *Feng-Shui-Lösungen.* München: Goldmann Verlag, 2001

Chin, R. D.: *Feng Shui Revealed.* New York: Clarkson N. Potter, 1998

Crawford, Ilse: *The Sensual Home.* New York: Rizzoli International Publications, 1998

Harwood, Barbara Bannon: *The Healing House.* Carlsbad, CA: Hay House, 1997

Jay, Roni: *Feng Shui in Your Garden.* Boston: Tuttle, 1998

Kingston, Karen: *Feng Shui gegen das Gerümpel des Alltags.* Reinbek: Rowohlt TB-Verlag, 2000

Kingston, Karen: *Heilige Orte erschaffen mit Feng Shui.* München: Econ u. List TB-Verlag, 2000

Lin, Jami: *The Essence of Feng Shui.* Carlsbad, CA: Hay House, 1998

Linn, Denise: *Die Magie des Wohnens.* München: Goldmann Verlag, 1996

Madden Chris Casson: *Ein Zimmer für SIE allein.* Hildesheim: Gerstenberg Verlag, 1999

Marcus, Clare Cooper: *House as a Mirror of Self.* Berkeley, CA: Conari Press, 1995

Miles, Elizabeth: *The Feng Shui Cookbook.* Secaucus, NY: Carol Publishing Group, 1998

Moran, Victoria: *Shelter for the Spirit.* New York: Harper-Collins Publishers, 1997

Murray, Elizabeth: *Cultivating Sacred Space.* Rohnert Park, CA: Pomegranate, 1997

Nichols, Rick: *In the Flow of Life – How to Create and Build Beautiful Water Fountains.* Huntington Beach, CA: The Crane's Nest, 1997

Ott, John N.: *Light, Radiation & You.* Greenwich, CT: Devin-Adder Publishers, 1990

Patent, Arnold M.: *Du kriegst, was du willst.* München: Goldmann Verlag, 1997

Ponder, Catherine: *Die dynamischen Gesetze des Reichtums.* München: Peter Erd Verlag, 1993

Redfield, James: *Die Prophezeiungen von Celestine.* München: Heyne Verlag, 1998

Rossbach, Sarah: *Feng-Shui.* München: Droemer Knaur Verlag, 2000

Rossbach, Sarah/Yun, Lin: *Feng Shui. Farbe und Raumgestaltung.* München: Droemer Knaur Verlag, 2000

Rossbach, Sarah/Yun, Lin: *Feng-Shui-Gestaltung.* München: Droemer Knaur Verlag, 1998

Saeks, Diane Dorrans: *Kitchens.* San Francisco: Chronicle Books, 1997

Saeks, Diane Dorrans: *Living Rooms.* San Francisco: Chronicle Books, 1997

Spear, William: *Feng Shui Made Easy.* New York: Harper-Collins Publishers, 1995

Tan, Richard The-Fu/Warnke, Cheryl: *Shower of Jewels.* San Diego: T & W Books, 1996

Venolia, Carol: *Healing Environments.* Berkeley, CA: Celstial Arts, 1998

Wilhelm, Richard (Hrsg./Übers.): *I Ging. Das Buch der Wandlungen.* München: Eugen Diederichs Verlag, 22. Aufl. 1995

Wolverton, B. C.: *Gesünder leben mit Zimmerpflanzen.* Köln: VGS Verlagsgesellschaft, 2000